国家公務員の中途採用

日英韓の人的資源管理システム

小田勇樹 Oda Yuki

慶應義塾大学出版会

目　次

序　章　謎に包まれた中途採用——————————————————————1

 1 開放型任用制は「開放的」なのか？ 1
 2 問題設定と本書の構成 4
 3 本書の特色 6

第1章　公務員制度のモデルと課題————————————————9

 1 公共部門の人的資源管理モデル 9
  （1） NPM以前の公務員制度モデル 10
  （2） NPM以後の公務員制度モデル 14
  （3） 行政改革研究からの視座 24
  （4） 公務員制度のモデルに関する議論の変遷 28
 2 民間部門の人的資源管理モデル 29
 3 先行研究の課題 35
  （1） 開放／閉鎖二項対立モデルの構成原理と運用の乖離 35
  （2） 公務員制度と組織の業績に関する研究蓄積の不足 38
  （3） ポジションシステムの不透明な運用実態 40
 4 本書のアプローチ 40

第2章　知識・技能と中途採用の運用パターン————————45

 1 公務員の知識・技能 46
  （1） 政治学・行政学における公務員の専門性概念 46
  （2） 労働経済学・経営学における知識・技能概念 50
 2 ポジションシステムにおける任用の類型 53
 3 ポジションシステムの下位類型 57

第3章　韓国のポジションシステム————————————————61

 1 改革以前の韓国の公務員制度 62
 2 開放型職位制度の概要 64

（1）　対象職位の指定　64

（2）　職務遂行要件　65

（3）　任用の手続き　66

（4）　給与と評価　68

3　運用実態の分析　69

（1）　職歴の調査方法　69

（2）　運用の実態　70

4　開放型職位制度と組織の業績　78

5　韓国の事例分析からの知見　85

第4章　イギリスのポジションシステム ———— 89

1　イギリスの公務員制度の変遷　90

2　イギリスの公務員制度　91

3　運用実態の分析　93

（1）　政府公表資料の分析　93

（2）　職歴調査の結果　97

（3）　イギリスの制度運用の特徴　107

4　職員のキャリアパスと業績　108

5　イギリスと韓国の比較　109

第5章　民間部門からの中途採用事例 ———— 113

1　中途採用までの職歴　115

2　貿易産業省の政策目標　117

3　任用当時のイノベーション政策を取り巻く状況　120

4　デイビッド・ヒューズ任用後のイノベーション政策　122

5　デイビッド・ヒューズの退職とその後　125

6　政策変化とヒューズの中途採用　127

第6章　公共部門からの中途採用事例 ———— 131

1　マッカーシーの中途採用までの職歴　131

2　副首相府の政策目標　132

3　イギリスの住宅政策の歴史と住宅協会の役割　134

4　任用当時の住宅政策を取り巻く状況　138

	5	リチャード・マッカーシー任用後の住宅政策	143
	6	政権交代による予算削減と住宅政策の変化	148
	7	リチャード・マッカーシーの退職	150
	8	政策変化とマッカーシーの中途採用	155
	9	2つの事例からわかる中途採用の実像	158

第7章　局長・課長の職歴と省の業績―――――――161

1　先行研究における公務員制度の計量分析の課題　161
　　(1)　公務員制度指標の問題点　161
　　(2)　公務員制度と組織の業績に関する先行研究　165
2　Public Service Agreements の分析　169
　　(1)　各省の業績を表す指標（従属変数）　169
　　(2)　局長・課長の職歴を表す指標（独立変数）　171
　　(3)　目標の難易度に影響を与える
　　　　その他の要因（コントロール変数）　173
　　(4)　データの構造と分析手法　173
3　上級公務員の職歴と業績の関係　174
4　政策形成の職位において有用な職歴は何か　179

第8章　執行エージェンシー長官の職歴と組織の業績―――――181

1　執行エージェンシーの業績の分析　181
　　(1)　エージェンシーの業績を表す指標（従属変数）　181
　　(2)　長官の職歴を表す指標（独立変数）　183
　　(3)　目標の難易度に影響を与える
　　　　その他の要因（コントロール変数）　184
　　(4)　データの構造と分析手法　185
2　エージェンシー長官の職歴と業績の関係　186
3　ポジションシステムの運用類型と業績の関係　191

第9章　日本の国家公務員制度の変化と働き方改革の動向―――195

1　日本の国家公務員制度に対する分析視角　195
2　中途採用経路の増加　197
　　(1)　人事院規則 1-24 に基づく中途採用　198

（2）　任期付職員法に基づく中途採用　200

（3）　任期付研究員法による採用　201

（4）　経験者採用試験　201

（5）　官民人事交流　204

（6）　イギリスにおける中途採用との比較　205

3　昇進管理の変化　207

4　給与システムの変化　208

5　職務区分のあり方　210

6　近年の公務員制度改革の影響　211

7　日本型雇用と働き方改革　212

8　働き方改革の方向性　215

9　霞が関における働き方改革　216

10　働き方改革と最大動員システムの行く末　219

終　章　明らかになった中途採用の実像——223

1　本書の分析結果　223

2　韓国・イギリスと日本の比較　226

3　ポジションシステムの理論的精緻化　228

4　本書の分析の限界と課題　229

5　公務員の中途採用に関する政策的示唆　230

補　論　公務員制度のモデルに関する先行研究の議論——235

1　西尾の開放型・閉鎖型任用制　235

2　Silbermanの専門・組織志向の官僚制　238

3　Auer et al.（1996）の研究背景　240

4　OECDの公務員制度モデルの概要と変遷　242

5　OECDによる公務員制度モデルの指標化　243

初出一覧　249

参考文献一覧　251

あとがき　259

索　引　265

図表一覧

第1章

図1-1　EU加盟国における伝統的官僚制―ポスト官僚制のスコア　20
表1-1　オープン／クローズドキャリアシステムの特徴　12
表1-2　Auerらのポジション／キャリアシステムの特徴　15
表1-3　公務員制度の重要な構成要素に関する各国の概況　17
表1-4　伝統的官僚制―ポスト官僚制の連続的モデル　20
表1-5　EU加盟国における改革の優先順位（一部抜粋）　23
表1-6　アメリカ型／日本型の人的資源管理　30

第2章

表2-1　職種と必要能力に応じた任用制度の運用パターン　59

第3章

表3-1　開放型職位に指定された職位のタイプ　71
表3-2　出身組織別に整理した開放型職位在職者の職歴　71
表3-3　開放型職位在職者の職歴　72
表3-4　政府内出身の政府系研究職・医者の職歴　73
表3-5　政府内他部処出身者の職歴　74
表3-6　政府外出身者の職歴　75
表3-7　職位のタイプと中途採用の運用類型　77
表3-8　制度導入主旨に対する期待水準　79
表3-9　制度施行1年後の成果に対する認識　79
表3-10　制度運用効果に対する回答結果　81
表3-11　回答者の属性による制度運用効果の評価の差異　81
表3-12　専門性、政策立案能力、生産性の向上効果　82
表3-13　開放型職位任用者との関係別にみた評価の差異　82
表3-14　制度導入の成果に対する評価（勤続期間別）　83
表3-15　制度導入の成果に対する評価（任用者との関係別）　83

第4章

図4-1　新規任用した上級公務員の出身別割合　94
図4-2　職種における内部・外部比率（2012年4月時点）　95
表4-1　各職種における内部・外部比率（外部出身者数順）　96
表4-2　任用先職位のタイプと任用者の主な職歴　99
表4-3　職位のタイプと中途採用の運用類型　100

表4-4　各職位と任用者の主な職歴　103
表4-5　各省の政府内・政府外出身者数　104
表4-6　当該政策領域の職業経験がある任用者の割合　105
表4-7　各職位と任用者の運用類型　106
表4-8　上級公務員の出身・勤続年数別の業績　109

第5章
表5-1　デイビッド・ヒューズの職歴　116
表5-2　PSAの目標1の達成状況　119

第6章
図6-1　所有形態別の新規住宅竣工数（イングランド、1971-2001年）　135
図6-2　住宅への公的支出と公営・社会住宅着工数の推移　149
表6-1　リチャード・マッカーシーの経歴　132

第7章
表7-1　独立変数と従属変数の間に想定される関係　176
表7-2　記述統計量　177
表7-3　PSAs担当者の職業経験と組織の業績　177

第8章
表8-1　独立変数と従属変数の間に想定される関係　188
表8-2　記述統計量　188
表8-3　エージェンシー長官の職業経験と組織の業績　189
表8-4　計量分析結果の要約　192

第9章
表9-1　民間人材の採用（規則1-24）に基づく採用状況　199
表9-2　任期付職員法に基づく府省別採用状況　202

補　論
図 補-1　中央政府における人的資源管理システムの開放性に関する合成指標　245
表 補-1　開放型／閉鎖型任用制の特徴　237
表 補-2　専門志向／組織志向の合理化の特徴　239
表 補-3　政府職位の開放性　244

序　章

謎に包まれた中途採用

1　開放型任用制は「開放的」なのか？

　経営の世界には"Make or Buy"（製造するか購入するか）という言葉がある。自動車産業のような製造業において、完成品の構成部品を社内で製造（内製化）するか、外部から調達するか（外製化）の意思決定は経営上の重要な選択であり、それを表した言葉である。

　この議論はモノだけでなく、ヒトのマネジメントにも当てはまるだろう。ヒトの場合は「内部育成か中途採用か」である。どのようなキャリアパスを辿った職員が、組織の重要な上級職のポストを占めるかという問題は、その組織の人的資源管理システムの根幹を左右する大きなポイントである。内部育成か中途採用かという意思決定は、重要なポストに就く職員に対してどのような専門性を求めるか、また、どのようなキャリアパスの職員に昇進競争の褒賞を与えるかという、組織の人的資源管理制度全体の設計思想と密接に関連するからである。

　主として民間企業を対象とする労働経済学や経営学、人的資源管理論の研究領域では、入口で一括採用した職員の長期雇用・内部育成を中心とする「日本型雇用」と、空きポストが生じる都度、個別に採用を行い中途採用もあり得る「アメリカ型雇用」という対比で捉えられることが一般的である。若干議論の力点は違うものの、近年は前者がメンバーシップ型、後者がジョブ型と呼ばれることも増えている。

　公務員を研究対象とする行政学の領域においても、これと類似する類型が存在し、その人的資源管理システムは2つのモデルに整理されてきた。キャリア

システムとポジションシステムである。キャリアシステムとは、キャリア早期に採用した職員を内部育成し、上級職の職位を内部昇進者で閉鎖的に充足する公務員制度である。日本ではその任用制度の特徴から閉鎖型任用制（西尾2001）と呼ばれている[1]。ポジションシステムとは、組織に空位が生じると組織内外での公募を通じて任用を行い、上級職の職位に対して外部からの中途採用もあり得る公務員制度である。日本では開放型任用制の名称で知られている。本書が取り扱うのは、この開放型任用制の公務員制度である。

　閉鎖型任用制である日本の官僚人事システムに対しては、民間部門と同様の日本型雇用慣行が当てはまることも明らかにされている（稲継1996）。閉鎖型＝日本型雇用、開放型＝アメリカ型雇用という形で、民間部門と公共部門の人的資源管理モデルの議論は理論的に接合されている。稲継（1996）に限らず、日本の公務員制度に関しては、各省や自治体を単位として、職員のキャリアパスに関する詳細な研究蓄積が年々積み重ねられ、その実態が解明されつつある。一方で、開放型の公務員制度については、国内・国外を問わず研究蓄積がほとんど存在していない。制度の外形は各国政府やOECDの報告書などで知ることができるものの、運用実態はブラックボックスのままである。組織図・名簿などによる職歴の追跡が容易な閉鎖型と比べ、開放型任用制は特に中途採用者の公務加入前の職歴を追跡することが難しいのである。

　行政学の領域で最も著名なテキストである西尾勝の『行政学』によると、開放型任用制は終身雇用を前提にしておらず中途採用も稀ではなく（Ibid., 137-138）、官民間・政府間・各省間に類似の業務が存在することを前提にし、またそれらの業務相互間の労働力の移動を容易にしようとする人事制度であるという（Ibid., 139）。本当にそうなのであろうか。理念型としてのモデルが想定するように、開放型任用制を採用する国々では、その名称の通り開放的な中途採用が活発に行われているのであろうか。開放型任用制に対する疑問は、目新しい議論というわけでもない。アメリカのように開放型任用制の典型と言える国でも、行政機関は内部昇進を強く望む傾向があり、公募の際の職務要件が詳細に

---

1) 本書では原則としてキャリアシステム／ポジションシステムの呼称を用いるが、理解を容易にするため、導入部に限り日本の行政学で一般的な呼称である閉鎖型／開放型の呼称を用いている。

なるほど内部出身者が有利になるとの指摘は古くから存在する（Self 1977, 229, 231）。また、近年の研究では、川手（2012）が米軍統治下の琉球政府の水道公社の事例から、開放的な任用制度でありながら運用慣行は閉鎖的という、多様な結合関係があり得ることを指摘している（川手 2012, 255-258）。しかしその一方で、イギリスでは上級公務員の新規採用者のうち、実に3割から4割弱が外部からの中途採用という政府の公式資料も存在している（National Audit Office 2013, 16-17）。一体どちらが開放型任用制の実像なのであろうか。

　政府の仕事は民間部門にはない特殊なものが多いと考えられ、特に中央政府は同業他社に相当するような存在もなく、政府特有の知識・技能を身につけた職員が必要な場合は内部育成するほかない。相対的に長期雇用に適した業種であると言える。諸外国はどのようにして開放型任用制を運用しているのであろうか。どのような目的で外部から人材を中途採用し、どのようなポストで活用しているのであろうか。中途採用者の割合、規模はどの程度なのであろうか。そして、中途採用した職員は組織の業績を高めているのであろうか。機能しているとすればどのような場合なのであろうか。近年は日本も中途採用の経路が増加しているが、開放型任用制との違いはどこにあるのであろうか。開放型任用制には、そもそも本当に開放的と呼べるのかという名称の是非も含め、未解決のリサーチクエスチョンが数多く存在している。本書の主な問題意識はこうした開放型任用制の実態を解明することにある。

　結論を先取りしてしまうならば、本書の調査結果から明らかになる開放型任用制の実像は、一般的なイメージとして連想されるような、「民間企業からの中途採用が活発な公務員制度」ではない。運用次第で閉鎖型とほとんど変わらない運用（韓国）も可能であるし、非常に多くの中途採用を行う（イギリス）ことも可能である。制度として中途採用が可能であるという外形上の特徴を基に、全体を一括りに開放型と表現してしまうと、名称からくる印象と運用実態の間にかなりの乖離が生じる。そのため、近年の諸外国の研究では、キャリアシステム（閉鎖型）／ポジションシステム（開放型）の呼称を使用している。本書でも、原則としてこちらの呼称を用いることとしたい。

2 問題設定と本書の構成

本書が明らかにする問題は次の3つである。

第一の問題は、ポジションシステムにおける職員のキャリアパスの実態である。ポジションシステムは理論上、開放的で官民間の異動が可能な制度とされているが、実態としては内部昇進者が多く長期雇用の傾向があるとの指摘も古くから存在する。運用レベルにおいて、キャリアシステム（閉鎖型任用制）、民間部門の日本型雇用と比べ、どういった差異があるのかは重要な論点である。近年は日本も各種の中途採用を取り入れており、ポジションシステムとの制度外形上の違いはますますわかりにくくなっている。現在の日本の公務員制度が、既にポジションシステムに近い制度に移り変わっているのか、あるいは未だ閉鎖型の日本型雇用システムが維持されているのかを把握する上でも、対極に位置するポジションシステムの運用実態を明らかにする意義は大きい。本書では、イギリス、韓国の分析から、ポジションシステムの実像を明らかにするとともに、理論の精緻化を行い運用パターンに応じた下位類型を提示する。

第二の問題は、職員のキャリアパスと組織の業績の関係である。ポジションシステムでは、組織の活動に大きな影響を与える上級公務員の中途採用があり得る。中途採用者は組織の業績にどのような影響を与えているのであろうか。1990年代以降、New Public Management（NPM）の影響もあり、ポジションシステムを導入する国々は増えた。従来はアメリカなどが採用する公務員制度の一類型にすぎなかったポジションシステムだが、1990年代以降は行政改革の成果物としての意味合いが加わったのである。その結果として、近年の研究では単なる制度外形上の類型論の議論だけでなく、政府の業績（Cho et al. 2013）、公務員の汚職（Dahlstrome et al. 2012）、就職先としての魅力（Van de Walle et al. 2015）といった、公務員制度がもたらす様々なアウトカムへ注意が向けられるようになっている。本書ではイギリスを対象に、上級公務員の職歴と組織の業績の関係に関する計量分析を行い、ポジションシステムがどのような形で中途採用を活用し、業績を高めているのかを検証する。

第三の問題は、現在の日本の国家公務員制度の位置付けと将来の動向である。

キャリアシステムの一種である日本の国家公務員制度は、民間部門の日本型雇用システムと同種の特徴を有しており、そのことが高い生産性の要因であることが明らかにされている（稲継1996）。しかし、それから現在に至るまでの20余年の間に、能力実績主義、中途採用の導入などの諸改革が行われた。日本も外観上ポジションシステムの要素を取り入れつつあるが、ポジションシステムの公務員制度とは何が異なるのであろうか。国際比較の観点から、2000年代以降の公務員制度改革が日本型雇用システムにもたらした影響を評価し、現在の日本の公務員制度の位置付けを明らかにする。また、日本の公務員制度を議論する上では、働き方改革の影響についても考慮する必要がある。日本型雇用システムは、かつては日本企業躍進の一因として評価されていたが、近年は日本型雇用に伴うデメリットの方が問題視されるようになっている。働き方改革は脱日本型雇用とも呼べる方向性の改革でもあり、行政学の領域ではキャリアシステムからポジションシステムへの改革である。ポジションシステムへの移行は、日本型雇用に基づく最大動員型の公務員制度の前提条件が崩れることを意味している。本書では、日英韓の国際比較から日本の現在地を明らかにするとともに、働き方改革の影響を考慮したキャリアシステムの今後の動向についても言及する。

　本書の構成は次の通りである。第1章では先行研究の研究動向を概観し、これまでの公務員制度モデルの問題点を中心に学術的観点から本書の問題意識が提示される。第2章において、本書の理論的基盤となる、公務員の専門性と組織の業績に関する議論が行われ、労働経済学・経営学における知識・技能概念を用いた本書の分析枠組みが提示される。第3章、第4章において、ポジションシステムの運用実態を、韓国・イギリスの事例研究から明らかにする。第5章、第6章では、本書が提示する新たな類型であるネットワーク型の運用が想定する中途採用の目的に関する理論的関係が、現実に対して妥当であるか事例研究により確認する。第7章、第8章では、本書のここまでの議論を踏まえた上で、ポジションシステムの下位類型が組織の業績に対してどのような影響を与えるか計量分析を通じて明らかにする。第9章では、2000年代以後の日本の公務員制度改革を評価し、韓国・イギリスとの比較から日本の公務員制度の現在地を示した上で、公務部門における働き方改革を分析する。

3 本書の特色

　本書の特色は、次の3点である。第一は、独自の調査法で収集した公務員の職歴データに基づく分析である。上級公務員のキャリアパスを分析する上で、中途採用者のキャリアパスをどのようにしてデータ化するかということは、特にポジションシステムを分析する際の厄介な障壁であった。中途採用者は政府外でキャリアを積んでいるため、従来の研究が用いていた組織図・名簿などを用いた調査手法では、政府加入前のキャリアパスの把握が困難なのである。本書では、組織図・名簿に加え、職員自身が開設しているビジネス用SNS（研究者のresearchmapに相当）、新聞報道などを丹念に調査することで、中途採用者の政府加入前のキャリアパスのデータ化を実現した。これらのデータを用いることで、ポジションシステムにおける中途採用者の数・規模のみならず、どのようなポストに、どのようなキャリアパスを積んだ職員が任用されるのかという運用パターンの類型化に成功した。

　第二は、公務員制度と組織の業績の関係について、従来の先行研究とは異なる個人・組織レベルでの分析を実現している点である。公務員のキャリアパスと業績の関係について、先行研究では各国を1つのサンプルとして、各国政府の業績に相当する各種指標を従属変数として、公務員制度の外形がキャリアシステムとポジションシステムのいずれであるか、制度上中途採用が可能であるかどうかを独立変数とした分析が行われてきた。実質的には中途採用者などほとんどおらずキャリアシステムと変わらない運用をしている国も、実態として中途採用が多い国も同値として扱われる上に、組織ごとの運用実態の差も考慮できない非常に大雑把な分析である。本書では、第一の特色で述べた独自のデータベースを用いることで、職員のキャリアパスを独立変数、組織単位の業績指標を従属変数とした、運用実態に即した計量分析を実現している。

　第三は、運用実態を考慮した国際比較である。2000年代以降、日本の公務員制度にも多くの中途採用の経路が導入されている。こうした制度外形だけを見ると、日本の公務員制度もキャリアシステムからポジションシステムへと移行しているとも捉えられる。しかし、運用実態のレベルで比較した際に、ポジ

ションシステムの国々とはいかなる違いが存在するのであろうか。本書ではイギリス、韓国との国際比較の観点から、現在の日本の公務員制度の立ち位置を明らかにする。

　本書の分析の大部分はイギリス、韓国の公務員制度であるが、本書は日本への政策的示唆も念頭に置いている。昨今の働き方改革により、民間部門の雇用慣行は、徐々に日本型雇用から変化していくものと考えられる。公務員の働き方にも多様性が求められる時代になりつつあり、日本型雇用に基づく最大動員型の公務員制度は、ポジションシステムに近づいていく可能性もあり得る。ポジションシステムの公務員制度の実像を明らかにする社会的必要性が生じつつあると言えよう。本書の分析を通じて、ポジションシステムの実像が広く理解され、何らかの形で実社会への貢献につながることも本書の目的の1つである。

　本書の分析のうち、イギリス公務員の職歴データベースは、独立行政法人日本学術振興会科学研究費補助金助成事業特別研究員奨励費「公務員制度の国際比較分析―民間部門からの公募任用と政府のパフォーマンスの関係―（課題番号12J56592、研究代表者：小田勇樹）」の研究成果である。また、本書は第42回慶應義塾学術出版基金（平成30年度前期）による出版補助事業の助成を受け、刊行することができた。この場を借りて御礼申し上げたい。

第1章

公務員制度のモデルと課題

　本章では、行政学の先行研究において、公務員の人的資源管理システムが、公務員制度の類型としてどのようにモデル化されてきたかを概観し、New Public Management（NPM）の流行に伴うモデルの変遷を確認する。続いて、民間企業における人的資源管理、日本型雇用に関する議論を概観する。あえて行政学以外のモデルを取り上げるのは、行政学と労働経済学・経営学の理論の架橋に加え、昨今の働き方改革との関連で、日本型雇用に関する理論の重要性が増しているからである。先行研究における人的資源管理システムの理論を踏まえた上で、既存の実証研究の問題を提示し、本書のアプローチ、研究としての独自性を示す。なお、本章と次章は学術研究としての性格が強い内容であるため、理論的側面よりも実証分析の内容への関心が強い読者は、第3章から読み進めて頂いて構わない。

1　公共部門の人的資源管理モデル

　本書が主に分析の対象とするのは公務員の任用であり、それに付随した専門性、職務遂行能力や、昇進管理である。ただし、現代の大規模組織において職員の採用、育成、昇進管理の各機能は、それぞれが独立した制度として成り立っているわけではない。これらは評価、給与、退職管理などを含む、その他の人的資源管理諸機能と互いに深い関連性があり、相互の関係性が考慮された、1つのシステム[1]として制度設計がなされている。行政学における先行研究は、いずれも公務員の人的資源管理システムを任用制度の差異を軸に2つの理念型

1）村松はこうした制度全体のまとまりを「体系性（system）」と表現している（村松 2008, 24-25）。

10

に整理してきた。こうした理念型は、現実社会を分析する上で有用な道具であるが、公務員制度に関する既存の理念型は、近年の先進諸国の現状を十分に説明できていないという課題を抱えている。本書の目的の1つは、任用制度の外形に着目した既存の理念型を、制度運用の実態に適合した形に精緻化することである。

　そこで本節では、行政学の領域において公務員の人的資源管理制度の体系である公務員制度[2]がどのように整理されてきたのかを概観する。

(1)　NPM以前の公務員制度モデル

　官僚制・公務員制度[3]を人的資源管理の観点から整理したモデルとしては、Peter Selfの提示したオープンキャリアシステム／クローズドキャリアシステム（open career system / closed career system）[4]のモデルが、管見の限りでは最も古い議論である。Selfは官僚制を2つの理念型に整理している。第一は、アメリカ型のオープンキャリアシステムである。Selfによれば、アメリカの行政には、公共部門と民間部門の差を極力小さくし、官僚制は社会の代表であるべきという信念があるとされる。政府は社会の影響に対して完全に開かれ、可能な限り一般大衆の態度と価値観を反映する「サービス国家」との見方が支配的である[5]。このようなサービス国家の信念を反映したオープンキャリアシステムには、職階制（position-classification）[6]が適している。オープンキャリアシステムでは、

---

2)　本書では公務員制度を、組織の生産性や能率に影響を与える人事管理のシステムとして捉えている。政官関係や政治任用という政治的応答性の問題も公務員制度をめぐる重要な論点であるが、本書では人事管理の側面に議論の射程を絞るため、本書の議論に関連するものに限り言及する。

3)　本書は政府部門の組織を対象とすることから、政府の人的資源管理システムを表す際は「公務員制度（civil service system）」という言葉を用いている。ただし先行研究や参考資料において元の文献が「bureaucracy」を用いている場合は、元の文献の用法に従い「官僚制」としている。

4)　以下、Selfの引用に関するページ数は、全て原著であるSelf（1977）のものである。訳書であるセルフ（1981）とはページ数および一部の訳語の表現が異なる点に注意されたい。

5)　一方でSelfは、「サービス国家」の考え方は、外交政策、国防、司法といった伝統的な政府機能には完全に当てはめることはできないとも指摘している（Self 1977, 228）。

全ての職位の職務内容が分類され、その職務に必要な技能を持つ人ならば誰でも公務員になることができる。そして、公務員に必要な技能は行政サービスのための教育機関ではなく、一般的な教育システムを通じて習得することができる。そのため、年齢、職位のレベルを問わず、どの段階からでも公務員に任用することが可能である（表1-1）。

　ただし、「行政機関は内部昇進を強く望む傾向がある」ともSelfは指摘している。また、Selfはオープンキャリアシステムの問題として、社会的な代表性を実現する一方で、公務員としてのエートスを養うことが難しい点を挙げている（Self 1977, 229）。

　Selfの類型論における第二の理念型は、ヨーロッパ型のクローズドキャリアシステムである。ヨーロッパでは公務員は特別な職業で、公務のための一定期間の訓練が必要と考えられている。このシステムでは、職員は限られた社会集団や教育を受けた集団から若年期に採用され、閉鎖的なキャリアを積む。個人の格に基づいた体系的な昇進のパターンがあり、給与も職務の内容（definition of job content）ではなく、職位（position）に応じて決まるため、オープンキャリアシステムに比べて職員のキャリアが明確である。クローズドキャリアシス

---

6) Selfは職階制の役割について、「職階制の目的はよく誤解されているが、主な用途は共通の等級表による給与の調整である。政府は社会に対して開かれたものであるべきだというオープンキャリアシステムの信念に基づけば、公務におけるそれぞれの職種の給与は、民間部門における類似の職種の給与水準に準拠した、労働市場を反映したものであるべきである。職階制による公務内部における職種間の給与調整はこうした信念に反しているが、職種によってはその大半を公務員が占めており（公務外の労働市場による給与決定が難しい場合があるため：筆者補足）職階制による調整が必要である（Ibid., 231-232）」と指摘している。つまり、Selfにおける職階制とは、職務分類のための制度でもあるが、その主たる目的は、政府外に類似の仕事が存在せず労働市場による給与水準の調整が働かない公務特有の職種に対して、職員の不平不満が出ないよう、給与水準を各職位の間で公平に調整するための統合システムである。アメリカのように労働市場の流動性が高い環境下では、労働者の給与水準は外部労働市場の"相場"で決まるものである。政府特有の職務を担う公務員は、政府外に類似の仕事が少ないため、市場経済によって決まる給与相場が存在せず、何らかの別の給与相場の基準が必要であり、それが職務分類に基づく職階制なのである。日本の行政学においては、西尾（2001）をはじめ、職階制の役割を科学的・合理的な人事管理のためのものとして、職務のランク付けの機能のみで表面的に捉えがちであるが、職階制の実質的役割にも着目する必要性があるだろう。

表 1-1　オープン／クローズドキャリアシステムの特徴

	オープンキャリアシステム	クローズドキャリアシステム
官僚制のあり方	官民間の組織の違いは小さくし、官僚制は社会の代表であるべき	特有の権利、特権を持つ特別な職業
職員に求められる能力の習得方法	各職務に必要な技能は一般的な教育システムを通じて習得	一定期間の訓練または不可解な公的活動に関する手ほどきが必要
職員の任用	年齢、レベルを問わず任用が生じ得る	若年期に何らかの社会的、教育的な狭い集団から任用
職員の昇進	職員の体系的なキャリア計画はほとんどない	個人に対するランク付けの体系的な昇進パターンがある
給与の決定の基準	職務の内容による	ヒエラルキーの中で到達した地位による

（出典）Self, Peter. 1977. *Administrative Theories and Politics.* 2nd ed. London: George Allen & Unwin, 228-233. に基づき筆者作成。

テムの長所は、高い採用基準と公務員としての強いエートスにより職員を熱心に働かせる点にあるが、その反面社会を代表していないエリートを生み出す傾向がある（Ibid., 230）。

　Selfはアメリカ、イギリス、フランスの官僚制の制度外形を念頭に議論を展開した上で、これらの類型はあくまでも理念型（ideal type）であり、その運用状況はより複雑であると指摘する。閉鎖的なイギリス[7]であろうと科学・技術的な階級に中途から加入する可能性はあり、行政官階級でもわずかな比率で外部からの採用がある。一方、アメリカのシステムは理論的には開放的であるが、多くの機関が内部出身者を好む傾向にあり、組織間の異動も限られているため、実際には非常に限定的な開放であるという。そして、アメリカは理論上、職務内容を分類することで身分や経験年数にとらわれず最適な人材を採用しやすくなるはずであるが、実際には各組織に職務要件を定める裁量があり、内部出身者が有利な要件が定められるとも述べている。また、職務要件が詳細になると、

　7）Selfの議論を理解する上で、イギリスがクローズドキャリアシステムとして扱われている点には注意が必要である。現在のイギリスは中途採用が可能なオープンな制度をとっているが、Selfの理念型は1990年代に上級公務員の中途採用が増加する以前の1977年に提示されたものである。

要求される資格が内部出身者に非常に有利となる傾向があり、職務の分類は必ずしも開放的な競争に適していないとSelfは指摘する（Ibid., 231）。本書の文脈としては、オープンキャリアシステムが制度上は開放的でありながらも、実運用面では限定的な開放、組織内部出身者が有利になる可能性が、1977年の時点で既に示唆されていることは注目に値する。

　公務員の人的資源管理体系の違いに着目したモデルは、Self以降も数多く提示されている。中でも日本の行政学において最も著名なモデルは、任用制度の観点から各国の公務員制度を整理した西尾（2001）の開放・閉鎖型任用制である。西尾はその著書である『行政学』において、ヨーロッパ諸国および日本、そしてアメリカを議論の念頭に置いた上で、任用制度を基軸として公務員制度を開放型任用制（open career system）と閉鎖型任用制（closed career system）の2つに整理している。

　西尾によれば、2つのモデルはそれぞれ資格・能力の捉え方が異なることから、制度の構成原理を全く異にしていたという（西尾 2001, 137）。開放型任用制は「初めに職務ありき」の制度であり、組織を職務・職責の体系として捉えている。各職位には、それぞれの職務・職責に必要な資格・能力を有する人材が任用される。公務員の任用は欠員が生じる都度行われ、終身雇用を前提にしておらず中途採用も稀ではない（Ibid., 137-138）。官民間・政府間・各省間に類似の業務が存在することを前提にし、またそれらの業務相互間の労働力の移動を容易にしようとする人事制度であるという（Ibid., 139）。これに対し、閉鎖型任用制は「初めに職員ありき」の考え方であり、職員はジェネラリストとして多様な職務への対応が期待されている。閉鎖型任用制は、組織ごとの終身雇用と年功序列制を基本にしており、組織の壁を越えた労働力移動、ことに官民間の移動をあまり想定していない（Ibid., 139）という。

　その他のモデルとしては、Silberman（1993）は重要な研究である[8]。Silbermanは官僚制のモデルを専門志向（professional orientation）と組織指向（organizational orientation）の2つに整理している。専門志向の官僚制は、高い職位への任用に

---

8) 以下、Silbermanの引用注に関するページ数は、全て原著であるSilberman（1993）のものである。訳書であるシルバーマン（1999）とはページ数および一部の訳語の表現が異なる点に注意されたい。

あたり、専門訓練を主な基準とする。専門訓練を重視することで、官民双方の官僚制の役割は互換性の高いものとなり、組織間の垂直・水平的流動性を奨励あるいは許容する帰結を生むという（Silberman 1993, 12-14）。一方、組織指向の官僚制は高い職位への任用にあたり、組織へのキャリア早期からの参加を求める。キャリア早期にその他の職業の可能性を断念させるインセンティブとして、キャリアに関して高い予測可能性が必要になるという（Ibid., 10-12）。

西尾（2001）、Silberman（1993）は両者とも、任用制度の開閉を基軸として公務員の人的資源管理システムを整理しており、その大枠はSelfのモデルと大きく違うものではない。細部の差異については議論が冗長となるため、巻末の補論Ⅰ、補論Ⅱを参照されたい。

（2）　NPM以後の公務員制度モデル

NPM以前の公務員制度の類型論は、ウェーバー型の理念型に近く多くの国に適用可能な閉鎖型と、アメリカを念頭に置いた開放型という構図で展開されてきた。NPMの流行により、こうした構図がNPMの先進国である開放型と、後進国による閉鎖型という形に変化し、さらにモデルが多様化していく。NPMの流行に伴い、公務員制度の類型論は行政改革の個別領域としても論じられるようになるのである。

開放型の公務員制度をNPM改革の議論の中で捉え、モデルを提示した研究としてはAuer et al.（1996）が挙げられる。Auer et al.（1996）はEU加盟15カ国（1996年当時）の中央政府における公務員制度を対象に、各国の公務員関連法規の状況と、採用・昇進・給与など人的資源管理に関するアンケート調査を実施している。その上でEU加盟国の公務員制度を比較し、15カ国をポジション／キャリアシステムの2つの類型により整理している（表1-2）。

キャリアシステムとは、公務員が特別なキャリアの下層で採用され、その中で昇進し、法律の規定に従い昇給するシステムであるという。公務員になるためには法律で定められた最低限の教育的な背景が必要とされる。これらのシステムは強い階統制であり、キャリアの高さの違いを尊重する。公務員は一定の期間の訓練あるいは試用期間を終えた後は終身雇用を楽しんでおり、労働環境、給与、年金は法定化されているという（Auer et al. 1996, 31）。

第1章 公務員制度のモデルと課題 15

表1-2 Auerらのポジション／キャリアシステムの特徴

	ポジションシステム	キャリアシステム
採用条件	1．キャリア途中からの採用もあり得る 2．特定の学位・特定のキャリアのための教育は必要とせず、その職位に求められる特定の技能が必要とされる 3．年齢の上限はない 4．キャリア初期の訓練はない	1．採用は入口として定められた最低位の職位限定 2．特定の学位・特定のキャリアのための教育が必要 3．年齢の上限がある 4．キャリア初期に訓練・試用期間がある
採用手続き	5．定式化された手続きはなく、民間と同じ方法をとる	5．定式化された手続き
EU加盟国民の採用	6．入口として定められた最低位の職位と同様にキャリア途中からも採用 7．（公務外の）専門的な経験も選抜基準の1つであり最初の給与に影響を与える	6．入口として定められた最低位の職位のみか非常に限られた中途採用 7．（公務員外の）専門的な経験は評価しない
キャリア開発	8．（自動的な）昇進システムはない 9．公共部門の外での専門的な経験を昇進・昇給の評価対象にする 10．幅広い（人事異動の）流動性の機会	8．（自動的な）昇進システムがある 9．公共部門の外での専門的な経験は昇進・昇給の評価対象にしない 10．限定的で制限された（人事異動の）流動性
職員の勤務中の訓練	11．義務的な訓練はない	11．特に昇進に際し訓練が義務付けられている
行政の透明性	12．空位の告知方法は定められていない	12．公報による空位の公告を行う
権利と義務	13．終身雇用はなく、民間のように契約に基づく雇用	13．終身雇用
給与制度	14．団体協約か個人別の給与 15．交渉を通じてのみ昇給 16．先任権制はない 17．業績給がある	14．法定の枠組みにより決定 15．一定の期間が経つと昇給がある 16．先任権制がある 17．業績給はない
年金制度	18．団体協約により決定 19．貢献（程度で水準が決定）	18．法定の枠組みにより決定 19．（公務員のための）特別な枠組みがある
懲戒法規	20．公務員のための特別な規制はない	20．法律により定められている
労働法規	21．公務員の労働環境は当該機関と労働組合による交渉と労使協約を通じて決まり、組合への参加は民間部門と同様である	21．労働環境などの決定に関わる労働組合への参加を規制する特別な法規がある

＊括弧内は筆者補足。

（出典）Auer, Astrid, Christoph Demmke and Robert Polet. 1996. *Civil Services in the Europe of Fifteen: Current Situation and Prospects.* Maastricht: European Institute of Public Administration, 129-130, table 15.

Auerらはキャリアシステムに対するもう一方のモデルをポジションシステムと名付けている。ポジションシステムの最も重要な原則は、公務員を特別なキャリアの中に雇い入れるのではなく、個別の職位に対して雇うことであるとされる。応募者は、当該省が採用のために定めた要件に合致していなければ、公務員になることができない。終身雇用は保障されず自動的な昇進[9]も存在しない。労働環境、給与、年金は主に労使の団体協約に基づいて決定され、個別の関係や雇用側の省と雇われる側の公務員双方の必要性に合わせるために、雇用契約のあり方も柔軟である。こうしたポジションシステムの雇用のあり方は、民間部門[10]と非常に似ているという（Ibid., 31）。Auerらは、ポジション／キャリアシステムを特徴付ける要素として、表1-2で示したように21項目を提示している。そして、AuerらはEU加盟国に実施したアンケート調査の結果を基に、各国の制度配置が21項目のそれぞれにおいて、ポジション／キャリアシステムのどちらの特徴に当てはまるか判別し、それぞれに当てはまった項目数に応じて各国をいずれかのシステムに分類している。

Auerらは表1-2の21項目のうち10項目において、システムごとの回答の傾向が極端に偏っていることを明らかにしている。表1-3はAuerらが当該10項目のみを抜き出して示した表である。これら10項目は、他の11項目と比べて各システムを分ける重要な構成要素であり、ポジション／キャリアシステムはオープン／クローズシステムと呼ぶことも可能であるとしている（Ibid., 137）[11]。Auerらは、1996年当時の重要な関心事項であったEU加盟国内での民間部門の単一労働市場化、人の移動の自由化を念頭に置いた上で、EU加盟国は公共部門の労働者であろうとも自由な移動[12]を可能にするプロセスの始点にいると結論付けている[13]。さらに、ほとんどの加盟国の公務員制度改革は、公務員の労使関係の民間化（privatizing）、キャリアシステムの公務員により指定席とされている職位の削減という共通の傾向がある（Ibid., 142）としており、キャ

---

9) 原文では "a statutory career development system" と表現されており、直訳すると「法定のキャリア発展システム」となるが、勤続期間、年齢などによる自動的な昇進を指していると考えられる。

10) Auerらがどの国の民間部門あるいは労働市場の慣行を念頭に置いているかは明示されていないが、Silbermanの場合と同様に、ここではアメリカやイギリスのような労働市場の流動性が高い「民間部門」が念頭に置かれていると考えられる。

表 1-3　公務員制度の重要な構成要素に関する各国の概況

ポジションシステムの特徴	デンマーク	イタリア	オランダ	スウェーデン	ベルギー	ドイツ	ギリシャ	スペイン	アイルランド	ルクセンブルク	オーストリア	ポルトガル	キャリアシステムの特徴
キャリア途中からの採用もあり得る	P	P	P	P	C	C	C	C	C	C	C	C	採用は入口として定められた最低位の職位からに限定
その職位に求められる特定の技能が必要	P	P	P	P	C	C	C	C	C	C	C	C	特定の学位・特定のキャリアのための教育が必要
キャリア初期の訓練は不要	P	P	P	P	C	C	P	C	C	C	C	P	キャリア初期に訓練　試用期間がある
定式化された採用手続きはない	P	P	P	P	C	C	C	C	C	C	C	C	定式化された採用手続き
(公務員に応募するまでの)専門的経験を評価する	P	P	P	P	C	C	C	P	P	P	C	P	(公務員に応募するまでの)専門的経験は評価しない
終身雇用はない	P	P	P	P	C	C	C	C	C	C	C	C	終身雇用
団体協約か個人別の給与	P	P	P	P	C	C	C	C	C	C	C	C	法定の枠組みにより給与決定
自動昇給がない	P	P	P	P	C	C	C	C	C	C	C	C	一定の期間が経つと昇給がある
先任権制はない	C	P	P	P	C	C	C	C	C	C	C	C	先任権制がある
労使交渉や労働組合への参加は民間部門と同様	P	P	C	P	C	C	C	P	C	P	C	C	労働組合への参加を規制する特別な法規がある
ポジションシステムの特徴が当てはまる数	9	10	10	10	0	0	0	0	2	0	0	2	
キャリアシステムの特徴が当てはまる数	1	0	0	0	10	10	10	10	8	10	10	8	
評価	P	P	P	P	C	C	C	C	C	C	C	C	

※ポジションシステムの特徴が当てはまる場合は "P"、キャリアシステムの特徴が当てはまる場合は "C" と表記

(出典) Auer, Astrid, Christoph Demmke and Robert Polet. 1996. *Civil Services in the Europe of Fifteen: Current Situation and Prospects.* Maastricht: European Institute of Public Administration, 139, table 20. ただし、一覧性を高めるため、各国の並び順がシステムごとになるように筆者が並べ替えている。

リアシステムからポジションシステムへの移行を示唆している。

　Auer らの研究を、行政改革研究の文脈から捉えるならば、伝統的なウェーバー型の公務員制度から、民間部門に近い NPM 型の公務員制度への収斂が示唆されていると言えるだろう。実際、1990 年代から 2000 年代にかけて先進諸国の間で NPM を志向した公務員制度改革が進展し、多くの国が民間部門の労働市場のように長期雇用よりも短期的な雇用、中途採用の導入に向かう傾向が報告されていた（OECD 2004a, 3）。OECD も各国の公務員の人的資源管理を説明する上で、ポジションベースシステム（position-based system）、キャリアベースシステム（career-based system）という、Auer らに類似した呼称の類型を用いている[14]。前者は先行研究における開放型、専門志向の公務員制度に相当するモデルであり、後者は閉鎖型、組織志向の公務員制度に相当するモデルである[15]。

　こうして 1990 年代以降、従来の開放／閉鎖を基軸とした公務員制度のモデルは、NPM 志向の開放型、伝統的な官僚制である閉鎖型という関係で理解さ

---

11) Auer らは、同書冒頭から 132 ページまでの間、各国の公務員制度を常にポジション／キャリアシステムの呼称で区分し議論を展開している。しかし、Auer らは各国の分析結果を踏まえた上で、結論部の 133 ページにおいて、ポジション／キャリアシステムの呼称よりもオープン／クローズシステムの呼称の方が適切であると主張し、そこから最終ページである 142 ページまでは理念型の呼称を（中身はポジション／キャリアシステムと同じものであるが）全てオープン／クローズシステムに変えている。本書では便宜的に、Auer らの研究に言及する際は、本文、図表を含めて全て表記をポジション／キャリアシステムの呼称に統一しているので注意が必要である。この理由は 2 つあり、第一は、前述した Self のモデルと紛らわしい呼称であるためである。なお Auer らは同書の中で Self の研究には一切触れておらず、偶然呼称が重なったのだと思われる。第二は、Auer らの研究を後に引用する研究者の多くが、Auer らの提示したモデルをポジション／キャリアシステムの呼称で引用しているためである。

12) ここでの人の自由な移動とは国境・国籍を越えた公務員への採用を指している。

13) Auer らの研究背景については補論Ⅲ：Auer et al.（1996）の研究背景を参照されたい。

14) 先進諸国の公務員制度改革については、OECD も数多くの調査、報告書を出しているが、学術的研究として捉えるには課題が多い。実証データの裏付けのない記述、そうした無根拠な過去の OECD の報告書を論拠として引用を重ねる例が散見される。また、中身は同じでも説明のないまま概念の名称が変更される例、定義があいまいな概念が継続して用いられ時期により内容が異なっている例、新たに提示された類型・分類がその後全く用いられていない例もある。OECD 関連資料における一貫性の欠如には、OECD 内の執筆担当者の変更、報告書の記述内容に関して関係各国からの注文がつくことに起因しているものと思われる。

れるようになる。従来の閉鎖的で伝統的な官僚制は、NPMモデルの開放型へと収斂するかに思われたが、近年の研究はそれとは異なる分析結果を提示している。

Demmke と Moilanen は、EU 加盟27カ国（2008-2009年当時）の中央政府における公務員制度を対象に、各国の公務員関連法規の状況と、採用・昇進・給与など人的資源管理の諸制度、今後の公務員制度改革の方向性に関するアンケート調査を実施している（Demmke and Moilanen 2010, 14-15）。その上で、EU27カ国を伝統的官僚制（traditional bureaucracy）とポスト官僚制（post-bureaucracy）の2つに整理し、各国の公務員制度の各要素、今後の改革課題について比較分析を行っている。Demmke は、上述した Auer らの研究の共著者の1人でもあり、この調査分析は Auer et al.（1996）の後継的位置を占める研究である。アンケートを用いた加盟国に対する調査手法だけでなく、公務員制度改革の方向性に対する考え方についても共通する部分がある。

Demmke と Moilanen は伝統的官僚制からポスト官僚制への変化を、連続的な一直線上の関係の二項対立モデルとして捉えており、その評価基準として、マックス・ウェーバーの官僚制の議論を基に5つの基準を設定している。表1-4はその基準を一覧にしたものである。5つの基準それぞれの内部はさらに細かい基準が設定されており、各項目の重要性に応じて重み付けがなされている。Demmke と Moilanen はこの基準に応じて各国の官僚制をスコア化[16]し、国際比較を試みている。

Demmke と Moilanen は EU 加盟27カ国に対するアンケート調査の回答を、表1-4の基準に基づいてスコア化し、伝統的官僚制とポスト官僚制の直線上に位置付けている。図1-1は Demmke と Moilanen が提示した各国のスコアを筆

---

15) モデルの大枠は先行研究とほぼ同じであるため、詳細については補論Ⅳ：OECDの公務員制度モデルの概要と変遷を参照されたい。また、OECD は加盟国の人的資源管理制度に関するアンケート調査を実施し、加盟国の公務員制度を開放の程度に応じて分類、指標化する試みを2回実施している。両者とも各国の回答結果の詳細が公開されていないため、学術的な二次利用は不可能である。調査結果の詳細は補論Ⅴ：OECDによる公務員制度モデルの指標化を参照されたい。

16) 個別項目は重み付けの通りにスコアが付けられているものの、主な構成要素の5つの区分は均等にスコアが加算されている。

表1-4 伝統的官僚制―ポスト官僚制の連続的モデル

主な構成要素	個別項目（構成要素内の比重）
1）法律上の地位	公法上の地位（100%）
2）キャリア構造 （career structure）	キャリア構造の存在（50%） 中央で統制されたキャリア開発（20%） 組織下部からの加入（15%） 中・上位レベルへの昇進不可能性（15%）
3）採用	特別な採用要件（50%） 中央で統制された採用（30%） 民間での経験を考慮しない（20%）
4）給与制度	法律による基本給の統制（50%） シニオリティに基づく給与（25%） 業績に基づかない給与（25%）
5）在職権制度	終身雇用（高い雇用保障）（40%） 雇用終了が困難（40%） 民間と異なる雇用保障（20%）

（出典）Demmke and Moilanen 2010. *Civil Services in the EU of 27: Reform Outcomes and the Future of the Civil Service*, 11, Table 1.

図1-1　EU加盟国における伝統的官僚制―ポスト官僚制のスコア

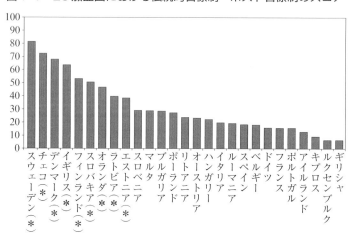

（＊）はキャリアシステムを持たない国

（出典）Demmke and Moilanen 2010. *Civil Services in the EU of 27: Reform Outcomes and the Future of the Civil Service*, 188, Table 41. 出典元の表に記載されたスコアを元に筆者がグラフを作成。

者がグラフ化したものである。DemmkeとMoilanenは表1-4において伝統的官僚制の特徴の有無を評価基準として列挙しているものの、図1-1のスコア付けに際しては、伝統的官僚制の特徴を持たない国に対して、スコアを与える方式で評価している点に注意が必要である。すなわち、スコア0が伝統的官僚制の理念型であり表1-4の特徴を全て有する場合のスコアとなる。逆に、スコア100はウェーバーの伝統的官僚制の特徴を全く持たない、ポスト官僚制の理念型として位置付けられている。

DemmkeとMoilanenは図1-1の結果に対して、キャリア構造の有無[17]（表内ではキャリアシステムと表現）に着目しており、キャリア構造を有する国々は、キャリア構造を持たないいずれの国よりも伝統的官僚制に近い位置にある（Ibid., 187）と指摘している。公務員制度を、採用、昇進、給与など人的資源管理の諸制度を束ねた体系として捉えるならば、職員を組織下部から内部育成するか外部から中途採用を行うかというキャリア構造の違いは、キャリア構造のみならずその他の人的資源管理制度のあり方を左右する中心的な要素であると言えよう。Self、シルバーマン、西尾など先行研究の諸モデルが、公務員制度を整理する上で任用制度の開閉を重視してきたことの重要性がデータからも裏付けられたとも言える[18]。

キャリア構造の有無という点で、各国の公務員制度の体系性に明確な違いは観察されたものの、DemmkeとMoilanenは調査の結果として、伝統的官僚制に代わる新たなモデルの提起、あるいはポスト官僚制をNPMモデルや開放型モデルとして扱うことには慎重な姿勢を見せている。各国の公務員制度は、人的資源管理権限の管理職への分権化、採用およびキャリア開発政策の柔軟化、個人・組織の業績管理への強い関心という点で脱官僚制化の傾向が共通していたが（Ibid., 243）、各国の公務員制度には大きな多様性が存在し、同一の方向へ

17）ただし、ここで言うキャリア構造の有無が何を意味するかは同書の中で明記されていない。おそらくは、表1-4の主な構成要素における「キャリア構造」の合計スコアを指しているものと思われるが、より文言を率直に解釈するならば、キャリア構造のスコアの50％を占める、キャリア構造の有無に関する設問の回答内容である可能性もある。

18）厳密な議論をするならばキャリア構造に限らず、採用など他の主要な構成要素によっても同様の説明ができる可能性がある。残念ながら、DemmkeとMoilanenは各設問に対する各国の回答内容の内訳を公開していないため追加的な分析は不可能である。

向かう現象は確認できなかったと結論付けている（Ibid., 246）。

　Demmkeは前述したAuer et al.（1996）の共著者の１人でもある。したがって1996年時点では、Demmkeもウェーバー型の官僚制（キャリアシステム）から、各国の公務員制度がポジションシステムへと向かっていく、いわばポジションシステムへの収斂論を唱えていた。行政改革研究におけるNPMモデルへの収斂論の立場である。本項で取り上げたDemmke and Moilanen（2010）も同様に、採用の柔軟性と官民間の流動性の向上、閉鎖的な官僚制から開放的な官僚制への変化を強調しており（Ibid., 160-170）、引き続き開放型・ポジションシステムへの移行を強く志向していることが随所にうかがえる。

　しかし、DemmkeとMoilanenは、伝統的官僚制からポスト官僚制という直線的かつ発展段階論的な立場は維持しつつも、各国の歴史的伝統や文化が各国の公務員制度改革の経路に影響を与える点を強調している（Ibid.,243, 247）。公務員制度の収斂論から、多様化へと立場の変化が見られるのである。モデル自体の名称も伝統的官僚制／ポスト官僚制と名付けられ、ウェーバー型の公務員制度と、ウェーバー型の特徴が当てはまらないその他全ての公務員制度という形で概括されており、伝統的なウェーバー型の官僚制に代わる新たなモデルの提示は断念している。

　DemmkeとMoilanenが、ウェーバー型の公務員制度の対極に位置する公務員制度を、開放的なNPMモデルとして扱うことができなかった背景には、一部のアンケート調査の結果が影響していると考えられる。前述したように、DemmkeとMoilanenは各国の制度状況に加え、公務員制度改革において今後重視する取り組み内容[19]に関するアンケートも実施している。その中で、特に公務員制度のモデル構築に関連すると考えられる設問は6問設けられており、各設問に対してその重要性を問うている（1: とても重要、5: 全く重要ではない の5段階）。

　表1-5は各国の回答をまとめたものである。各国の各設問に対する回答の平均値は、①公共部門間の流動性増進（2.26）、②公共－民間部門間の流動性増進（3.04）、③国際的な流動性増進（2.70）、④人的資源管理の規則緩和（2.67）、⑤

---

19) 本書に引用した設問以外にも22問の設問があり、品質管理、リーダーシップ、公務員法の改革などの重要性を質問している。

第1章　公務員制度のモデルと課題　　23

表1-5　EU加盟国における改革の優先順位（一部抜粋）

国名 （官僚制スコア順）	図1-1の 官僚制 スコア	公共部門 間の 流動化	官民間の 流動化	国際的な 流動化	人的資源 規則の 緩和	人的資源 権限の 分権	キャリア システム 改革	各国 平均
ギリシャ	7.2	2	5	3	3	3	3	3.17
ルクセンブルク	7.2	4	4	4	3	4	2	3.5
キプロス	9.8	3	4	3	3	3	4	3.33
アイルランド	13.6	2	4	3	2	3	4	3
ポルトガル	16.3	2	2	3	3	3	1	2.33
フランス	16.3	1	2	2	3	1	2	1.83
ドイツ	16.3	3	3	3	3	3	2	2.83
ベルギー	18.6	2	3	3	2	3	3	2.67
スペイン	19.1	2	5	2	3	2	1	2.5
ルーマニア	19.8	3	4	2	3	3	2	2.83
イタリア	20.4	3	3	2	3	3	2	2.67
ハンガリー	22.9	2	2	2	2	2	2	2
オーストリア	23.7	2	2	2	3	3	3	2.5
リトアニア	24.3	2	3	2	2	3	2	2.33
ポーランド	27.7	2	4	2	3	5	2	3
ブルガリア	28.9	2	2	2	3	1	2	2
マルタ	29.3	2	3	2	1	1	3	2
スロベニア	29.5	2	2	2	2	2	2	2
キャリアシステム 平均	19.5	2.28	3.17	2.5	2.61	2.61	2.33	2.58
エストニア	38.8	2	3	3	3	3	4	3
ラトビア	40.2	2	2	2	3	1	3	2.17
オランダ	47.1	3	3	2	3	3	4	3.17
スロバキア	51	2	3	4	3	3	3	3
フィンランド	53.4	2	2	2	3	3	5	2.83
イギリス	64.1	1	4	5	3	4	3	3.33
デンマーク	68.2	3	3	3	1	2	3	2.5
チェコ	73	2	2	2	2	3	2	2.17
スウェーデン	81.4	3	3	4	3	3	4	3.33
非キャリアシステム 平均	57.5	2.22	2.78	3.11	2.67	2.78	3.44	2.83
全体平均	32.2	2.26	3.04	2.7	2.63	2.67	2.7	2.67

1 ＝とても重要、5 ＝全く重要ではない

（出典）Demmke and Moilanen 2010. *Civil Services in the EU of 27: Reform Outcomes and the Future of the Civil Service*, 114, Table 15.
　　出典元の表から該当する設問部分を抜粋した上で、図1-1の伝統的官僚制―ポスト官僚制のスコアの順に筆者が国順の並べ替えを行い各国の平均値を算出。

人的資源管理の分権化（2.70）、⑥キャリアシステムの改革（2.67）である。本書に引用した6問以外にも22問の設問があり、全体の回答平均値は2.17である[20]。特に官民間の流動性増進（3.04）は、本書に引用していない設問も含めた全28問のうち、最も高い値、つまり最も重要視されていない改革であった。一方で、公共部門間での流動性増進は、キャリアシステムの有無にかかわらず、各国が比較的重視していることが分かる。また、キャリアシステムの改革についても、キャリアシステムを有する国においては重視されている。

　Demmke and Moilanen（2010）に対する二次分析から明らかなことは、閉鎖型から開放型への改革を志向する国が今もって存在するものの、NPMモデルのような民間活力の導入、すなわち官民間の流動性を高めようとする国はほとんどないということである。官民間の流動性よりも、どちらかと言えば公共部門間での流動性の増進が重視される傾向にあるだろう。

（3）　行政改革研究からの視座

　ウェーバー型からの脱却・公務員制度の多様化という近年の公務員制度改革の潮流を理解する上では、よりマクロなレベルの、行政改革全体を対象とした先行研究群の視座が有用である。

　1980年代以降、政策立案部門と執行部門の分離、政策評価、行政サービスのアウトソーシング、民営化など、後にNPMと呼ばれる（Hood 1991）行政改革が、先進諸国の間で進められた。もともと、理論的側面から始まった領域ではないこともあり、NPMの定義、特徴の整理は論者により異なる。Dunleavyらは、NPMの重要な構成要素を分離（Disaggregation）、競争（Competition）、誘因（Incentivizatio）の3つに整理している（Dunleavy et al. 2005, 471）。分離とは、巨大な公共部門のヒエラルキー組織を分離することを意味している。巨大な各省の組織から、行政サービスの執行部門を切り離し、政策形成部門と実施部門に分離するエージェンシー化がその代表例である。競争とは、公共部門に対する市場競争の導入であり、Dunleavyらは準市場、バウチャースキーム、アウ

20）ただし、22問の設問には「品質管理」「汚職対策」「リーダーシップ」など、ほとんどの国が重要であると回答することが自明な設問が多数含まれている点は考慮する必要がある。

トソーシングなどの手法を挙げている。誘因は、文字通りインセンティブによって個人や組織の活動を方向付けるものであり、職員の業績給、Private Finance Initiative（PFI）、Public-Private Partnerships（PPP）がそれに相当する。本書が研究対象とするポジションシステムの公務員制度は、公務員の職位を外部に開放し公募競争を通じて任用する点、民間部門からの中途採用の可能性を設ける点で、競争原理の活用、民間的手法の導入と捉えることができ、ポジションシステムの導入は公務員制度の領域におけるNPM志向の改革であると言える。

多くの国々でNPMと呼ばれる改革が流行し、行政学においては、先進諸国の行政モデルがNPMモデルへと収斂していくのかどうか、行政改革の方向性が大きな論点となった。1980年代から始まるNPM以降の先進諸国の行政モデルの方向性については、大別して2つの解釈がある。

第一は、NPMを普遍的な行政モデルとして捉える立場である。この種の立場からは、NPMモデルは従来の行政モデルに代わる新たなモデルとして位置付けられ、全ての国の行政モデルは従来型からNPM型へと一方向に発展することが期待される。NPMは普遍的なベストプラクティスであり、先進諸国におけるNPM改革の帰結の多様化は、NPM改革に成功したNPM先進国と、改革に失敗したNPM後進国という図式で語られる[21]。Christopher Pollittは、NPMを普遍的な行政モデルとして捉える考え方はOECDや世界銀行のような影響力のある国際機関、英語圏の国々のコンサルタントによって広められていると指摘し、その一例としてOECD（1995）による報告書を挙げている（Pollitt 2015, 5）。

第二の解釈は、NPMに次ぐ新たな行政モデル、すなわちポストNPMモデルの存在、行政モデルの多様化を主張する立場である。NPMの凋落を強調した上で、ウェーバー的な行政管理（Weberian Public Administration）の再興を主張するDrechsler（2005）や、NPMの終焉と新たな電子時代の政府（digital-era governance: DEG）モデルを提唱するDunleavy et al.（2005）はその代表例である。

21）この種の立場において、NPMの先進国（leaders）とされる国々の例として英語圏（Anglosphere）の国々を、NPMの後進国（laggars）とされる国々の例としてフランス、ドイツ、日本が挙げられる。（Pollitt 2015, 5）

これらの研究は、第一の立場に対するNPM批判の見地から生まれた側面がある。あるいは、政府と幅広いアクターとの関係を強調するガバナンスモデルや（Osborne (ed.) 2010）、上述のモデルをポストNPMモデルとして総括する見方もあり、NPMに次ぐ行政モデルをどのように整理・表現するかは、現在のところ論者によりまちまちである。行政改革の多様化をNPMモデルというベストプラクティスへ向かう発展段階の差として捉えるのではなく、NPMとそれ以外の行政モデルの共存、並立、混在として捉える点が第一の捉え方との大きな違いである。

　時系列な観点から言えば、NPMを普遍的なモデルとする前者の考え方は、主に1980年代から90年代中頃までのOECDや世界銀行の報告書に多く見られた立場である[22]。Pollitt (2001) は、行政改革の収斂（convergence）を「言葉（talk）」「決定（decision）」「行動（action）」「結果（results）」の4段階に区分している。その上でPollittは、NPMの推進者たちは、行動・結果レベルのNPMモデルへの収斂が広まっていると主張するが、NPMに懐疑的な論者は、NPMの流行は実際のところ言葉・決定レベルの収斂であると主張している、と指摘している（Pollitt 2001, 944-945）。実際のNPM志向の改革に関する、行動・結果レベルの分析が蓄積されていくにつれ、改革結果の多様化が明らかになり、NPMを複数の行政モデルの中の1つとして捉える、後者の立場が強まってきたと言える。

　Pollitt and Bouckaert (2011) は、NPM以後の行政モデルの乱立を踏まえた上で、先進諸国の幅広い行政改革のパラダイムを、全て議論の射程に収めることが可能なモデルとして、行政モデルの理念型を3つに集約している（Pollitt and Bouckaert 2011, 21-25）。第一は、New Public Managementモデルである。これは名前の通りNPMの行政モデルであり、アングロサクソン諸国のようなNPMの先端を行く国々が想定されている。伝統的官僚制や大きな政府に対抗し、民間部門を目指すモデルであり、マネジメントの技能を重んじ、市場とインセンティブを主要なメカニズムとするモデルである。第二は、Neo-Weberian States（NWS）モデルである。NWSは、行政サービスの有効性、市民への応答性のよ

---

22) ただし、現在も一部の政府や国際的なコンサルティング会社は、NPMを問題解決の唯一の手段とする報告書を書き続けている（Pollitt 2015, 13）。

うな現代的な要求に対し、伝統的な官僚制を通じて対処する。伝統的な官僚制は、説明責任、予測可能性、継続性などにたけており、NPMのビジネスモデルだけが行政への現代的な要求に対処する方法の全てではない。NWSモデルは、ウェーバー型のヒエラルキー組織の伝統が色濃く残りつつも、現代的な行政改革を経た国々、具体的にはドイツ、フランスなどの大陸諸国、ノルディック諸国が念頭に置かれたモデルである。第三は、Network あるいは New Public Governance（NPG）モデルである。NPGモデルは政府の有効性を高める上で、政策形成と実施に関わる幅広い社会的アクターとの関係を重視したモデルである。ステークホルダーとのネットワーク、パートナーシップが活用される。NPMモデルのような競争や、NWSモデルのような専門家によるヒエラルキーではなく、政府とステークホルダーとの水平的な関係による行政モデルが想定されている[23]。

　Pollitt and Bouckaert（2011）は3つの行政モデルと、業績測定、PPP、エージェンシー化など行政改革の個別領域との関係性についても言及している。Pollitt and Bouckaert（2011）によれば、各行政モデルにとって、業績測定、PPP、エージェンシー化のような行政改革の個別領域は、改革の「道具（tool）」であるという。各行政モデルと各道具の関係は、「業績測定＝NPMモデル」というような一対一の結合関係にあるのではなく、各道具は複数のモデルにおいて用いられる関係にある。例えば、業績測定は主にNPMモデルで用いられる手法であるが、政府の現代化のためNWSモデルで用いられる場合もある。また、PPPのアプローチも、NPMモデルに限らずNPGモデルでも活用される（Ibid., 24）。同じ名前の改革道具（tool）であっても、異なる行政モデルにおいて活用されることで、多様なパターンが生まれるのである（Ibid., 213）。さらに、Pollitt and Bouckaert（2011）は現実の行政改革のパッケージでは、複数のモデルの要素が含まれていることも指摘している[24]。例えば、ブレア政権期のイギリスは、NPGモデルの要素であるパートナーシップやネットワーク

23）NPGモデルについてはPollitt and Bouckaert（2011）は具体的な国名を挙げていない。

24）行政モデルの混在、複合性についてはChristensen and Laegreid（2011）も同様の指摘をしている。ポストNPMの行政改革はNPMの行政改革に取って代わるものではなく、現実には両者が混在するという（Christensen and Laegreid 2011, 403）。

を重視するのと同時に、トップダウンの業績測定システムを設けている（Ibid., 210）[25]。

　行政改革の方向性に関する理論研究が導き出す行政モデルは、行政改革の影響を検証する実証研究と密接な関係にある。理論研究が導出した行政モデルの理念型は、各行政モデルが与える影響を検証する実証研究において、有用な分析視角となるのである。特に、計量的手法を用いて、ウェーバー型、NPM、ポストNPMなどの行政モデルが与える影響を検証する研究群においては、行政モデルを変数として操作化する際の理論的基盤となる。例えば、Oyama（2015）は政府の行政モデルがNPM型であるか、ポストNPM型であるかが、市民が行政へ抱く信頼性の高低とどのような関係にあるかを分析している。公務員制度の領域であれば、Dahlstrom et al.（2012）、Cho et al.（2013）、Van de Walle et al.（2015）なども、独立変数である公務員制度のモデルと、汚職、政府の業績、公共部門の仕事の魅力などの従属変数との関係を計量的に分析している。行政改革の方向性に関する研究群が提示する行政モデルは、計量分析における独立変数として操作化され、行政信頼や政府の業績などの従属変数との分析に活用されるのである。

（4）　公務員制度のモデルに関する議論の変遷

　NPM以前は、任用制度が閉鎖的でウェーバーが提起した官僚制の理念型に近いモデルの国々と、任用制度が開放的で民間部門に近い運用がなされるアメリカが、比較の対象となっていた。そして、NPMの流行に伴い、特殊アメリカ的であったポジションシステムの公務員制度は、NPMモデルの公務員制度として公務員制度改革が目指すロールモデルとなった。

　しかし、近年の国際比較分析では、ポジションシステムのようなNPM志向のモデルへの収斂ではなく、モデルの多様化が観察されている。さらに、各国の今後の改革の方向性に関する調査からは、NPM志向の民間部門からの中途採用よりも、政府外の公共部門からの中途採用が重視されていることも示されている。公務員制度のモデルに関する議論の変遷は、行政改革研究における、

　25）Pollitt and Bouckaert（2011）は明言していないが、業績測定システムは主にNPMモデルの改革手法であろう。

NPM収斂論からポストNPM、モデル多様化への展開と同じ経路を辿っていると言えよう。日本では開放型／閉鎖型の名称がよく知られているが、事実上アメリカを指していた開放型モデルの射程が、この20〜30年ほどの間により一般化したモデルに変化しポジションシステムとなった実情を踏まえ、本書ではポジションシステム／キャリアシステムの呼称を用いている。また、本書の後段の分析により示すことであるが、開放型の公務員制度は必ずしも運用面での開放を伴うわけではなく、名称と実態の乖離が大きくなる可能性もあることから、ポジションシステムの呼称を用いる方が適当である。

　過去から現在までの類型論の共通点として、行政学における公務員の人的資源管理に関するモデルの議論は、一貫して任用制度の開閉を軸に展開されてきた。人的資源管理の諸制度はそれぞれに独立した存在ではなく、全体として1つの体系性を有するものであり、公務員をどのように採用するか、採用した公務員をどのように育成するかが表れる任用制度のあり方は、そのシステム体系の中核に位置している。本書でも、公務員の人的資源管理システムを分析する上で、任用制度の分析に軸足を置く。

2　民間部門の人的資源管理モデル

　本節では主に民間企業を対象とした、労働経済学・経営学における組織の人的資源管理モデルについて概観する。公務部門と同様に民間部門の人的資源管理も、いわゆるアメリカ型経営／日本型経営と呼ばれる形で、2つのモデルに整理されてきた。特に1970年代後半から80年代にかけて、日本企業特有の人的資源管理、いわゆる日本型雇用の研究が活発となり、豊富な研究成果が存在する。ただし、労働経済学・経営学の領域における多くの先行研究全てを取り上げるのは容易ではなく、また、本書の主題とも離れてしまうことから、ここでは平野（2006）の整理をベースに簡略化した形で日本型雇用の特徴を概観するにとどめる。

　平野は、アメリカ型と日本型の人事管理の違いを、①雇用関係の継続期間、②技能タイプとキャリアパス、③社員格付制度、④昇進の実態、⑤人事権の所在、という5つの観点から整理している（表1-6）。

表1-6　アメリカ型／日本型の人的資源管理

	アメリカ型	日本型
雇用期間	短期間、転職多い	長期間、終身雇用
技能タイプ	汎用的な専門技能	企業特殊的な総合技能
キャリアパス	単一職種で複数企業を移動	複数職種で単一企業内を異動
職務区分	厳格	曖昧
社員格付制度	職務給、職務等級制度	職能給、職能資格制度
昇進選抜時期	早い選抜	遅い選抜
人事権	ライン部署の分権的管理	人事部の集権的管理

（出典）平野光俊（2006）『日本型人事管理―進化型の発生プロセスと機能性―』中央経済社、35-40
　　ページに基づき筆者作成。

　両者の特徴であるが、①雇用関係の継続期間については、日本の企業はアメリカよりも長期的な雇用関係が結ばれる傾向にある。いわゆる長期雇用慣行である。日本の企業は職員が若年時には、給与を抑えて実際の貢献よりも少ない賃金しか支払わず、年を経てその従業員の生産性が落ちた後に貢献以上の賃金を支払う賃金構造をとっている。これにより職員は若年時に投資した分の対価を受け取るためにその企業にとどまらざるを得ず、組織への積極的な関与・貢献を引き出すインセンティブが生まれる。これは民間企業だけでなく公務員にも当てはまる構造であり、稲継（1996）は長期雇用を前提とした日本の公務員のこのような給与構造を「積み上げ型褒賞」と呼んでいる。一方、アメリカのように転職が頻繁に発生する環境では、このような給与構造をとることは難しい。長期雇用・終身雇用を企業や政府が単独に保障していたとしても、外部労働市場の流動性が高く、転職先の選択肢が豊富に存在する状況では、労働者を囲い込むことは難しいからである。

　次に、長期雇用を前提とする日本企業と、必ずしも長期雇用を前提とするわけではないアメリカ企業では、②技能タイプとキャリアパスが異なる。日本の企業では職員は「企業特殊総合技能」[26]を発展させる。「企業特殊総合技能」とは、転職に役立つ汎用的な専門技能ではなく、企業内でのコミュニケーショ

---

26) いわゆる企業特殊的な人的資本であり、ベッカー（1976）の言う特殊訓練により形成される人的資本である。

ン費用を節約する技能であり、その企業内でのみ通用する技能を指している。長期雇用が保障されているため、汎用的で転職しても通用する専門技能より、外部労働市場では価値が低い企業特殊的な技能を身につけるインセンティブが従業員に生まれるのである。一方、アメリカは転職の機会が多く、従業員も企業特殊的な技能よりは転職に有利な汎用的な専門技能を身につけようとする傾向にある。このような技能タイプの違いはキャリアパスの違いを生んでおり、日本の企業では同一の企業内で営業、人事、購買など複数の職種を異動するキャリアパスをとる。それに対してアメリカは同一の職種で複数の企業を渡り歩く傾向が強く、企業内での職種をまたがる異動は少ない。企業特殊的技能の習得を重視するため、企業は職員の採用に際して、職業経験がなく入社後の人的投資に耐え得る「可塑性」（訓練可能性）を期待し（八代 2017, 27）、採用活動・内部訓練の効率性も踏まえ新規学卒採用を選好する。

　③社員格付制度の違いは、職務区分の厳格さの違いから生じている。職務区分が曖昧な日本では、従業員の能力に応じて格付けが決まる職能給・職能資格制度をとるのに対して、職務区分が厳格なアメリカは職務に応じて格付けが決まる職務給・職務等級制度をとる。両者は従業員に対するインセンティブの与え方が異なる。当人が就いている職務ではなく、能力を評価する職能給の制度は、まさに行政学で言う rank in person の構造である。Demmke and Moilanen (2010) は、開放型の公務員制度のモデルをポジションシステムと呼んでいるが、それはこのような格付制度の違いの表れとも言える。

　日本の企業では、職務遂行能力に基づいて給与が決まる「職能給」が一般的である。職務遂行能力の客観的測定は困難なため、代替指標として勤続期間が用いられ、その割合が高まると年功的色彩の強い賃金制度となる。他の先進諸国が採用する「職務給」は、職務の内容に応じて賃金が決まるのに対し、職能給は職務内容と賃金を分離して管理することが可能となる。職務に賃金がひも付けられている職務給の場合、賃金の下がる職務への組織内異動は困難であるが、職能給であればこうした異動も容易である。景気変動に応じた雇用調整が難しい長期雇用の組織においては、仕事量の変化に応じた組織内異動が行いやすい職能給は親和性が高い。また、キャリア初期の賃金を組織への貢献に対して過少に支払う一方で、キャリア後期にはその働きぶり以上の賃金を支払う賃

金構造とすることで、長期間にわたり職員に組織にとどまり貢献するインセンティブを与えている。

④昇進の実態については、日本企業は昇進選抜の時期がアメリカよりも遅く、長期間の昇進競争が行われる特徴がある。これは入社後の一定期間、年功型の管理がされるためである。アメリカの企業は昇進選抜の時期が早く、昇進が頭打ちになるグループが生じる時期も早い。ただし、昇進が頭打ちになりモチベーションが低い従業員がキャリア早期に発生しても、従業員が自ら組織から退出する可能性も高く、組織に与える悪影響は小さい。日本企業に比べて育成の対象者を早期選抜することで育成コストを抑えることができるという側面もある。

長期雇用と年功賃金の環境下では、昇進が頭打ちになりキャリア・プラトーを迎える職員の取り扱いが問題となるが、日本企業は、一定期間の同期同時昇進を行うことで将来の幹部候補の選抜を遅くし、長い期間にわたり職員同士の昇進競争が生じる仕組みが設けられている。そして、キャリア終盤に職務内容に賃金が見合わなくなった職員は、その到達ポストの低い者から順に組織外へと転籍・出向（・天下り）することで、組織の新陳代謝が図られる。欧米諸国では、基本的には自ら他の職務に応募しなければ異動も昇進も生じない。そのため、ごく一部のエリートを除き大多数の職員は30代から昇進・昇給とも頭打ち[27]となり、生涯同じレベルの職務で働くのに対し、日本は大卒総合職の全員が昇進競争に参加し、「誰でもエリートを夢見てしまう社会」（海老原 2013）とも称される。

最後に、アメリカと日本では⑤人事権の所在が異なる。長期雇用と内部昇進・異動が原則の日本では、外部からの中途採用は例外的であり、適材適所を実現するには企業が主体的に人事異動を管理する必要がある。部門をまたがる異動はライン部門に人事権を任せていては行うのが難しく、そのため昇進・異動に関して人事部門の人事権が強い。また、部門を越えた異動を行うには職務に応じた格付けよりも能力に応じた格付けの方が異動が容易であるため、職能資格制度が適している。アメリカの場合、空きポストの補充は、まず社内での

27）アメリカ、フランスとの昇進・給与の違いについては海老原（2013: 61, 63, 69-70）。

公募によって行われる。社内に適切な人材がいない場合、社外も含めた公募によって補充を行うのが一般的である。

　これら諸機能の関係をまとめると、次のように説明することができる。まず、アメリカ型と日本型の違いは、企業・政府の外部労働市場が発達しているか企業・政府の内部労働市場が発達しているかの違いである。外部労働市場が発達していて長期雇用を前提としていない場合、従業員には外部でも通用する汎用的な専門技能を獲得するインセンティブが生まれる。そのため、単一の職種で複数の企業を異動するキャリアパスが中心的になる。外部労働市場が発達しているので、空位の補充も内部人材のみに頼る必要はなく、最適な人材を公募によって組織内外から補充する。一方で、長期雇用が前提となる場合、従業員は汎用的な専門技能だけでなく、企業特殊的な総合技能も獲得するインセンティブが生まれる。将来も同一の組織にとどまっている予測可能性が高ければ、企業特殊的な技能を身につけるメリットがあるからである。外部労働市場が発達していない場合、空位の補充は内部から行わざるを得ず、その結果として単一の企業内で複数の職種を渡り歩くキャリアパスをとる。部門間をまたぐ異動を行うには人事権の集権的な管理が必要であり、人事部による計画的な異動・昇進が行われる。

　労働法研究者の濱口（2008）は、こうした日本型雇用システムの特徴を生み出す本質は、日本特有の「職務の定めのない雇用契約」であると説明している。日本以外の多くの国々では、各人の職務内容・範囲が定められ、その職務に対して雇用契約がなされるのが一般的である。一方、日本の雇用契約では、採用後にどのような職務に就くかという職務内容は定められておらず、使用者の命令によりその都度職務が決められる。日本の雇用契約の法的性格は組織とのメンバーシップ契約と考えることができる（濱口 2008, 1-4）。こうした日本型の雇用を濱口は「メンバーシップ型」と呼び、職務に対して雇用契約を結ぶ他国の雇用制度を「ジョブ型」と呼んでいる。

　以上のように、労働経済学・経営学における組織の人的資源管理モデルは、行政学における公務員制度のモデルと似通った構造を有している[28]。ウェーバーの理論に依拠するところが大きい行政学のモデルに比べ、労働経済学・経営学のモデルは組織の人的資源管理の諸制度・要素間のつながり、システム全

体での体系性をよく説明している。

　稲継（1996）は、こうした日本型雇用の特徴が公務部門の官僚人事システムにも当てはまることを明らかにし[29]、その特徴を幹部候補の選抜時期を遅らせる「遅い昇進」、キャリア後期にまでわたる長期間の成果により褒賞に大きな差がつく「積み上げ型褒賞」と表現している。稲継によれば、日本の国家公務員制度はキャリア／ノンキャリアを問わず、全職員の献身を引き出す日本型雇用の「遅い昇進」「積み上げ型褒賞」メカニズムと、あいまいな職務区分・大部屋主義などの要素が相まって、高い生産性と限られたリソースを最大動員する構造であるという（稲継 1996, 99）。

　大部屋主義とは、職務の分担が組織単位でしか規定されず、組織の職務を構成員が柔軟に協力・分担する執務形態である（大森2006）。公務員制度の効率性を支える大部屋主義の執務形態は、日本型雇用の特徴である「あいまいな職務」を基盤として成立するものである。予め各人の職務分担が厳格に定められている場合、柔軟な業務分担は難しい。また、そのような所定の職務に応じて賃金に差がつく職務給を採用する場合、賃金の高い職務を担う職員を、賃金の低い職務にあてがうことは難しく、こちらも柔軟な業務分担と組織内の異動を困難にする。さらに、仕事の成果が職務遂行能力（日常的な働きぶり全般で測定される）ではなく、所定の職務に対する成果で測られる場合にも、当該職務以外の業務を分担させることが難しくなる。個人単位での職務があいまいであることにより、柔軟な職務分担が可能となり人的リソースを最大限活用できるのである。

　村松（1994）は日本の行政を、限られた資源（少ない予算・公務員）を最大動員するシステムと表現しているが、稲継（1996）の理論は、村松の最大動員シ

28）ただし、注意しておきたいのは、労働経済学・人的資源管理論におけるアメリカ型／日本型モデルは、あくまでも日本と諸外国との比較を念頭に置いたものである、ということである。民間部門の日本型雇用慣行が日本の公務員制度の説明においても当てはまることは稲継（1996）が示しているが、民間部門の日本型雇用慣行が日本以外のキャリアシステムの公務員制度にも完全に当てはまるかと言えば必ずしもそうではない。

29）稲継（1996）はこうした日本の民間部門の人的資源管理モデルを、日本の公務員制度に当てはめて議論を展開しており、この分野の先駆的かつ最も重要な研究の1つであると言える。

ステムの理論を公務員制度の面から補強する関係にあり、日本の官僚人事システムの生産性・効率性を説明するものである。

3　先行研究の課題

(1)　開放／閉鎖二項対立モデルの構成原理と運用の乖離

　行政学における公務員の人的資源管理モデルの課題として、任用制度の開放／閉鎖を基軸とした、二項対立的な整理法の限界が挙げられる。近年の研究では各国がウェーバー型の伝統的な公務員制度から脱却する傾向は共通しているものの、改革の進む先に一定の方向性がないとの分析もあり、多様化の傾向が観察されている（Demmke and Moilanen 2010, 244）。公務員制度のモデルが多様化する背景には、各国の経路依存性や採用以外の要素も含めた様々な理由が考えられるが、本書はポジションシステム特有の性質に着目する。

　閉鎖的なキャリアシステムの場合、公務員になるためのコースがキャリア早期に限られており、制度上も運用上も必然的に閉鎖的な公務員制度となる。これに対しポジションシステムは、実際に中途採用をどの程度利用するか、どのような職歴・専門性の人物を中途採用するかという部分は、各国、各組織の運用次第である。中途採用が可能であっても、組織内からの任用がほとんどで閉鎖的となる可能性も理論上は起こり得る。

　そもそも、Demmke and Moilanen（2010）が指摘するような、ポスト官僚制の多様化、ポジションシステムの公務員制度の多様化は、必ずしも近年になって発見された問題というわけではない。本章の冒頭で取り上げたSelf（1977）でも、ポジションシステムの公務員制度において、制度の構成原理と運用実態が乖離することは示唆されていた。

　より体系的な議論としては、川手（2012）が、米軍統治下の琉球政府の水道公社の事例を挙げて、ポジションシステムの制度と運用の乖離の可能性を指摘している。川手によれば、米軍統治下の琉球政府水道公社は職務分類制を有しており、制度外形上は中途採用が可能な開放型任用制であった。川手は、琉球政府の水道公社の統一マニュアルの中に、空位の補充に際して組織内の候補者を優先して任用する規定が設けられていることを示し、制度上は開放型任用制

でありながら閉鎖的な任用慣行があったしている。このことから川手は、アメリカ－職階制－開放型（的）任用という通説的な観念連合に対し、開放的な任用制度でありながら運用慣行は閉鎖的というような、多様な結合関係があり得ることを指摘している（川手 2012, 255-258）。

　Self（1977）や川手（2012）が指摘するように、ポジションシステムの基軸である開放型の任用制度は、必ずしも開放的な制度運用に確実につながるものではない。閉鎖型と比べて、開放型は人的資源管理に関する権限が各部門に分権化されており、制度の運用において各部門の裁量が大きい。実際に、開放型の任用制度をどのように運用するかは個別部門次第、さらに言えば、同じ職位であってもその時々の組織環境次第となる。ある職位が閉鎖的に運用され、内部出身者で充当されるか、中途採用が行われるかは、各部門、各職位、その時々の組織環境により異なるのである。また、どのような中途採用者を採用するかという点においても、必ずしも民間部門出身者が中途採用されるとは限らず、政府外の公共部門などからの中途採用もあり得る制度である。

　実際、本書の後段で取り上げるイギリスのように、政策形成を担う各省と政策実施を担うエージェンシーとで、中途採用者の割合・職歴に大きな差がある国も存在する。イギリスの場合、政策形成を担う各省の上級公務員は、政府内で育成された公務員が中心であり、中途採用も政府と関係が深い公共部門の組織からのものが大半である。純粋な民間部門の出身者は稀で、政府のステークホルダーを重視した運用がなされている。一方、エージェンシーの長官では、公共部門の経験がない民間企業からの中途採用も多く、エージェンシー内部からの昇進は限定的である。

　ポジションシステムはその運用次第で、ウェーバー型の閉鎖的な公務員制度にも、民間部門の経験を重視したNPM型の公務員制度にも、政府外のステークホルダーとのネットワークを重視した公務員制度にもなり得るのである。ところが、従来の先行研究が提示してきたモデルでは、こうしたポジションシステムの多様性は捨象される。採用制度が開放／閉鎖的であるか否かにより、公務員制度のモデルを指標化することは、本来別種のものであるポジションシステムを同値として扱うことになる。

　二項対立モデルの問題点は、実証研究においてより深刻となる。近年の実証

研究は、各国の公務員制度のあり方を独立変数として捉え、ポジション／キャリアシステムのような公務員制度の態様の違いが、政府の業績（Cho et al. 2013）や、公務員の就職人気（Van de Walle et al. 2015）にどのような影響を与えているかを検証する段階へと移りつつある。具体的には、各国の公務員制度が、ウェーバーの官僚制の理念型の特徴を有するかどうかが測定され、該当する項目の数がスコア化される。その上で各国の公務員制度が、ウェーバー型、すなわちキャリアシステムと、それ以外のポジションシステムという、2つのモデルの間の直線状のどこかに位置するものとして位置付けられる。

　二項対立的に指標化された公務員制度の指標が、独立変数として計量分析に投入される場合、上述したポジションシステムの多様性は捨象され、運用実態の異なる公務員制度が1つの「ポジションシステム」として扱われることとなる。実質的には閉鎖的な運用がなされており、一度採用されれば内部昇進と長期雇用の期待が高いポジションシステムと、中途採用が多く上級公務員になる保障が確実ではないポジションシステムとでは、公務員の就職人気に与える影響は異なるものと考えられる。また、民間部門からの中途採用が多いポジションシステムも、実質的に閉鎖的な運用がなされているポジションシステムとは、政府の業績に対して異なる影響を与える可能性が考えられる。二項対立の公務員制度モデルは、このような運用実態の違いを区別することができないという問題点を抱えている。

　本書では、上述の行政改革研究における課題に対処するため、ポジションシステムの理念型をより理論的に精緻化し、Pollitt and Bouckaert（2011）の類型論を援用したポジションシステムの下位類型を構築する。新たな下位類型を用いることにより、先行研究で用いられてきたポジション／キャリアシステムの二項対立モデルに対して、運用実態を捉えることが可能な分析視角を提示する。その上で、行政改革研究におけるNPMへの収斂、各国の多様化という議論が、公務員制度の領域においてどのように当てはまるのか、韓国、イギリスの事例を通じて検討する。本書の提示する修正モデルを用いることで、従来の二項対立モデルを用いた分析とは異なる新たな知見を提示し、行政改革研究に貢献することが本書の学術的目的の1つである。

（2） 公務員制度と組織の業績に関する研究蓄積の不足

　公務員制度改革を対象とした先行研究では、公務員制度のモデルと組織の業績の関係を説明する理論的基盤が不十分である。公務員制度のモデルと、組織の業績の関係を分析した先行研究は未だ少ない。数少ない先行研究としては、ウェーバーの官僚制の要素が低下すると業績が下がるのではないか（Cho et al. 2013）、あるいは民間部門からの中途採用や外部の候補者との競争があれば能率が向上するのではないか（Van de Walle et al. 2015）という、単純な仮定に基づいた分析が存在するのみである。

　前項で述べたようにポジションシステムの運用実態には多様性があり、開放的な任用制度であろうと、閉鎖的なウェーバー型とさほど変わらない国・組織もあれば、民間部門だけでなく政府外の公共部門からの中途採用が多い国・組織も存在する。ポジションシステムとキャリアシステムで、任用制度の外形や運用理念が違っていたとしても、実際に採用する職員は同じように政府内部で育成された公務員なのであるとすれば、組織のアウトカムに与える影響に大きな違いが生じるとは考えにくい。制度外形や制度の理念がウェーバー型であれば、業績が高低するというような単純な説明では、現実の多様な運用実態を捉えることは困難であり、仮にそうした分析から何らかの政策的示唆が導出されたとしても、現実の実態を伴わない分析結果にどれほどの意味があるだろうか。先行研究は公務員制度のモデルと組織の業績の間をつなぐ因果関係の流れがほとんど考慮されていない状況にあり、理論的基盤の整備が不十分である。政策的示唆につながる実用性を備えた理論の精緻化が求められる。

　そこで、本書では人的資源管理論や労働経済学で用いられる知識・技能の概念を援用し、ポジションシステムと組織の業績に関する理論の精緻化を試みる。人的資源管理の観点からは、先進諸国におけるキャリアシステムからポジションシステムへの移行を、職員の知識・技能の中身の変化として捉えることができる。ウェーバーの理念型に近く閉鎖的なキャリアシステムは、職員をキャリア早期に採用し長期雇用する。キャリア早期に採用された職員は、組織内部で複数の職位を経験し、時には政策領域を超えた異動・出向を経て育成される。政府内部で長期間かけて育成されたキャリアシステムの公務員は、政府・省に特有の職務に対する知識・技能を習得する。

本来、流動的な労働市場環境に置かれた労働者は、このような特定の組織で
しか活用できない専門知識・技能を習得するインセンティブを持たない。転
職・解雇などにより組織を離れた場合、政府以外では役に立たない、潰しの利
かない専門知識・技能を習得していてもメリットがないからである。

　しかし、キャリアシステムのように長期雇用が保障された組織では、企業特
殊的人的資本と呼ばれる、当該組織に特有な専門性を習得するインセンティブ
が生まれる。公共部門の仕事には民間部門と異なる特殊性がある。政治家や議
会への対応のような公共部門特有の技能は、政府外では活用する機会がない技
能であり、公務員にこのような専門性を十分に習得させるためにも、長期雇用
の慣行は一定程度正当化される。この観点に立てば、ポジションシステムによ
る中途採用は、政府部門特有の専門性を持たない職員を雇用することにほかな
らない。政治任用の多用が政府の業績に悪影響を与える（ルイス 2009）のと同
様に、ポジションシステムによる中途採用も組織の業績に悪影響をもたらす可
能性がある。

　ただし、中途採用者は政府特有の専門性に欠ける一方で、政府部門では習得
が困難な外部からの知識・技能をもたらす可能性がある。政府部門では習得が
難しい、民間部門特有の高いコスト意識やマネジメントの技能、当該政策領域
に関する行政サービスの現場レベルの知識、行政サービスの受け手側の需要に
関する情報など、中央政府の中にいては習得できない知識・技能が、政府特有
の知識・技能の不足を補い、組織の業績を向上させる可能性もある。

　上述のような理論的見地からは、ポジションシステムによる中途採用は、組
織の業績に好影響・悪影響を与える可能性の双方が考えられる。また、中途採
用者がどのような知識・技能を有するかによっても、組織の業績に与える影響
は異なるであろう。人的資源管理研究の観点からは、職員のどのような知識・
技能が、組織の業績を高めるのかという点が重要である。したがって、単に公
務員制度がウェーバー型であるか否かというだけでは不十分であり、実用的観
点からも、中途採用者の運用実態、知識・技能の違いを踏まえた分析が必要と
なる。

（3）　ポジションシステムの不透明な運用実態

　先行研究において、ポジションシステムの運用実態を無視した単純な議論がなされる背景には、分析手法上の制約が存在する。ポジションシステムと組織の業績の関係を分析する上で、運用実態の多様性を考慮するには、職員の職歴を一定程度類型化した上で、どのような職歴の職員の割合が高いのかを指標化する必要がある。

　こうした指標の作成には、個別職員の職歴情報を積み重ねなければならないが、キャリアシステムでは比較的容易な職歴情報の収集が、ポジションシステムにおいては困難である。例えば、日本の行政学における公共部門の人的資源管理研究では、キャリアパス、昇進管理の研究が非常に活発に行われている。その代表は稲継（1996）であり、そのほかにも多くの研究が中央政府、地方自治体における職員のキャリアパスを調査・分析している（山本 1997; 峯野 2000; 前浦 2002; 一瀬 2014; 林 2014など）。これらの研究はいずれも閉鎖的なキャリアシステムを対象としたものであり、組織の名簿などを用いて職歴情報が収集されている。

　ところが、ポジションシステムの場合、一定数の中途採用者が政府外からやってくるため、組織図や名簿から政府外での職歴情報を補足することができず、同様の手法を用いることができない。日本の行政学に見られるキャリアパスの綿密な調査研究は、閉鎖的なキャリアシステムの公務員制度だからこそ成り立つ側面がある。ポジションシステムを対象に同様の分析をするならば、何らかの形で中途採用者の政府外での職歴情報を補わなければならない。先行研究において、制度外形による国単位での指標化と国レベルでの比較分析がなされる背景には、このような調査手法上の問題があることにも注意を払う必要がある。

4　本書のアプローチ

　本節では先行研究における課題を踏まえた上で、本書がそれに対しどのような独自のアプローチをとるかについて、各章の構成との対応関係を示しながら説明する。

先行研究における公務員制度モデルは、公務員の人的資源管理システムを、任用制度を基軸とした二項対立の図式で捉えている。公務員制度のモデルを一直線上の関係として扱った上で、一方の極にウェーバー型の公務員制度を置き、もう一方の極にそれ以外の公務員制度をまとめる整理法である。こうした手法は、公務員制度の外形、制度の構成原理を整理する上ではある程度有効である。しかし、現代の多様化した公務員制度、特にポジションシステムの公務員制度の運用実態を測定するのには不十分なモデルである。

　元来、開放的なポジションシステムの公務員制度は、Self（1977）や川手（2012）が指摘するように、制度外形上は開放的でありながら、閉鎖的な運用の可能性を持つ制度である。既存研究に見られる二項対立モデルは、任用制度が開放的な国々のうち、閉鎖的な運用をしている国々と、開放的な運用をしている国々を同値として扱う可能性がある。あるいは、開放的な運用の中でも、民間部門から中途採用を行う場合と、政府のステークホルダーである公共部門などから中途採用を行う場合とが、混在して測定される恐れがある。

　そこで、本書は現実の中途採用者の運用実態を反映したモデルを構築するため、ポジションシステムの下位類型を提示する。下位類型の構築には公務員の知識・技能の観点からのアプローチをとる。ポジションシステムとキャリアシステムの構成原理・理念の違いにより、両者の間に生じる「実質的な」差異は、前者が職員を中途採用するという点である。本書はこれを「職員の知識・技能の違い」として捉える。ポジションシステムにおいて任用された職員が、どのような知識・技能を有するかという観点から分析することで、ポジションシステムの多様な運用パターンの整理・測定を可能とする。

　このような目的から、第2章では民間企業を念頭に置いた労働者の知識・技能に関する先行研究を踏まえた上で、ポジションシステムの下位類型を提示する。ポジションシステムが多様な運用実態を有するのだとすれば、その運用パターンに応じて組織の業績に与える影響は異なる可能性がある。したがって、実証分析に際しても、政府外部の民間部門あるいは公共部門から中途採用を行うことによる組織の業績への影響を、その運用パターン、ポジションシステムの下位類型ごとに説明する、より精緻な理論構築が必要となる。本書は、先行研究が想定する、組織内部からの任用を中心としたウェーバー型と民間部門か

らの中途採用を行うNPM型に加えて、政府のステークホルダーからの中途採用を行うネットワーク型、政府内外に共通の職種の専門家を中途採用する専門職型の下位類型を提示する。

　続く第3章、第4章では、韓国とイギリスのポジションシステムの運用実態を取り上げる。ここでは第2章で提示したポジションシステムの下位類型を分析視角として用いつつ、本書が主張するポジションシステムの多様性が実際に存在していることを、韓国とイギリスの分析から明らかにする。分析の結果、国ごと、職種ごとに同じポジションシステムの制度であっても運用の類型が異なることを明らかにする。

　第5章、第6章では、第2章で提示したポジションシステムの下位類型の構築において想定した理論が、現実の中途採用の運用過程に当てはまるのかどうか、事例分析を通じて確認する。従来の行政改革研究の議論では、ポジションシステムがNPM志向の公務員制度として捉えられてきた関係で、ポジションシステムの中途採用は民間部門からのものが念頭に置かれる傾向にある。本書はこれに加えて、政府のステークホルダーからの中途採用を、「ネットワーク型」の運用と名付け新たな理論上の類型として提示している。これは政府のステークホルダーとなる組織において、当該政策領域の知識を修得した人物がその知識を評価され、中央政府各省の政策形成の職位に中途採用される運用を想定したものである。

　第3章、第4章のデータにより、政府のステークホルダーでの職業経験を有する人物の中途採用が存在することが示されており、ネットワーク型の類型が現実に存在することはおおよそ確認できる。ただし、本書がネットワーク型の類型において想定するような「政策領域の知識」が重視され中途採用が行われたのかどうかは、外形的なデータでは確認することができないため、第5章、第6章において事例分析に取り組んでいる。

　第6章までの分析結果を踏まえた上で、第7章、第8章では、ポジションシステムにおける中途採用の運用パターンと、組織の業績に関する計量分析を実施する。先行研究の課題は、計量分析において、公務員制度の閉鎖性をウェーバーの官僚制の諸要素に基づいて測定している点である。第6章までの分析が示すように、ポジションシステムの運用は単一の国内ですら多様であり、民間

部門やステークホルダーなど様々な職業経験を有する人物が中途採用されている。職業経験の違いは職員の知識・技能の違いとなり、組織の業績への影響も、中途採用の運用パターンに応じて異なる可能性があるだろう。

　このような課題を解決するには、公務員制度を実際の運用実態に基づいて測定する必要がある。そこで本書では、イギリスを分析の対象とし、組織レベルでの計量分析を実施した。職員録のデータに加え、インターネットを用いた独自の職歴調査を実施することで、既存の研究ではデータが収集されてこなかった、中途採用者の詳細な職歴情報をデータ化した。これにより、各組織の閉鎖性の程度を測定することが可能となる。第7章では、政策形成部門の局長など各職位の中途採用者の割合を、第8章では、エージェンシー長官の個人単位での職歴を、それぞれの独立変数として投入した計量分析を行う。分析を通じて、組織ごとの職歴構成や管理職の職歴の違いからくる知識・技能の違いが、組織の業績にどのような影響を与えているのかを明らかにする。

　また、第9章では、イギリス、韓国の分析を踏まえた上で、日本の公務員制度の分析を行う。2000年代以後の改革により、日本のキャリアシステムにも複数の中途採用の経路が導入された。これまでよりも、キャリアシステムからポジションシステム寄りに近づく方向への変化が生じたことは間違いないが、それはあくまでも同じ日本という国の中での時系列比較である。本書ではポジションシステムを本格的に導入したイギリス、韓国と比べた場合に、現在の日本の公務員制度との差異を検証し、国際比較における日本の国家公務員制度の位置付けを示す。

　本書の学術的な独自性は次の3点に要約される。第一は、先行研究のモデルが考慮していない制度運用の実態を、知識・技能の観点から捉えた修正モデルを提示する点である。第二は、中途採用の運用実態を踏まえた計量分析を実施した点である。これまで国単位の分析が中心であった公務員制度と組織の業績の研究において、職員の知識・技能の観点から組織・職員レベルの分析を実施する。先行研究は制度の外形や構成原理に基づいた、国単位での分析が中心であったのに対し、制度の運用実態を捉えた、組織・職員単位での分析を行う。第三は、制度外形ではなく運用実態の側面から、日英韓の比較分析を行い、日本の公務員制度の相対的な位置付けを示す点である。制度外形上は、キャリア

システム／ポジションシステムの区分が困難になっている昨今の状況を踏まえた上で、運用の実態面でどのような違いがあるのかを明らかにする。

第2章

知識・技能と中途採用の運用パターン

　本章では、本書の分析枠組みとなるポジションシステムの運用に関する理論構築を試みる。まず、労働経済学・経営学の議論を援用しつつ、ポジションシステムにおいて、いかなる場合に外部からの中途採用が行われるのか、職員の専門知識・技能の観点から理論化する。その上で、ポジションシステムの下位類型、運用のパターンには理論上どのようなものが存在しうるのかを整理する。最終的に本章では、ポジションシステムの運用実態に応じた下位類型として4つの類型を提示する。

　組織のライン部門の類型は、内部出身者を任用するウェーバー型、公共部門を中心とした政府のステークホルダー組織の専門知識に期待するネットワーク型、民間部門のマネジメント技能に期待するNPM型の3類型、スタッフ部門の類型として、専門職の専門知識・技能に期待する専門職型の1類型である。ポジションシステムの運用パターンに応じた4つの下位類型を設定することで、ポジションシステムの多様な運用パターンを整理・把握する有用な分析視角を提示する。本章で構築したポジションシステムの理論、下位類型は本書全体を通じ、分析の理論的基盤となる。

　ポジションシステムの下位類型を構築する上では、本書は職員の有する知識・技能に着目する。労働経済学、人的資源管理のモデルによれば、組織外部との人的資源の流動性が高く開放的なアメリカ型と、流動性が低く閉鎖的な日本型では、職員の習得する技能の中身に違いが出るとされる。公務員制度の文脈にこれを当てはめれば、任用制度を閉鎖的に運用する場合と、開放的に運用する場合とで、職員の習得する知識・技能には違いがあると考えられる。そして、その知識・技能の違いは、組織の業績に与える影響の違いを生む。

　閉鎖的なキャリアシステムの公務員制度では、政府特有の特殊的技能を習得

した職員が大半を占めることになる。一方、開放的に運用されたポジションシステムであれば、組織の外部から政府特有の特殊的技能を持たない職員が中途採用により組織に加わることとなる。しかし、中途採用により加入する職員は政府特有の特殊的技能を持たない代わりに、政府内では習得不可能な外部からの知識・技能を組織にもたらす可能性がある。公務員の中途採用には賛否両論があり得るが、開放的な公務員制度に批判的な立場が着目するのは、前者の政府特有の特殊的技能の不足であり、NPMの効果を強調し開放的な公務員制度を支持する立場が着目するのは、後者の組織外でしか習得できない外部の知識・技能の影響であろう。

　本書では公務員制度のモデルの違いを、職員の有する知識・技能の中身、能力の違いとして捉え、中途採用により生じる新たな知識・技能に着目する。どのような職歴の人材がどのような能力を有しているかを整理することで、中途採用が生じる際に、組織の側が中途採用者にどのような能力・役割を期待して任用したかを分類することが可能になる。また、公務員の職歴と組織の業績の計量分析を行う上では、内部育成or中途採用の違いが、どのような経路で組織の業績に影響を与えるのかという因果関係の理論化が仮説の推定の際に重要となる。本書の第7章、第8章の計量分析では、内部育成の公務員と、中途採用された公務員の違いを、その公務員が習得している能力の違いとして捉えることで、職員のキャリアパスの違いを能力の違いを表す代替変数として扱っている。キャリアパスの違いが職員の能力の違いとなり、それが組織の業績に違いを生み出すという因果関係のプロセスである。

　以上の分析枠組みから議論を進めていくため、まずは公務員が習得している（と推定される）能力、専門性を操作的定義へと置き換える必要がある。

1　公務員の知識・技能

（1）　政治学・行政学における公務員の専門性概念

　本項では、公務員制度のモデルと組織の業績の関係において、任用制度の違いと組織の業績の間を媒介する公務員の能力について検討する。そもそも、公務員の能力とはいかなるものを指しているのか。本書ではここまで知識・技能

という表現を中心に用いてきた。しかし、公務員が仕事を進める上で必要な能力を表すには、先行研究において公務員の「専門性」、「専門知識」、「専門知・現場知」など様々な呼称がある。一方で、労働経済学・経営学の領域でも、人間の知識や技能、能力に関する議論は古くから存在する。「知識」、「技能」、「知的熟練」といった言葉がそれである。本書において専門知識・技能、あるいは専門性、専門能力という言葉は「知識」と「技能」の両方を含む、職員個人の総合的な業務遂行能力を表す言葉として用いている。

　まずは政治学・行政学・公共政策論における先行研究で、公務員の能力、いわゆる「専門性」の中身がどのように論じられてきたか簡単に概観する。その上で、主に政治学・行政学・公共政策論で用いられてきた既存の専門性概念は、その意味するところの範囲が本書の分析対象とうまく合致しないことを確認する。本書の内容は行政学への理論的貢献を念頭に置いているものの、問題意識そのものは人的資源管理理論と近しい部分があるため、本書では労働経済学・経営学の領域における知識・技能概念を分析枠組みに活用する。

　政治学・行政学・公共政策論における議論では、公務員の個別政策領域における専門能力は「専門性」という用語で表現されることが多く、主に政策パラダイムの変化を説明する場合や、政策決定過程の分析をする場合の説明変数として扱われてきた。そのため、主として政策過程で必要となる専門能力が想定されている。

　田丸（2000）は、法律事務官の専門性を、専門知識と執務知識に区分している。専門知識とは特定の政策分野における知識であり、執務知識とは「勤務上の交渉を通じて得られた・あるいは『文書に通ずる』ことによって得られる・事実についての知識」としている。田丸はこれら2つの知識を包括したものを専門的執務知識と呼んでいる（田丸 2000, 4）。田丸は、中央省庁の法案作成過程における官僚制の活動の仕組み、意思決定方式に関する実証分析を行っており、法律事務官が持つ専門的執務知識が法案作成に重要な役割を果たすことを指摘している。

　藤田（2008）は、日英における技官の専門性と自律性の違いに着目し、行政における専門性確保の方法、専門性を担う公務員集団の行動様式、そして、それらが政策決定のあり方に与える影響を明らかにしている。藤田は、専門性の

高い行政組織に必要とされる知識や能力を、①先端の科学的・専門的知見、②専門的リテラシー、③職務遂行上の管理的側面における能力の3つに整理している（藤田 2008, 278-280）。①先端の科学的・専門的知見とは基本的には行政の外部に存在する、当該領域の最先端の知見である。②専門的リテラシーとは①の知見を理解するために行政職員に求められるリテラシー[1]である。③職務遂行上の管理的側面における能力とは、行政実務の中で習得される能力であり、例として法案や文書の作成、進行管理、組織管理、資源調達、関係部局との調整などが挙げられている。藤田はこうした専門性をどのようにして確保するかを論じており、②③は行政職員により確保されるものであるが、①の最先端の知見は基本的に行政の外部からしか調達できないものであるとしている。

　河野（2009）は、政策過程や政治的決定における、説明変数としての知識の影響を分析する上で、専門的知識概念の整理と類型化を行っている。河野によれば、「知識」はまず「一般的知識」と「専門的知識」に区分できる。政策に影響を及ぼすのはそのうちの専門的知識であり、専門的知識はさらに「専門知」と「現場知」に区分されるという（河野 2009, 16-17）。専門知とは「専門的状況の中で見出される個別の事象を、その外部効果まで含めて総体的にとらえることのできる知識」（Ibid., 20）であり、様々な因果関係を相互関連的に捉える知識であるとされる。専門知は科学的なものであり、外部に開かれたものでもあることから、時として既存の利害と相反する形で政策に影響を与える（Ibid., 24）。一方、「現場知」は「専門家集団がその職業を遂行するにあたって独占的にもっている」知識（Ibid., 19）とされ、その定義上、特定の利害と不可分の関係にある。河野は例として医者、農家、弁護士などを挙げている。現場知は一定のメンバーシップの中でのみ影響力を持つ知識であり、メンバーの利害と関わる形でしか政策に影響を与えることができないという（Ibid., 20）。

　木寺（2012）は、地方制度改革を題材に、専門家のアイディアが実現するか否かの成否を分ける要因として、官僚制の専門性を取り上げている。木寺によれば、1990年代の地方分権改革では、自治省の協力が得られたことにより機関委任事務制度の廃止が実現したものの、小泉政権期の改革では、官僚の協力

　1）藤田は専門分化の進む今日では行政職員の専門性とは所詮リテラシーの範囲を超えるものではないと主張している（藤田 2008, 280）。

が限定的であったため抜本的な制度改革が実現しなかったとされる。木寺は、外部専門家のアイディアが有効に反映され実現するためには、公務員の執務的知識が必要であり、両者が揃わなければ意図した通りの政策形成は成功しないと指摘している（木寺 2012, 181-183,189-190）。

　若林（2019）は、丹念な先行研究のレビューを基に、行政組織の専門性を「専門知識」と「執務知識」に整理している。前述した藤田（2008）が指摘したように、先端的な「専門知識」の多くは行政外部に存在するため、若林によれば行政固有の専門性は主として「執務知識」を通じて蓄積・更新されるという（若林2019, 39）。また、若林は林学や気象学のように、科学的知識がローカル性を持つ場合、観測データの現場を持つ技術官には専門的リテラシーのみならず、知識生産者の役割が重要となることを指摘している（Ibid., 40）。

　政治学・行政学・公共政策論における専門性概念の共通点は、次の2つに整理できる。公務員の専門性を主に政策過程に関わるものとして限定している点、そして、専門能力を「知識」として捉えている点である。この2つの特徴は、既存研究における専門性概念を人的資源管理の分野に適用する際にいくつかの問題を引き起こす。

　第一に、専門知にせよ現場知にせよ、既存研究の議論の範疇は「政策」に関連するところに限られている。ここでは財務、人的資源管理、IT、調達などのバックオフィス部門の専門能力や、マネジメント能力のような組織管理能力は含まれていない。これは従来の研究がこのような専門性を見落としてきたというよりも、先行研究の関心が行政の能率や人的資源管理ではなく、政策形成過程や政策変化・結果の分析に置かれていたことに起因している。必然的に、政策形成・政策変化に直接的な影響のないバックオフィス部門の専門知識は議論の範囲外となる。しかし、財務や人的資源管理のような専門能力は、民間部門との共通性が高いそれぞれの職種で要求されるものであり、外部からの中途採用が行われやすい職種であることが想定される。したがって、これらの専門能力を含めた公務員の知識・技能概念を新たに定義する必要がある。

　第二に、先行研究は公務員の能力を「知識」として捉えており、労働経済学で言うところの「知識」と「技能」の違いに無関心である。詳細は次項で述べるが、「知識」に対して「技能」は経験を通じて習得するものであり、習得方

法もその内実も異なっている。先行研究がこうした表現上の違いに無頓着なのは、これまでの研究の関心は、専門知識の保有者に集まっているからである。政策変化を説明する上で重要な問題は、説明変数となる知識を「どのアクターが保有しているか」、そのことにより影響力を発揮する「重要なアクターが誰なのか」であり、その知識がどのようにして習得されるのかは二次的な問題である。しかし、公務員の中途採用、政府の人的資源管理を議論する場合、ある専門能力が行政組織の内部で習得できるものなのかどうか、という点は重要な関心事となる。そこで、本書では公務員の専門性や職務遂行能力を議論する際には、労働経済学・経営学の研究成果を基に、知識・技能概念を区別して議論する。

(2) 労働経済学・経営学における知識・技能概念

本項では労働経済学・経営学の領域で、働く人間の知識と技能がどのように議論されてきたかを検討する。松本（2003）は、認知心理学における議論を踏まえた上で、知識と技能の違いを次のように説明している。人間の知っていること（knowing）は、知識（knowledge）と技能（skill）に区分できる。知識とは内容を知ること（knowing what）であり、技能とは方法を知ること（knowing how）である。知っていることと、実際にやってみることの違いとも言える。

松本は技能概念の特徴として、①練習や経験の産物であること、②意図する成果を生み出す「能力」であること（手先の器用さのような作業能力だけではない）、③自動化された能力であること、④具体的な能力としての技能とそれを用いるメタ能力の階層構造があることを示している（松本 2003, 29-33）。①技能は経験の産物であるということは、知識と異なり技能は実践を経て習得されることを意味している。②技能は成果を生み出す能力であるとは、知識それ自体が成果を生み出すものではないのに対して、技能は何らかの成果を意図した能力であるということである。③自動化された能力とは、技能はそれを用いるのに大きな注意を払わなくともよい能力ということである。技能を用いて何かをするのに、大きな注意を払わなくてもよいため、技能には言葉では表現が難しい部分が含まれていることもある。④技能とメタ技能とは、技能には個別具体的な能力と、状況に応じてそれらの個別能力を使い分けるメタ能力があるとい

うことである。

　例えば[2]、ある法案を実現させるために利害関係者の説得が必要になった場合、説得に用いられる技能には、会話の技能、資料を作成する技能など様々な技能があるだろう。しかし、ただ単にそれぞれの技能を用いるだけでは、良い成果を得ることは難しい。置かれた環境や説得の相手に応じて、どの技能を用いるかを判断しなければならない。政治家を説得する場合でも、分かりやすい資料による簡潔な説明が有効な場合もあれば、詳細で論理的な資料が有効な場合、理屈よりも熱心さや人間関係を前面に押し出す方が有効な場合、交渉の時期を遅らせる方が有効な場合など、状況により有効な技能は千差万別である。こうした状況判断に応じた技能の選択を行うのがメタ能力であるという[3]。

　以上の松本の整理に、政治学・行政学・公共政策論における専門性の議論を当てはめる。田丸の専門知識、藤田の先端の専門的知見、河野の専門知は、経営学で言うところの「知識」である。一方で、田丸の執務知識、藤田の専門的リテラシーと職務遂行上の能力、河野の現場知は、「知識」というよりも「技能」と呼ぶべきであろう。両者を知識と呼んでしまうと、実務経験を通じてのみ習得可能な「技能」の特徴が言葉の上から消失しがちである。

　人的資源管理の分析において、ある能力がどこでどのように習得されるかは重要な問題である。その専門性が政府内部の経験を通じて十分に習得できる、あるいは書籍や座学の研修で習得できるのであれば、あえて中途採用を行う必要はない。中途採用により外部の専門性、すなわち知識と技能を導入し業績が向上するかを論じる場合、これまでの研究は大雑把に全ての領域、職種を一括して議論してきた。当然ながら、公共部門の方が優れた知識・技能を有する領域もあれば、内部では育成が難しい知識・技能が外部に存在する領域もあるは

2）以下の法案の例については筆者が具体例として補足したものであり、松本（2003）が政治における事例を取り上げていたわけではない。

3）松本はこのようなメタ能力をインテリジェンスと呼び、インテリジェンスと個別具体的な技能を合わせたものをコンピタンスとしている（松本 2003, 101-105）。ただし、本書ではあくまでもポジションシステムにおける職員の知識・技能と組織の業績の関係、下位類型の理論構築が目的であり、技能概念の精緻化が目的ではない。そのため松本の議論を援用しつつもインテリジェンス、コンピタンスの概念に関する部分は簡略化し全て技能と表記している。

ずである。公共部門に特殊的な知識・技能とはいかなるもので、外部から導入のできる知識・技能とはどのようなものであろうか。労働経済学の議論はこうした問題を整理するのにも有用である。

　技能の研究は主にブルーカラーを対象に労働経済学の領域で盛んに行われてきた。ベッカー（1976）は、人的資本の形成に関して、その訓練のあり方を一般訓練と特殊訓練に区別している。人的資本の形成とは労働者の能力開発であり、ここでは便宜上、技能と置き換えて考えても問題ないだろう。一般訓練とは、その企業に限らず他の企業でも有効な技能の訓練を指す。一般的技能は転職をした場合でも有効性は失われないため、労働者は自発的に訓練に励むという。特殊訓練とはある企業内でのみ通用する技能の訓練である。転職をした場合、このような技能は有効性を失うため、労働者は自発的に訓練しようとせず、企業が費用を負担して特殊訓練を行う必要がある。

　久本（1999）は、技能の通用性に関するベッカーの整理をさらに細分化している。久本によれば、技能は①汎用技能、②職種専用技能、③業界専用技能、④企業専用技能の4つに区分できるという。①汎用技能、④企業専用技能についてはその名が示す通りベッカーの議論と同様である。②職種専用技能とは、ある職種専用の技能であり、③業界専用技能とは、ある業界でのみ通用する技能である。ベッカーにおいては汎用か企業専用かの両極端で議論されてきたが、実際には特定の職種、業界に限定すれば他企業でも通用する技能は数多い。久本は、ベッカー以来の二分法では①と④が強調されてきたが、むしろ現実には②と③の比重の方が高いと指摘している。汎用技能、職種専用技能の側面が強い仕事であれば、業界や企業が異なっていても、その技能が通用する部分は多いだろう。一方、業界専用技能、企業専用技能の側面が強い仕事の場合、技能が通用する範囲は同じ業界、同じ企業内に限定的となる。

　次節では、松本、ベッカー、久本らの議論を念頭に、ポジションシステムの公務員制度において、どのような場合に、どのような知識・技能を求めて、中途採用が生じ得るのかを検討する。

2 ポジションシステムにおける任用の類型

　本節では、ポジションシステムにおいて生じる公務員の中途採用を、知識・技能の観点から議論する。中央政府における各省の公務員には、どのような知識・技能が要求されるのであろうか。中央政府の上級公務員を念頭に置いて、議論を進めたい[4]。

　まず、中央政府の公務員において最も重要な役割を担う各省のライン部門の職位に必要な知識・技能を考察する。各省組織においてライン部門を構成する局長・課長などの職位では、政策形成が主な職務となるであろう。いわば政策形成の職種である。政策形成の職種では、政策形成過程に関する知識と技能が要求される。知識の中には、予算・法律を実現するための政府・議会の手続きに関するルールなど、比較的明示化されていて座学の研修などで習得しやすいものから、政府内・省内の慣行や暗黙のルールのように明示化されていないものまであるだろう。しかし、明示化の有無にかかわらず、知識としての形があるものは比較的短期間に習得が可能であり、深く長い実務経験を要する部類のものではない。より習得が困難であるのは、政治学・行政学・公共政策論の先行研究において「執務知識」「現場知」と呼ばれ重要視されてきた、政策形成の職種特有の技能である。政治家との折衝、政治的環境における公務員としての中立性を保った振る舞いなど、実務経験を積む中でしか習得できない能力が政策形成の職種には要求される。習得に一定期間の実務経験を要する政府特有の技能は、政府内部出身の公務員のみが有するものであり、外部から中途採用で加入する人材には備わっていない。政府内部で経験を積んだ内部育成の公務員が中途採用者に勝る部分であり、理論上このような技能を求めて中途採用が生じることはない。

　政策形成の職位において、職種特有の技能に加えて要求されるもう1つの能

---

4)　組織の下位レベルの場合、キャリアシステムもポジションシステムも公務員の未経験者を採用する可能性がある。キャリアシステムとポジションシステムの差を分けるのは、組織の上位レベルにおいても外部からの中途採用の可能性があるかどうかである。したがって、本書の議論の対象も上級公務員の中途採用が中心となる。

力は、当該政策領域に対する知識である。教育政策、医療政策、農業政策、外交政策などの各政策領域に関する法制度、現在の政策体系、政策実施の実態に関する専門的な知識は、政策の形成に欠かせないものである。政策領域に関する知識も、基本的には政府内で習得可能なものがほとんどであると考えられる。政府内で習得可能な政策知識が要求される場合は、職種特有の技能の場合と同様に、政府内部出身の公務員を任用すれば事足りるため、中途採用を行う必要性は低い。ただし、政策領域の知識の中には、政府内での習得が困難なものも存在する。例えば、政府が政策の実施を自治体やNGO、NPOなど政府外の公共部門に任せている政策領域であれば、中央政府よりも実施を担う公共部門の組織の方が、政策実施の現場レベルの実態を熟知している。あるいは、政府が補助金などの資金提供により、企業や公共部門の活動を支援している政策領域の場合、中央政府よりも補助金の受け手となる企業や公共部門側の方が、最も補助の有効性が高い領域や、補助金が必要とされている領域に関する情報を多く有している可能性がある。

　政府内では習得が難しく、世間一般に広く明示化・体系化されて公開されていないこの種の知識を入手しようとした場合、当該政策領域のステークホルダーからの中途採用が起こり得る。ただし、現実にはこのような場合でも、中途採用以外の代替手段が存在している。非常勤の外部委員、アドバイザーなどはその代表的な手段である。非常勤の外部委員と中途採用の違いがどこにあるかと言えば、前者は利害関係者であるステークホルダー組織の立場から政策形成に参加するのに対し、後者の中途採用の場合は完全に政府側の一員となる点である。外部委員の場合、利益集団であるステークホルダーの代表者としての性格が強まるが、中途採用で政府の一員になれば、ステークホルダーへの利益誘導を懸念する必要性は低下するであろう[5]。

　最後に、政策形成の職位に対して要求される可能性のある能力として、組織

　5）中途採用者と出身組織の利害関係が問題になる程度は、各国の労働市場環境によるところが大きい。イギリスのように労働市場の流動性が高く、中途採用した職員が公務退職後に、以前に勤務していた組織に戻る可能性が非常に低い場合、中途採用者と出身組織の利害関係に配慮する必要性は低い。ただし、公務退職後に、出身組織とは別の民間企業に採用される可能性は存在するため、退職後の就職先との関係には配慮が必要となる。

のマネジメントに関する技能を考慮する必要がある。いわゆるNPM的な発想であるが、伝統的な官僚制は、民間部門と比べ組織のマネジメントに関する意識・能力が低いと考えられてきた。このような考え方に立てば、マネジメント技能が高いと考えられる民間部門から、中途採用を行う可能性が存在する。

　以上の議論から、ライン部門の政策形成職位における運用パターンの可能性を考察する。まず、ポジションシステムにおいて空位を補充する際には、当該職位が公募にかけられる。国・組織により政府内限定の公募が可能な場合と、原則として政府内外に公開して募集を行うことが義務付けられている場合がある。中途採用が起こり得るのは後者の場合であり、前者の政府内限定の公募の場合は、内部出身の公務員で空位が充当されるため職員の知識・技能の観点から見ればポジションシステムの制度外形であろうと、キャリアシステムと変わりはない。また、組織内外に向けた公募を実施したとしても、内部出身者が任用される場合は、政府特有の技能を重視した運用であり、キャリアシステムと同じであると言える。

　ライン部門の政策形成の職種で中途採用が行われるとすれば、考えられるのは次の2パターンである。第一は、政府内では習得が困難な政策領域の知識が必要とされ、ステークホルダー組織の経験者を中途採用するパターンである。政策実施に関わるステークホルダーは地方自治体や非営利組織が多いことから、政府外の公共部門からの中途採用が中心になると考えられる。ステークホルダーが持つ知識を重視する、ネットワーク重視の政策が必要とされた場合にこのような中途採用が行われると考えられる。第二は、NPMの考え方に基づき、マネジメント技能に期待して、政策形成の技能も政策領域の知識も持たない民間部門の経験者を中途採用するパターンである。

　政策実施の職位に関しても、政策形成の職位と基本的には同様であると考えられる。政策実施の職位に要求されるのは、政策実施の職種に特有の技能、当該政策領域の知識、NPMの考え方に基づくならばマネジメントの技能が、理論上は要求されうるであろう。ただし、政策実施の職位の場合、各省と政策実施部門のあり方の違いにより、国ごとの差が大きいと考えられる。各省組織の一部として実施部門が備わっている場合と、エージェンシーのような形で各省から距離を置いている場合では、任用される職員に要求される能力の比重も異

なる。政策実施の職種に特有の技能が重視される場合は、当該組織内部あるい
は政府内の同じ政策実施部門から内部出身者が任用されるであろう。ライン部
門の政策実施の職位において中途採用が起こり得るのは、政策形成の職位と同
様に、次の2パターンである。政策実施部門内で習得不可能な知識が求められ
る場合にはステークホルダーからの中途採用が、マネジメント技能が求められ
る場合には民間部門からの中途採用が起こり得る。

　次に、スタッフ部門の職位について検討する。中央政府各省の中心部である
政策形成・実施部門に対し、スタッフ機能を担う組織・職位には、財務
（finance）、人的資源管理、IT、広報、購買、業績管理など多種多様な職種が存
在する。スタッフ部門の職位の場合、ライン部門の政府特有の職務と違い、民
間部門、政府外の公共部門と多くの職種が共通している。多少は当該政策領域、
政府特有の知識が必要になると考えられるが、その程度は、政策形成・実施部
門と比べると低いだろう。むしろ重視されるのは、財務、人的資源管理、IT
など、それぞれの職種のプロフェッショナルとしての職種専用の知識・技能で
ある。政府内で政策形成・実施の職位を経験してきた内部出身者が、財務の職
位に就くよりも、複数の民間部門や公共部門で財務の職種を経験してきた、当
該職種のプロフェッショナルの方が財務の知識・技能が豊富であろう。スタッ
フ部門の職種の多くは政府外の組織にも共通するものであり、民間・公共部門
を問わずその職種の専門家の方が知識・技能に優れていると判断され中途採用
される可能性がある。

　また、一部の職種については、スタッフ部門でありながら政府のカウンター
パートが存在しており、政府外でしか習得できない知識を求めてステークホル
ダーからの中途採用が起こり得る。例えば、軍隊の装備などの調達を担当する
職位のように、購入先として特定の軍需品メーカー数社のみが想定される場合、
購買（buyer）のプロフェッショナルを中途採用するよりも、購入先企業の商品
知識に長けた人物を引き抜いた方が効果的と判断される可能性もある。あるい
は、次章で取り上げる韓国では、政府の広報担当として広報（Public Relations）
の専門家ではなく、ステークホルダーである新聞などのマスメディアから中途
採用が行われている事例も存在する。これらの中途採用は、スタッフ部門にお
ける官民共通の職種に対して職業的な専門性を要求するのではなく、政府のス

テークホルダー側の知識を要求していると考えられる。ITや財務、業績管理、人的資源管理などのスタッフ部門の職種には、こうした政府のカウンターパート、ステークホルダーとなる組織が存在しないためこのような運用は起こり得ないが、一部の職種ではスタッフ部門といえどもライン部門と同様にステークホルダーからの中途採用が起こり得るだろう。

3　ポジションシステムの下位類型

　本節では、前節までの議論を踏まえた上で、ポジションシステムにおける任用制度の運用可能性を4つのパターンに整理する。キャリアシステムの任用が、キャリア初期のエントリーレベルにおいて一括して行われるのに対し、ポジションシステムの任用は、各職位に空位が生じた際に各部門がその都度公募を実施するのが基本である。公募に際しては当該職位に必要な能力が定められた職務明細（job description）などが活用される。職務明細なり職階制なり、何らかの形で定められた当該職位に必要な能力に基づいて、応募者の中から適格者を選定することにより成績主義が担保されている。入口時点で資格試験に合格すれば、キャリア全般にわたりその人物の能力を認定するキャリアシステムに対し、ポジションシステムは、任用対象の特定職位に対する能力の有無だけを認定する点で、両者の成績主義の捉え方には違いがある。このような任用方式をとるポジションシステムにおいて、中途採用の有無、中途採用の類型にはどのようなパターンが生じ得るであろうか。

　理論上、中途採用が起こり得るのは、当該職位に必要とされた能力において、政府の外部から応募してきた候補者が、政府の内部から応募してきた候補者を上回る場合である。あるいは、政府内からの応募者がおらず、外部出身の候補者の中から任用する場合である[6]。前節で議論したように、政府内部出身の候補者と、政府外部出身の候補者を比較した場合、政府外部出身の候補者の知

---

6) このような場合、外部からの候補者の能力が十分であれば中途採用を行うであろう。外部からの候補者の能力が不十分であれば、再公募を行うという選択肢もあり得る。本書の調査の過程でも、適格な応募者がなく再公募に至る例はイギリス、韓国の両国で散見された。

識・技能が、内部出身者の能力を上回るパターンは限定的である。

　以下、職種ごとの運用パターンを整理する。まずライン部門の政策形成・実施の職位の場合、政策形成・実施の職種に特有な技能が要求される場合は、政府内、当該組織内の職歴を有する候補者が内部から任用されるであろう。また、政府内で習得可能な政策領域の知識が要求される場合も、中途採用の必要性は低く、内部出身の候補者が任用されるであろう。

　中途採用が起こり得るのは次の2パターンである。第一は、当該政策領域に関する政府内では習得できない知識が必要とされた場合である。政策実施の最前線を担う現場レベルの知識、補助金などの政策の受け手側の知識など、政策領域のステークホルダーが有する知識が必要となる場合に、ステークホルダーの職歴を有する候補者が外部から中途採用される。第二は、NPMの考え方に基づけば公共部門よりも優れているとされる、民間部門のマネジメント技能が必要とされた場合である。

　次にスタッフ部門の職位の場合であるが、政府内部出身の候補者は必ずしもスタッフ部門の職種の専門家であるとは限らず、外部出身の候補者で当該職種の専門家がいれば、そちらの方が高い評価を受け任用される可能性がある。スタッフ部門の場合、政策領域に関する知識よりも、当該職種の専門性の方が重視されることを考えれば、候補者の政府内外の出身は、任用に際して重要な要因とはならないだろう。当該職種に対する専門化の程度、すなわち当該職種に特化した職歴を積んでいるか否かが重視されると考えられる。ただし、広報や購買など政府のカウンターパート、ステークホルダーが存在する一部の職位では、政府外でしか習得できない知識を期待した中途採用の可能性がある。

　表2-1は、職種と必要能力に応じたポジションシステムの任用制度の運用パターンを表したものである。政策形成・実施を担うライン部門における運用のパターンは3つの類型に整理できる。第一は、公募を実施しつつも、伝統的官僚制特有の政策形成・実施の技能と、政府内で習得可能な政策知識を重視し、組織内部から任用する「ウェーバー型」の運用である。

　第二は、政府の政策知識に頼った従来型の政策形成・実施に対し、政府外に点在する政策領域の知識、ステークホルダーとの関係を重視し、当該政策領域のステークホルダーからの中途採用を行う「ネットワーク型」の運用である。

表2-1 職種と必要能力に応じた任用制度の運用パターン

	当該職種特有の「技能」が必要	政府内で習得可能な「知識」が必要	政府外でしか習得できない「知識」が必要	マネジメントなど民間部門の「技能」が必要
ライン部門	内部から任用（ウェーバー型）	内部から任用（ウェーバー型）	ステークホルダーから中途採用（ネットワーク型）	民間部門から中途採用（NPM型）
スタッフ部門	政府内外から当該職種の専門家を任用（専門職型）		ステークホルダーから中途採用（ネットワーク型）	

（出典）筆者作成。

　第三は、NPMの考え方に則り、伝統的官僚制特有の知識・技能よりも、民間部門のマネジメント技能などを重視し、民間部門からの中途採用を行う「NPM型」の運用である。ライン部門における任用制度の3つの運用類型は、第1章で紹介したPollitt and Bouckaert（2011）の3つの行政モデルとほぼ一致する。PollittとBouckaert自身は、公務員制度の領域を自身のモデル[7]を用いて評価することを断念しているが（Pollitt and Bouckaert 2011, 95）、彼らの提起する3つの行政モデルは行政改革を経たポジションシステムの運用パターンを理解する上で、当てはまりの良いモデルである。

　スタッフ部門については、当該職種の専門家が政府内にいれば、あえて中途採用を行う必要はないが、優れた当該職種の専門家が政府外の候補者としていれば、中途採用が起こり得る。当該職種の専門家としての知識・技能に期待した「専門職型」の運用である。スタッフ部門の職種はライン部門とは異なり官民の共通性が高い職種であるため、中途採用が必要となるかどうかは、政府が当該職位に対してどのような知識・能力を求めるかどうかよりも、その時々の

7）PollittとBouckaertは、公務員制度の領域におけるNeo Weberian Statesの例としてドイツ・フランスやノルディック諸国を、NPMモデルの例としてイギリスのようなNPMの中心的国々を挙げている。New Public Governance（Network）モデルについては公務員制度の領域では説明が難しいとしている。これはPollittとBouckaertが、運用の実態ではなく、公務員制度の制度外形を基に国単位での各モデルへの当てはめを試みているためである。

政府内外からの候補者の優劣次第となるであろう。また、少数ではあるが、政府のカウンターパート、ステークホルダーが存在する一部の職種では「ネットワーク型」の運用が行われる可能性もある。

　以上、ポジションシステムの任用制度における運用パターンは、ライン部門の「ウェーバー型」「ネットワーク型」「NPM型」の3つの運用類型に加え、スタッフ部門の「専門職型」の1類型を加えた4つの類型に整理することができる。4つの類型を分析視角として、各職位の職種、任用者の職歴を基に、各職位がどの運用類型に当てはまるかを類推することが可能となる。ただし、これら4つの類型のうち、ライン部門の3つの類型は必ずしも排他的な関係ではない。民間部門と政府部門の双方を経験している場合、民間部門とステークホルダー組織の双方を経験している人物が任用されている場合など、労働市場の流動性が高い環境では、外観上、複数の類型に相当する例が存在しうる点は注意が必要である。

　ポジションシステムの任用は、個別の職位ごとに行われるものであり、各職位の類型を政府全体で総計すれば各省の運用傾向、政府全体の運用傾向を、運用実態の違いを踏まえた上で観察することができる。次章以降で、韓国、イギリスを分析対象とし、本章で構築した4つの類型を分析視角として用いつつ、ポジションシステムの多様性を明らかにする。

第3章

韓国のポジションシステム

　本章では、韓国を分析の対象に、ポジションシステムの運用の実態を明らかにする。韓国は日本同様の伝統的な官僚制、キャリアシステムの公務員制度を有していたが、1999年に開放型職位制度と呼ばれる、上級公務員の中途採用を可能とする制度を導入した。公務員制度の一部にポジションシステムを取り入れる改革を実施したと言える。

　はじめに、開放型職位制度導入の背景、韓国の置かれた労働市場の環境などに触れた上で、開放型職位制度の概要について説明する。その上で、開放型職位制度の運用実態を、公募対象職位の任用者の職歴データに基づき分析する。分析の結果、韓国は制度外形とは異なり、政府内部出身者を任用するウェーバー型の制度運用を行っており、キャリアシステムの公務員制度と実質的には大きな違いがないことを示す。

　韓国を分析の対象として選択した理由は、韓国の公務員制度が歴史的経緯から日本に類似した公務員制度であったことに加え、政府を取り巻く外部労働市場の流動性が比較的低く、外部環境も日本とよく似ているからである。ポジションシステムは政府外の労働市場から中途採用を行う仕組みである。そのため、政府の外部労働市場の流動性はシステムの運用を左右する重要な要因の1つである。日本と同様に、公務員の中途採用の人材供給源となる大企業ホワイトカラー労働者の流動性が低い韓国は、日本における公務員の中途採用を議論する際に参考となる事例であろう。

　また、次章で取り上げるイギリスとの比較の観点で言えば、韓国、イギリスは、いずれも日本と同様の閉鎖的なキャリアシステムから、NPMの影響を受けポジションシステムの公務員制度を導入した事例である。ただし、韓国とイギリスの制度運用は対照的である。イギリスが制度外形と同様に開放的な中途

採用を行うのに対し、韓国は内部出身者を重視した閉鎖的な運用を行っている。同じキャリアシステムからポジションシステムへの改革を行いながらも、運用実態の異なる両国は、近年ポジションシステムの導入が議論されてきた日本の文脈において、比較対象として参考となる事例である。

1 改革以前の韓国の公務員制度

　本節では、まず開放型職位制度導入以前の韓国の中央政府における人事管理体系について説明する。加えて、民間部門における人事管理体系がどのような構造であるのかを確認する。そして次節で、開放型職位制度の構造を概観し、その上で開放型職位制度の運用実態を分析していきたい。

　韓国の中央政府における終戦直後の官僚制は、形式上は任用におけるメリットシステムが存在していたものの、実質的にはスポイルズシステムであった。日本の高等文官試験制度を引き継いだ「高等考試」は行われていたものの、高級官僚として「高試（高等考試：筆者補足）合格者で1959年11月現在で官庁で勤務している者の総数はたった149人で、残りの者約5,000有余の役人は銓衡方式によって採用された」（田中誠一 1997, 112）[1]状況にあった。1963年に国家公務員法が改正され、現在まで続く試験制度が整備され、メリットシステムによる任用制度が確立する。その一方で、第三共和国以降、軍人が行政組織のトップレベルのポストに任用されるケースが増加し、「ある韓国の行政学者の推計によると、1964年2月時点で、その数は228人で、政府および公社のトップの管理層の総数の約28％であった」（Ibid., 114）とされる。その後も、盧泰愚大統領によって民主化宣言がなされ、軍人の特別採用制度が廃止されるまで、現役・退役軍人が行政組織のトップに転入する傾向は続くこととなる。

　軍部からの転入という特徴はあるものの、日本の公務員制度の影響もあり、韓国の公務員制度は日本と非常に良く似たキャリアシステムの典型であった。公務員の階級は9段階に区分されており（1級が最上位）、考試と呼ばれる5級・7級・9級の採用試験が実施されている。日本のキャリア組に該当する大卒の

1）原典は朴東緒（1961）『韓国官僚制度の歴史的展開』韓国研究図書館。

幹部候補採用は 5 級試験である（田中秀明 2008, 30）。詳細は後述するが、5 級試験に合格し公務員となった職員は監査院など一部の例外を除き、そのほとんどが 1 つの部処[2]の中で異動を繰り返してキャリアを積む。各職位での在任期間はおおよそ 1 年程度であり、非常に短期間で複数の職位をこなし経験を積む人事管理体系である。開放型職位制度の導入以前は、公務員集団への加入は考試での新卒一括採用が基本であり[3]、かつての韓国の公務員制度はキャリアシステムの特徴を体現していたと言えよう。

　ポジションシステムの事例として韓国を取り上げるに際して、考慮すべき要因の 1 つに公務員制度を取り巻く外部労働市場の環境がある。韓国の労働市場の環境は日本と同様に、中央政府が中途採用を行う際に人材の供給源となる大企業ホワイトカラーの流動性が低く、ポジションシステムの運用に間接的に影響を与えているものと考えられる。日本との比較の観点から、本節では韓国の労働市場の環境について簡単に触れておく。

　韓国における民間部門の閉鎖的な人事管理体系は、1980 年代中頃から内部労働市場[4]の形成が進み全国的に拡散したとされる（黄 2006）。韓国民間企業の賃金決定は年功的で、日本以上に年齢と勤続年数を重視した制度であった（安 1993, 36）。日本の年功型賃金は「年」（年齢・勤続年数）と「功」（能力）の複合によって賃金を定めるのに対して、韓国は「功」の査定が少なく、より年の比重が高い年功型賃金が一般的であった（朴 1992）。年功型賃金の拡大の結果、1990 年代中頃になると年功型賃金による人件費の増加が指摘されるようになり（李 1999）、日本の民間部門と同様に様々な人事管理制度の改革に取り組まれることとなる。こうした問題に、韓国の民間部門は内部労働市場の規模を縮小する形で対応する。IMF 危機以降、これまで正規雇用で賄われていた領域が非正規雇用に置き換えられる傾向が強まり（黄 2006, 4）、正規雇用と非正規雇用で労働市場が二極分化する現象が生じている。労働組合や法律に守られた

　2）韓国の行政機関における部処は日本の省に相当。

　3）開放型職位制度の導入以前にも、政府内外からの例外的な中途採用の制度として「開放型専門職位制度」が運営されていたが、その範囲が制限されていることからほとんど利用されなかったという（申 2003, 25）。

　4）企業外部の労働市場に対して、企業内の労働者に限られた異動・昇進の労働市場を内部労働市場と呼ぶ。

大企業・公共部門は、その規模を縮小させつつも正規雇用の内部労働市場を維持している一方で（Ibid., 2）、非正規雇用の労働者は流動性の高い外部労働市場で転職を繰り返す構造化が進んでいると見られる。

　本書の文脈で重要な点は、中央政府の公務員の中途採用において、主要な人材供給源となる大企業ホワイトカラーの正規雇用者に対しては、正規雇用の規模を縮小したり業績志向を強めたりしつつも、なお閉鎖的な人的資源管理が維持されているという点である。中途採用の対象となる外部労働市場の流動性が低く、日本と同様の特徴を有していることが分かる。外部労働市場の流動性が低い場合、優秀な人材が企業内部に留め置かれ、政府の中途採用に際しても良い候補者が集まりにくいことが想定される。韓国の制度運用が閉鎖的となる背景には、単純に政府がウェーバー型の伝統的官僚制を重視しているというだけではなく、こうした外的環境の要因にも留意する必要がある。

2　開放型職位制度の概要 [5]

(1)　対象職位の指定

　1999年に導入された開放型職位制度とは、韓国の上級公務員制度である高位公務員団に該当する、従来の1-3級の一部職位を、政府内外からの公募によって任用する制度である。行政安全部によると、開放型職位制度は「公職社会の競争力向上のために専門性が特に要求される、または効率的な政策樹立のために必要だと判断される職位に、公職内外を問わず公開募集による選抜試験を経て職務遂行要件を取り揃えた最適格者を選抜して任用する制度」（行政安全部 2009, 3）とされている。このような制度が必要とされた背景には、能率性や効率性が求められる行政を取り巻く環境の変化、政府内外に対する競争的選考による優秀な人材の確保、閉鎖的な公職社会に対して民間専門家の流入による革新の要求があったと指摘されている（Choi 2006, 9）。高位公務員団に該当する約1,500の局・室長級職位 [6]のうち、20％までを開放型職位として指定する

　5）本節の記述は特に断り書きのない限り、行政安全部（2009）に依拠している。制度概要の説明は、本書の調査時点に最も近い2009年12月時点の制度に基づくものである。

　6）高位公務員団の職位数は田中秀明（2008, 14）。

ことができる。また、公募職位と呼ばれる政府内に限定した公募任用を行う制度が存在し、30％までの職位を公募職位に指定できる。残りの50％は各部処が自立的に任命する職位となる。

公募の対象となる職位の指定は、任用権者または任用提案権者が行うとされており、通常は各部処の長官と開放型職位運営委員会[7]との審議を経て行われる。開放型職位の指定基準は、専門性、重要性、民主性、変化の必要性が求められる職位を優先すべきであるとされている。ただし、これらに該当する職位であっても、政府部門内部の部署間の調整が求められる職位に対しての指定は行わない。職位指定の解除・変更は随時行われており、対象の職位は頻繁に変化している。

(2) 職務遂行要件

開放型職位に指定される各職位には、職務遂行要件が定められており、政府のホームページで公開されている。職務遂行要件は、該当部処の長官が要件を定め、職位指定と同様に開放型職位運営委員会の審議を経て設定・変更が行われる。職務遂行要件は、①任用資格要件（必須要件、経歴要件または実績要件）と、②能力要件、③特別要件で構成されている。

任用資格要件は、①必須要件、②経歴要件または実績要件で構成される。必須要件は必ず設定しなければならないわけではなく、当該職務を遂行するのに必要な学歴、資格がある場合に設定される。必須要件がない場合は、経歴要件または実績要件のいずれかを満たす必要がある。経歴要件は、学歴、資格、公務員経歴、民間経歴で構成され、設定された要件のうちのいずれか1つを満たせばよいものである。実績要件は、関連分野での卓越した実績がある場合に、経歴要件を代替するものとして定められている。

能力要件は、業務を遂行するのに基本的に要求される能力を定めた要件であり、全ての職位に必ず設定しなければならない。能力要件は一般的に、①専門家的能力、②戦略的リーダーシップ、③変化管理能力、④組織管理能力、⑤交

---

7) 委員会は委員長を含んだ5人以上の委員で構成される。委員は所属室・局・課長級の公務員、または関連分野の専門知識と経験が豊富な者を任命するが、必ず1人は民間委員が含まれていなければならない。

渉能力の5つの基準で構成されるものであるが、職位特性などを考慮して設定することができる。

特別要件は、職務遂行に直接的に役立つ資格、外国語、情報化能力、特殊分野の専門知識、卓越した研究実績など、そのほかに必要な要件を特別要件として設定することができる。

（3）任用の手続き

開放型職位制度においては、職位の充員を効果的に行うため、募集段階において細かい規定がある。開放型職位の任期満了者が出る2カ月前までに、10日以上の公告を出さねばならず、最低限政府のホームページへの掲載が義務付けられている。また、募集公告の実効性を高めるために、行政安全部の副長官は今後の募集計画を新聞、官報などに定期的に公告することが定められている。実際、政府のホームページにアクセスすると、今後1年間の募集予定職位が募集時期とともに掲載されている。各部処の長官も、毎年開放型職位充員のための試験施行計画を立てて、当該年度の1月末と7月末に行政安全部の長官に報告することが必要とされている。公告の結果、受験者がいない場合、または選抜試験（審査）委員会[8]の審査の結果、適格者がいない場合は再公告を行うことができる。なお、再公告の末に適格者がいなかった場合は一番適格と判断される公務員を任用することができる。

受験者の審査は、①形式要件審査、②適格性審査の2段階で行われる。形式要件審査とは、任用資格要件の審査である。提出された書類によって審査を行い、資格要件を取り揃えた受験者は全て合格として処理される。ただし、応募倍率が8倍以上の場合は任用予定職務にふさわしい基準によって合格者を制限することができる。

適格性審査は、形式要件審査の合格者を対象に、①書類審査、②面接試験によって能力要件と特別要件に対する適格性を審査するものである。必要な場合には筆記試験や実技試験を行うこともできる。書類審査では、願書、経歴証拠

8）委員会は委員長を含んだ5人以上の委員で構成される。委員長は委員のうち民間委員の中から選ばれる。委員会の構成は、民間委員が2分の1以上でなければならず、民間委員の3分の1以上はなるべく女性委員であることが求められる。

第3章　韓国のポジションシステム　　67

書類、実績証拠書類、自己紹介書、推薦書などの受験者提出書類と、あらかじ
め収集した資料[9]によって、能力要件と特別要件に対する適格性を審査する。
面接試験では、職務遂行計画の発表、特定テーマに対する意見の発表、過去の
業務遂行における成功実績の発表、集団討論などの多様な方法を用いる。短期
的な質問よりは、中長期的な事業計画と個人の潜在能力、品性などを重視する
方向で質問がなされる。各評価要素間、筆記試験などの配点比重は所属長官が
決定し受験者の評価を行う。選抜試験（審査）委員会は適格性審査の結果を総
合し、2-3人の任用候補者を選定して成績別順位とともに所属長官に推薦する。
　候補者が民間人または新たに高位公務員に昇進する課長級の公務員である場
合、さらに力量評価と呼ばれるコンピテンシー評価を受けなければならない。
力量評価は高位公務員団への加入に当たって課されているものであり、開放型
職位制度によって任用される場合にも力量評価を受け合格することが求められ
る。力量評価は実際の職務状況と類似の実行課題を評価対象者に提示し、この
時に現れる評価対象者の行動特性を多数の評価委員が評価する形で行われるが、
詳細な説明は本項では省略する。力量評価における民間人の合格率は約80％
である[10]。これらの手続きを経た上で、所属長官は選抜試験（審査）委員会の
推薦した候補者の中で優先順位をつけ、行政安全部の高位公務員任用審査委員
会[11]に提出する。高位公務員任用審査委員会の審査後、最終的には大統領に
よって任用が行われる。なお、既に高位公務員の職位に就いている候補者を推
薦する場合は、高位公務員任用審査委員会の審査は不要である。
　開放型職位に職業公務員が任用された場合は、そのまま一般職公務員の身分
を維持することができる。民間人が任用される場合は、任用期限付きの契約職
公務員の身分で任用され、任期終了後は公務員の身分は失われる。任用期間は
2-5年の範囲内で所属長官が決定し、勤務実績が優秀な場合などは総任用期間
が5年を過ぎない範囲で、公募などの手続きなしに任期の延長を行うことがで

　9）受験者の前・現職上司、同僚、部下、顧客などにも調査して適格性審査に反映するこ
　　とができる。
　10）数字は田中秀明（2009）を参照。
　11）高位公務員任用審査委員会は委員長を含む5-7名の委員で構成され、委員長は行政安
　　全部次官、同部人事室長、民間有識者で構成される（田中秀明 2009）。

きる。開放型職位制度の任用手続きによって、公募に応募し選抜され再任用される場合には回数の制限なしに続いて任用することができる。勤務成績評定の結果、中程度よりも低い評価を受けた場合は契約の解除または転任させることも可能である。しかし、安定的な職務遂行を通じて専門性を高めようとする開放型職位制度の主旨から、軽微な失敗の場合には、契約解除より懲戒を通じて責任を追及することが推奨されている。

(4) 給与と評価

　民間人が任用された場合は、政府部門の職務に適応するための様々な支援が行われている。人事、予算、組織管理に関する資料・情報の提供、研修プログラムに加えて、メンターの配置、個別に前任者からの業務継承期間の提供が行われている。また、年俸額は基準給（4,825万5,000ウォン〜7,760万7,000ウォン）と職務給（職務等級）によって構成されるが、具体的な年俸額は公務員報酬関連規定の能力資格経歴などを考慮して決定される。政府部門に対して報酬の高い民間部門からの優秀な人材を確保するために、民間人（契約職）に関しては基準給の上限額は設定されていない。また、公募手続きを経て開放型職位に任用された職業公務員（一般職）に対しては、月30万ウォンの補填手当が支給される。他部処から任用された職業公務員（一般職）に対しては、さらに月50万ウォンの加算金も支給され、部処間の交流を促進する効果が期待されている。開放型職位制度によって任用された高位公務員も、勤務成績の評定は他の高位公務員と同様の形式で実施される。

　ここまで開放型職位制度の概要を確認してきたが、実際にどの程度の開放型職位が指定されているのであろうか。政府のホームページによれば、2010年4月1日時点で161職位が開放型職位に指定されている。同日時点での高位公務員の正確な全職位数は不明だが、全職位数を約1,500として計算すると高位公務員のおよそ10％強が開放型職位として指定されていることになる。開放型職位の運用状況については、行政安全部が一般職・契約職の区分によるそれぞれの任用数や、他部処からの異動数を公表している。しかし、政府公表の契約職、すなわち中途採用者の数には、国立の政府機関での職歴が長い職員など、事実上組織内からの内部昇進により任用された職員が含まれていると考えられ、

運用実態の詳細を検証するには行政安全部のデータは不十分である。そこで本書では、開放型職位制度による任用者の職歴に関して独自の調査を実施した。次節では、この調査結果に基づき、韓国のポジションシステムとも言える開放型職位制度が、実際にどのように運用されているかを分析する。

3 運用実態の分析

(1) 職歴の調査方法

　本節では開放型職位制度の運用実態についての分析を行う。その上で、本項では職歴の調査方法について説明する。本書では、開放型職位にどのような職歴の人材が任用されているのかを明らかにするため、開放型職位に指定されている全161職位について、充足状況、現職の公務員の職歴の調査を行った。調査は高位公務員団ホームページで公開されている開放型職位の指定リストを基に実施した。

　はじめに調査対象職位の充員状況を確認し、充員されている場合には公募実施の有無を調査した。開放型職位の指定・解除は組織改変や職位の新設に応じて随時行われており、現在開放型職位に指定されている職位の現職の公務員が、必ずしも公募により任用されたとは限らない。そのため、現職の公務員の任用時に公募が行われたかどうかを確認する必要がある。公募実施の有無は、行政安全部のホームページを基に確認を行った。開放型職位の公募を実施する際には、ホームページ上の公告が最低限求められるからである。現職の公務員が当該の公募公告による試験で選考されたか否かは、公募公告に近接した日時の官報および新聞記事による人事情報から判断している。現職の公務員の名称、公募公告の確認、人事情報の確認という、3つの情報の一致によって、開放型職位制度の公募手続きを経て任用されたことを確認している。これに加えて、次に述べる方法で経歴を調査し、どちらかの情報が欠けている職位は集計から除外した[12]。最終的に161職位中の131職位（全体の81.4％）の情報を集めることができた。分析結果から除外した30職位のほとんどは、開放型職位に指定されながらも公募が実施されていなかったものである[13]。

　任用者の職歴は、主に前職、前々職の情報から判断している。一般職公務員

や、政府機関の出身である場合は、主に官報や人材情報データベースから職歴についての情報を調査している。職業公務員に関しては比較的追跡が容易であり、過去の職位は可能な限り前々職まで追跡している[14]。一方、契約職、すなわち公務員の資格を持たない者に関しては経歴が多種多様なため情報収集が困難であり、一様な手法では調査できない。結果的に言えば、一般民間企業出身者の場合は、任用時に必ずと言っていいほど新聞などのインタビューが組まれており、その記事などから情報を収集した。研究者、医者、大学教授に関しては、研究者データベース、過去に執筆した論文などから情報を収集している。

（2）　運用の実態

　まず、全体的な運用傾向について分析する。表3-1は開放型職位に指定され、政府内外の公募を通じて任用される職位のタイプを示したものである。政策形成の職位は、いずれも中央政府の各部処本体に設置された職位である。政策実施の職位には、地方の出先機関、エージェンシー、国立の研究機関・医療機関[15]、研修所などが含まれており、いずれも中央政府の各部処から切り離された組織の職位である。スタッフ部門の職位は、監査、広報、人事、法務などの職位が含まれている。全体の傾向で見ると、中央政府の各部処本体よりも、政策実施を担う部処外部の機関が多く開放型職位に指定されていることがわかる。

12）除外された30件のうち、24件は公募情報が確認できなかったものである。残り6件は職歴が確認できなかったもので、その内訳は一般職2名、契約職3名、任用資格不明1名である。公募情報が確認できない要因としては、諸事情により公募未実施の場合、任用の時期が古くデータが見つからない場合などが考えられる。

13）開放型職位に指定されたものの、指定以前に任用された現職が在任中のため初回の公募が実施されていない例が多い。

14）前々職よりも前にまで遡ると、いずれの内部出身の公務員も開放型職位の指定対象よりも下級の職位の役職に就いている。韓国の公務員制度は開放型公務員制度を除くと、公務員になるための経路は学卒後のエントリーレベルに限られているため、開放型職位の対象にならない下級の職位に就いていることが確認できた時点で、大学卒業後から公務員として勤務する内部出身者であると判断することが可能である。

15）研究機関、医療機関を政策実施部門として扱うかどうかは議論の余地がある。次章で取り上げるイギリスとの比較の観点で言えば、イギリスは日本の独立行政法人と同様に、国立の研究機関を執行エージェンシーとして取り扱っている。一方で、国立の医療機関は中央政府の政策実施機関というよりも National Health Services（NHS）に区分される。

第3章　韓国のポジションシステム　71

表3-1　開放型職位に指定された職位のタイプ

| | ライン部門 | | スタッフ部門 | 合計 |
	政策形成	政策実施		
職位数	40	68	23	131
比率	30.5%	51.9%	17.6%	100%

（出典）筆者作成。

表3-2　出身組織別に整理した開放型職位在職者の職歴

	当該部処内	政府内他部処	政府外	軍	空位	合計
人数	81	18	18	7	7	131
比率	61.8%	13.7%	13.7%	5.3%	5.3%	100%

（出典）筆者作成。

　表3-2は2010年4月1日時点で開放型職位に在職している公務員の、職歴別人数を出身組織別に示したものである。前職、前々職などの情報を基に職歴を判別しており、当該部処内[16]、政府内他部処[17]、政府外[18]、軍の4分類である。全体の61.8%が当該部処の内部出身者で占められており、他部処出身者、軍出身者を加えると全体の80.9%が中央政府の内部出身者である。政府外部の出身者はわずか13.7%である。高位公務員団の職位数を約1,500として計算すると、高位公務員のうち民間部門出身者の占める割合はわずか1.2%である。

---

16) 部処内に該当するのは、当該職位を所管する部処と、本人が主要なキャリアを積んだ部処が同一であるケースである。韓国の場合、部処本体の公務員の異動パターンの一部に出先機関、研究機関、研修所などの部処本体から離れた政策実施部門が組み込まれているため、所管する部処に基づいて出身の内部・外部の判断を行った。

17) 政府内他部処に該当するのは、当該職位を所管する部処と、本人が主要なキャリアを積んだ部処が異なるケースである。前職が他部処であっても、出向から戻っているケースなどは他部処扱いとしていない。例えば監査院の開放型職位に対して、現職の公務員本人の前職が知識経済部で、前々職以前のキャリアがいずれも監査院である場合（他部処へ出向後に復帰した場合など）は、他部処出身に計上せず部処内出身として計上している。

18) 外部出身に該当するのは、本人が主要なキャリアを積んだ組織が、中央政府外の組織の場合である。

72

表3-3　開放型職位在職者の職歴

	一般公務員	政府系研究職	軍人	政治家	民間企業	民間研究職	医者	大学教授	弁護士	空位	合計
人数	85	6	7	1	7	1	9	6	2	7	131
比率(%)	64.9	4.6	5.3	0.8	5.3	0.8	6.9	4.6	1.5	5.3	100

（出典）筆者作成。

　次に、表3-3は開放型職位在職者の職歴の内訳である。一般公務員[19]、政府系研究職[20]、軍人、政治家、民間企業、民間研究職、医者、大学教授、弁護士の9分類である。一般公務員（85人）、政府系研究職（6人）の合計（91人）が、表3-2の当該部処内出身者（81人）と政府内他部処出身者（18人）の合計（99人）と一致しないのは、医者9人中の8人が、保健福祉家族部と法務部の国立医療機関に勤務しており部処内出身者に該当するからである。

　調査の過程で観察した限りでは、一般公務員の開放型職位に任用される以前の職歴を見ると、その多くは1年前後の間隔で該当する部処内の課長級・局長級職位を異動していた。時折他部処への異動（一時的派遣）があることを除いて、そのキャリアの大部分を同一部処内で過ごすものと思われる。開放型職位のほとんどは2年の任期で任用されるため、その他の高位公務員と比較すると長い任期で業務に取り組めることがわかる。

　政府系研究職、医者の場合は、専門化した内部昇進の傾向がより強くなる。表3-4は政府内出身の政府系研究職・医者の詳細である。政府系研究職の5人中3人が現職と同一の研究機関内で長期間働いており、組織内部からの昇進である。医者の場合、7人全員が開放型職位に就く直前に同じ国立病院で何らかの役職に就き勤務している。また、政府内他部処から任用される職員の職位に

────────────

　19）一般公務員に該当するのは、内部または他部処出身者のうち、政府系研究職に該当しない者である。いわゆる政策形成を担う行政職員を想定している。技術系の職員も、研究機関における研究者でない限りはこちらに含まれる。

　20）政府系研究職に該当するのは、内部または他部処出身者のうち、本人が主要なキャリアを積んだ組織が国立の研究機関である者である。

第3章　韓国のポジションシステム　73

表3-4　政府内出身の政府系研究職・医者の職歴

部処名	職位名	出身	前職・職歴
教育科学技術部	国史編纂委員会編史部長	政府系研究職	国史編纂委員会研究員
国土海洋部	国土海洋人材開発院長	政府系研究職	国土研究院専任研究委員、国土研究院都市革新支援センター所長
文化体育観光部	国立国楽院長	政府系研究職	文化体育観光部国楽研究室長、韓国国楽院に29年勤務
法務部	治療監護所医療部長	医者	国立病院、治療監護所に勤務
知識経済部	研究開発特区企画団長	政府系研究職	KISTナノ科学研究本部長（国立研究学校）、情報通信部出身
行政安全部	国立科学捜査研究所長	政府系研究職	国立科学捜査研究所法科学部長、国立科学捜査研究所に長年勤務
保健福祉家族部	国立木浦医院長	医者	木浦医院胸部外科に10年勤務後、院長に就任
	国立馬山医院長	医者	保健福祉部国立馬山結核病院胸部外科課長
	国立ソウル医院長	医者	国立ソウル医院診療部長
	国立羅州医院長	医者	羅州医院精神リハビリ治療課長7年後、医療部長2年
	国立医療院長	医者	国立医療院小児神経外科センター所長
	国立公州医院長	医者	公州医院に7年勤務

（出典）筆者作成。

ついても、特定の職位に偏っており注意が必要である。表3-5は他部処出身者の詳細な職歴を示したものであり、監査官と海外駐在の文化院長が多いことがわかる。まず、監査官は6名中5名が監査院の出身者である。海外駐在の文化院長は、全員が文化体育観光部の出身者である。開放型職位の導入以前からこのような慣行があったのか、それとも専門性が評価されて任用されるようになったのかは不明だが、他部処へ異動する際にももともとの専門分野を活かす形で異動が行われていることがわかる。

表3-6は政府外出身者の詳細を示したものである。中途採用者のタイプを、第2章で提示した中途採用の運用類型を用いて整理すると、技術革新局長や納税者保護官のように当該政策領域と関連性のある職歴を有する「ネットワーク型」が多い。任用者の職歴と現職との関連性が低く、民間部門の経験に期待し

表3-5　政府内他部処出身者の職歴

部処名	職位名	前職・職歴
教育科学技術部	国立国際教育院長	外交通商部サンフランシスコ総領事、外交官
国税庁	監査官	監査院審議室法務支援担当官、監査院で20年以上勤務
国土海洋部	監査官	監査院職員
農林水産食品部	監査官	監査院特別調査局監察情報企画官、自治行政監査局第二課長など
	水産政策室遠洋協力官	国務総理室規制改革室規制総括課長
保健福祉家族部	国立釜谷医院長	法務部治療監護所一般精神課長
	監査官	監査院特別調査本部監察情報チーム長
文化体育観光部	アジア文化中心都市推進団長	国家均等発展委員会評価局長派遣、行政自治部職員
防衛事業庁	防産振興局長	国防部国防科学研究所第一本部長
外交通商部	監査官	監査院監査請求調査局総括課長、自治行政監査局総括課長
	駐ドイツ文化院長	文化体育観光部国際文化課長書記官、教育文化チーム長
	駐日本文化院長	文化観光部国立中央図書館政策資料課長
	駐ニューヨーク文化院長	文化観光部文化メディア局長、韓国文化院
	駐ロサンゼルス文化院長	文化観光部文化コンテンツ産業室コンテンツ政策官、文化産業本部文化メディア団長
	駐イギリス文化院長	文化体育観光部国立中央図書館デジタル資料運用部長
知識経済部	郵政事業本部知識経済公務員教育院長	行政安全部制度政策官室制度総括課長、地方成果管理課長
環境部	企画調整室国際協力官	外交通商部環境科学協力官、OECD代表部参事官、環境協力課長
	監査官	企画財政部副理事官（真実和解委員会派遣）、財政経済部政策広報管理室など

（出典）筆者作成。

表3-6 政府外出身者の職歴

部処名	職位名	出身	前職・職歴	運用類型
警察庁	警察病院長	医者	仁済大学校医科大学外来教授、医者	ネットワーク型
公正取引委員会	審判管理官	弁護士	成均館大学法学部教授、弁護士	ネットワーク型
関税庁	監査官	民間企業	㈱iTVMG CEO、LGグループ役員（監査業務等担当）	専門職型
教育科学技術部	国立果川科学館長	政治家	東亜製薬常務、国会議員として科学技術処長官（政治任用）	NPM型
国税庁	納税者保護官	弁護士	法律事務所弁護士、ソウル家庭法院判事、弁護士歴13年	ネットワーク型
国税庁	電算情報管理官	民間企業	LG CNS Uエンジニアリング事業開発部門部門長（常務）	専門職型
国税庁	中部地方国税庁納税支援局長	大学教授	啓明大学税務学科教授など教授歴16年、会計法人・会計事務所12年	ネットワーク型
文化体育観光部	国立現代美術館長	民間企業	韓国科学技術院副総長、情報通信部長官（政治任用）、大宇電子社長	NPM型
文化体育観光部	国立国語院長	大学教授	ソウル大学教授、言語学研究家	ネットワーク型
文化体育観光部	国立国楽院国楽研究室長	大学教授	竜仁大学教授、民俗学研究家	ネットワーク型
文化体育観光部	広報支援局広報政策官	民間企業	国会議長広報秘書官、韓国日報記者	ネットワーク型
文化体育観光部	韓国政策放送院長	民間企業	プロデューサー、報道製作チーム長、対外協力室長	ネットワーク型
文化体育観光部	国立中央劇場長	民間企業	東亜日報事業局長、論説委員、編集局副局長	NPM型
放送通信委員会	代弁人（スポークスマン）	民間企業	韓国日報政治部次長	ネットワーク型
保健福祉家族部	疾病管理本部国立保健研究院長	大学教授	疾病管理本部誘電体センター長、梨花女大医大教授、本職は学者、前職から公務員	ネットワーク型
消防防災庁	国立防災教育研究院防災研究所長	大学教授	光云大学建築工学科教授	ネットワーク型
外交通商部	駐フランス文化院長	大学教授	韓国芸術総合学校演劇院教授、フランス留学後に教授就任	ネットワーク型
中小企業庁	技術革新局長	民間研究職	パイコム研究所長、韓国光技術院院長、三星電子情報通信総括チーム長	ネットワーク型

（出典）筆者作成。

たと考えられる「NPM型」の中途採用は、国立現代美術館長、国立果川科学館長の2例である。ただし、国立果川科学館長の場合は、科学技術処長官の経験がある人物が任用されており、完全に職歴と現職の職務との関連性がないわけではない。

　中途採用者の経歴は多種多様であり、表だけでは示しきれないため一部説明を加えたい。国税庁の電算情報管理官は2000年まで公務員として国防研究院、韓国電算院などの政府機関で働いていた人物である。退官して民間企業に出た後に、民間企業で電子政府関連事業に関わる業務を行っていた。文化体育観光部の国立現代美術館長は、大宇グループで大宇電子の社長などに就いていた人物である。政治任用により情報通信部長官などを歴任し、その後に開放型職位制度に応募し現職に任用された。文化体育観光部の広報政策官、韓国政策放送院長、国立中央劇場長に任用された3名は、一説によると選挙に際して李明博大統領に協力し、その結果ポストを得ることができたとも言われている。真相は定かではないが、制度上、開放型職位制度の任用を行うのは大統領であり、候補者の推薦を行う所属長官も政治任用の職位であるため、場合によっては猟官的な運用をされる危険性も孕んでいる。

　また、中途採用者の職歴の傾向として、民間企業経験者と並んで、学者、医者、弁護士などの専門職出身者が多い傾向がある。前述したように韓国の労働市場の流動性は低く、特に上級公務員の人材供給源となるような大企業は日本と似た閉鎖型の人事慣行にある。公務員になるために民間企業を転出すると、任期終了後に以前と同水準の仕事を探すのは困難であろう。学者、医者、弁護士のような専門職は民間企業に比べると比較的労働市場の流動性が高く、人材が集まりやすいのではないかと考えられる。

　表3-7は開放型職位のタイプと中途採用の運用類型の関係をクロス表にしたものである。軍出身者と防衛関連の職位には明確な関連性があることから、ここではデータを分割している。まず政策形成の職位だが、明確に政府内出身者を重視するウェーバー型の運用をとっていることがわかる。中途採用は8.6%であり、中途採用を行う場合も政策領域と関連性のある職歴を有するネットワーク型の中途採用である。次に政策実施の職位だが、政府外からの中途採用も17.7%存在し、政策形成の職位に比べると中途採用が活用されている。最後

表3-7　職位のタイプと中途採用の運用類型

		政府内	政府外			軍	空位	合計
		ウェーバー型	ネットワーク型	ＮＰＭ型	専門職型			
ライン部門	政策形成	32	3	0	0	0	2	37
	政策実施	51	9	2	0	0	5	67
スタッフ部門		16	2	0	2	0	0	20
防衛関連部門		0	0	0	0	7	0	7
合計		99	14	2	2	7	7	131

（出典）筆者作成。

［類型の分類基準］

ウェーバー型　　：省（政策形成）、出先機関等（政策実施）でキャリアを積んだ人物

ネットワーク型：政府外でキャリアを積み、任用先職位と同一の政策領域での職業経験を有する人物

ＮＰＭ型　　　　：政府外の民間企業で主な職歴、任用先職位と同一の政策領域に関する職業経験もない人物

専門職型　　　　：財務、IT、人事、広報、学者・研究者など官民組織に共通の職種に専門化したキャリアを積んだ人物

に、スタッフ部門の職位であるが、開放型職位に指定されたスタッフ部門の職位のうち20％は政府外から任用されており、政策形成、政策実施、スタッフ部門の3タイプの中では最も中途採用が活用されていると言えるだろう。

　本書の理論的関心からは、スタッフ部門においてネットワーク型の中途採用が2例確認された点に着目したい。前章で議論したように、スタッフ部門の中途採用は理論上、当該職種の専門職を中心に中途採用が行われることを想定していた。しかし、韓国の場合、広報やスポークスマンという広報（Public Relations）の専門職が就任すると考えられた職位に、政府広報のカウンターパートとなるマスメディアからの中途採用が行われていた。これは専門職型というよりも、ステークホルダーのマスメディアに関する知識の活用を期待した中途採用であり、ネットワーク型に当てはまるものである。

　以上の開放型職位における運用状況を踏まえた上で、韓国におけるポジションシステムの運用実態を総括する。まず韓国の上級公務員制度のうち、50％の職位は初めから公募全般の対象外とされており、伝統的な官僚制、ウェーバー型の運用がなされている。残りの50％のうち、政府内限定の公募（公募職位）

を最大30％まで指定することが可能とされているが、公募の有無に関係なく、政府内限定の公募であることから運用実態としては政府内出身者重視のウェーバー型であると言える。したがって、制度上開放される可能性があるのは残りの20％であるが、実際に開放型職位に指定されているのは上級公務員約1,500職位のうち161職位であり全体の11％である。さらに本書の職歴調査の結果である表3-7の結果に基づけば、そのほとんどは政府内の出身者で充足されていることが明らかである。運用実態として外部からの中途採用が行われているのは上級公務員約1,500職位のうち、わずか18職位であり、全体の1-2％程度の比率にすぎない。そしてそのわずかな中途採用者も、一般的に想起されるような民間企業出身者ではなく、学者や医者などの専門職が半分を占めている。運用の面でも、マネジメント技能に期待したNPM型ではなく、政府外でしか習得できない何らかの知識の導入を期待したネットワーク型の中途採用が大半であることが明らかとなった。

4　開放型職位制度と組織の業績

　開放型職位制度の運用実態を踏まえた上で、本節では開放型職位制度の影響に関する先行研究について概観し、その課題と限界について議論する。

　Namkoong（2002）は1999年に開始された直後の開放型職位制度の執行過程と結果の評価を行っている。Namkoongは開放型職位制度の導入目的を、①任用過程における競争、②長期間のポスト在任の2つに整理し、それぞれの目的を達成できているか検証している。①任用過程における競争は、開放型職位の公募には平均して4.32人 の応募があり、内訳は政府外から2.54人、政府内から1.78人であった。2002年4月の段階で民間からの任用は117人中、15人であり、Namkoongはこの数字に対し少なすぎると指摘している。②長期間のポスト在任効果については、開放型職位の導入前の平均在任期間が11カ月[21]であったのに対し、開放型職位の導入後は24.2カ月[22]となり効果があったとしている。さらにNamkoongは、開放型職位の運用面での効果を確認するため、公務員

21）韓国の公務員制度は日本と同様に、終身雇用の過程で人事部門による頻繁な人事異動がある。

第3章　韓国のポジションシステム　　79

表3-8　制度導入主旨に対する期待水準

質問項目	全体 (n=897)	公務員 (n=690)	市民団体活動家 (n=41)	行政学者 (n=72)	報道人 (n=25)	選抜審査委員 (n=69)	公務員以外の平均 (n=207)	F値 (有意水準)
公職内外公開競争任用の効果	3.21	3.04	4.15	3.71	3.48	3.74	3.78	23.91 (.000)
生産性と競争力向上効果	3.44	3.27	4.32	4.06	3.96	3.81	4.02	29.63 (.000)

（出典）Namkoong 2002. "Effects of a Reform towards an Open Government in Korea: an Appraisal of the Open Position System." 172, Table 10. 公務員以外の平均値は筆者が算出し追記。

表3-9　制度施行1年後の成果に対する認識

質問項目	全体 (n=881)	公務員 (n=682)	市民団体活動家 (n=40)	行政学者 (n=71)	報道人 (n=26)	選抜審査委員 (n=62)	公務員以外の平均 (n=199)	F値 (有意水準)
行政の専門性向上	2.96	2.94	3.13	3.1	2.96	2.9	3.03	1.01 (.40)
政府の生産性と競争力向上	2.96	2.95	3.03	3.1	2.73	2.94	2.99	.990 (.41)
総合的評価	2.98	2.97	3.1	3.1	2.77	3.02	3.03	.974 (.421)

（出典）Namkoong 2002. "Effects of a Reform towards an Open Government in Korea: an Appraisal of the Open Position System." 173, Table 11. 公務員以外の平均値は筆者が算出し追記。

を中心としたアンケート調査を実施している。調査は事前と事後の2度実施され、制度導入前の回答者の期待水準と、導入後1年が経過した後の回答者の感想を比較している。調査では様々な質問がなされているが、その中に生産性・競争力の向上効果を問う質問がある。表3-8、表3-9はその結果を示したものである。表3-8で示した通り、制度導入前の調査[23]において、制度に対する期

22）開放型職位は公募の時点で平均2-3年、最大で5年の任期が設定されており、任期終了まで異動が行われないためである。

23）回答者は公務員が690人、市民団体の活動家が41人、行政学者が72人、ジャーナリストが25人、開放型職位の選抜委員会委員が69人の計897人である。

待水準の回答者全体の平均は5段階中（数字が大きいほど効果に期待）の3.44、公務員の平均は3.27、公務員以外の平均は4.02であった[24]。制度導入に対する公務員以外の期待の高さがうかがえる一方で、公務員はやや冷めた見方をしていることがわかる。そして、表3-9で示した、制度導入1年後に制度の効果を問うた調査[25]の結果は、回答者全体の平均が5段階中（数字が大きいほど制度に肯定的）の2.96、公務員の平均は2.95、公務員以外の平均は2.99であった。調査の結果、回答者の多くが制度導入による生産性の向上効果を期待していたよりも実感していないことが示されている。Namkoongはこうした結果から、外部からの任用をもっと増やすべきであると結論付けている。

　Park et al.（2002）も、開放型職位制度導入直後の2001年にアンケート調査を実施・分析している。調査は開放型職位の任用を行った全部署における、任用者本人、上司、同僚、部下、人事担当者、（開放型職位の）選抜試験委員、受験者など約1,200人を対象に行われた。調査に対して750の回答が得られたとしており、回答者の58.4%は開放型職位任用者の部下が占めている。調査は開放型職位の募集、選抜、任用・人事管理、運用成果の各段階にわたっており、その中に生産性に関する質問項目が設けられている。表3-10はその結果をまとめたものである。任用者による生産性向上効果については、5段階の基準で（数字が大きいほど効果を肯定）回答の平均値が3.12であり、若干肯定的な評価が出ている。同様に業務遂行能力についての平均値は3.50であり、調査の中では最も効果が実感されている設問である。一方、組織文化の変化については、平均値が3.01でありほとんど変化がないことが示されている。さらに、表3-11が示すように回答者の属性別の評価では任用者本人の自己評価が高いものの、周囲の職員はさほど効果を感じていないことも明らかになっている。

　Choi（2006）も、開放型職位の効果についてアンケート調査を実施し分析しており、制度導入による専門性や政策立案能力、生産性の向上効果について質

24）値は論文中のデータを基に筆者が算出。そのため小数点第二位以下の数字に若干の誤差がある。

25）2回目の調査は回答者が1回目の調査より減少し881人となっている。内訳は、公務員682人、市民団体の活動家が40人、行政学者が71人、ジャーナリストが26人、開放型職位の選抜委員会委員が62人である。

第3章　韓国のポジションシステム　　81

表3-10　制度運用効果に対する回答結果

調査項目	回答					平均値
	1:強く否定	2:否定	3:普通	4:肯定	5:強く肯定	
任用者による生産性向上効果	6.0%	14.9%	43.0%	33.7%	2.4%	3.12
業務遂行能力	2.7%	7.5%	33.6%	49.3%	6.8%	3.5
組織文化の変化	6.6%	15.8%	51.1%	23.3%	3.2%	3.01

（出典）Park et al. 2002. "An Empirical Study of the Open Position System in Korea." *Korean Public Administration Review*, No. 36(3), 113, Table 12.

表3-11　回答者の属性による制度運用効果の評価の差異

調査項目	全体 (n=732)	本人 (n=73)	上司 (n=83)	同僚 (n=97)	部下 (n=423)	その他 (n=56)	本人以外 (n=659)	F値 (有意水準)
生産性向上効果	3.12	3.53	3.04	3.16	3.13	3	3.11	2.04 (.087)
業務遂行能力	3.5	4.07	3.49	3.48	3.5	3.36	3.48	3.95 (.004)
組織文化の変化	3.01	3.53	3	2.91	3.02	2.91	2.99	3.19 (.013)

（出典）Park et al. 2002. "An Empirical Study of the Open Position System in Korea." *Korean Public Administration Review*, No. 36(3), 114, Table 13. 右から2列目の本人以外の平均値は筆者が算出し追記。

問している。調査対象は2006年4月時点で開放型職位に指定されている158職位のうち、空位の12職位を除いた146職位で、146名の任用者、その同僚と上司150名、部下150名の計446名に対してアンケートを送付している。ただし、回答の回収件数、回収率は任用者本人が31件（21.23%）、同僚・上司が55件（36.66%）、部下が86件（57.33%）で、NamkoongやParkらの研究と比較するとサンプル数が少ない。表3-12は調査の全体的な傾向をまとめたものである。調査の結果、5段階評価（数字が大きいほど効果に肯定的）の測定で、制度の専門性向上効果については平均値が3.22、政策立案能力の向上効果は3.17、生産性の向上効果は3.07と若干ではあるが肯定的な評価がなされている。これを表3-13の回答者の属性別に見てみると、任用者のみが高い評価をする傾向が示

82

表3-12　専門性、政策立案能力、生産性の向上効果

調査項目	回答					回答の平均値
	1: 強く否定	2: 否定	3: 普通	4: 肯定	5: 強く肯定	
専門性向上効果	3.00%	14.10%	44.70%	34.10%	4.10%	3.22
政策立案能力向上効果	4.10%	16.50%	40.60%	35.90%	2.90%	3.17
生産性向上効果	4.70%	14.70%	51.80%	26.50%	2.30%	3.07

（出典）Choi 2006. *An Empirical Study on the Effectiveness of the Korea's Open Position System*. PhD Diss., Chung-ang University, 164-167に基づき筆者作成。

表3-13　開放型職位任用者との関係別にみた評価の差異

調査項目	本人	上司	同僚	部下	F値（有意確率）
専門性向上効果	3.17	3.16	3	3.03	.35（.7893）
政策立案能力向上効果	3.58	3.12	3.16	3.04	2.81（.0411）
生産性向上効果	3.41	3.16	3	2.95	2.45（.0652）

（出典）Choi 2006. *An Empirical Study on the Effectiveness of the Korea's Open Position System*. PhD Diss., Chung-ang University, 164-167に基づき筆者作成。

されており、本人と周囲の認識差が大きいことがわかる。

　表3-14、表3-15は制度の全般的な評価を属性別、勤続期間別にまとめたものである。本人と周囲の差に加えて、特に勤続年数が3年未満の回答者12人の評価が高いことが示されている。勤続年数が3年未満の回答者は、キャリア初期の若手職員か、中途採用者のいずれかであると推測できるが、Choi（2006）が示した回答者の年齢構成によると、20代の回答者は1人しか含まれていない。したがって、ここで言う勤続年数3年未満の回答者は、そのほとんどが中途採用者であると推測される。制度導入後6年が経過したChoiの調査結果も、NamkoongやParkらと同じく職員が制度導入の効果に若干肯定的であることを示しているが、任用者本人の自己評価が高いことも共通している。特にChoiの調査結果からは、任用者本人の中でも中途採用者自身の自己評価が高い傾向が見て取れる。

　韓国の開放型職位制度は、中途採用が極端に少なく、制度導入の効果をアンケート調査により測定しても、本来我々が関心のある中途採用者による組織へ

表3-14 制度導入の成果に対する評価（勤続期間別）

勤続期間	3年未満	3〜5年未満	5〜10年未満	10〜20年未満	20年以上	F値（有意水準）
評価	3.91	3.2	2.93	3.12	3.11	4.33
回答者数	12	8	33	33	84	− 0.002

（出典）Choi 2006. *An Empirical Study on the Effectiveness of the Korea's Open Position System.* PhD Diss., Chung-ang University, 170 に基づき筆者作成。

表3-15 制度導入の成果に対する評価（任用者との関係別）

区分	本人	上司	同僚	部下	F値（有意水準）
評価	3.47	3.19	3.14	3.01	3.01（.0319）
回答者数	29	24	31	86	

（出典）Choi 2006. *An Empirical Study on the Effectiveness of the Korea's Open Position System.* PhD Diss., Chung-ang University, 170 に基づき筆者作成。

の影響を十分に測定することができない。前節で取り上げた本書の調査結果によれば2010年4月時点の中途採用者は18人であった。また、前項で述べたChoiのアンケート調査の対象者においても、表3-14で示されるように中途採用者と思われる勤続期間3年未満の回答者はわずか12人である。これらのことから、Namkoong、Parkら、Choiの先行研究におけるアンケート調査の回答者のうち、中途採用された開放型職位任用者、あるいは実際に身近に中途採用者がいる職員の回答者数は、極めて少ないことが推測される。そして、その少数の中途採用者は、政府の中枢部門である政策形成の職位ではなく、部処本体から切り離された外部機関に多く、肝心の政策形成部門への影響はほとんど測定できていない。

　ポジションシステムと組織の業績の関係を考える際、開放型の任用制度による業績への効果は次の2つに区分することができる。①任用過程の競争効果と②専門能力の導入効果である。

　①任用過程の競争効果とは、職業公務員と外部からの応募者の任用過程における競争の結果、より優れた応募者が任用されることによる業績向上効果であ

る。政府内外へ向けた公募を行うことで、人事部門が閉鎖的に内部昇進を決めている場合、あるいは政府内からの応募者に限定した公募を行う場合に比べて、激しい競争が生じる。競争を勝ち抜いてきた応募者、競争を勝ち抜くために動機付けられ自己研鑽に励んだ応募者が任用されることで業績が向上すると一般的に考えられている。したがって、この効果は最終的な任用者が内部出身か外部出身かによらず、政府内外への公募を行うことそのもので生じるものである。

　ただし、期待された競争効果を生み出すには、政府外部からもある程度の数の応募者があり、なおかつ外部からの応募者が内部出身の公務員と匹敵する魅力的な応募者である必要がある。韓国の場合は応募者数の上では競争が生じているものの、前節における本書の調査結果が示すように実際に任用されるのは内部からの公務員がほとんどである。実質的には内部出身者1-2人の間での競争であることは応募者自身も自覚していると考えられ、競争効果がほとんどない事例もあるだろう。

　次に、②専門能力の導入効果とは、第2章で議論したような、ネットワーク型の中途採用における政府外特有の知識や、NPM型の中途採用に見られる高いマネジメント技能などが、中途採用者により組織に導入されることで業績を向上させる効果である。この効果は中途採用が生じた場合にのみ生じる。専門能力の導入効果は、さらに2つの下位効果に区分することができる。①個人レベルの効果と、②組織レベルの効果である。①個人レベルの効果とは、その名の通り任用者の高い／低い能力が任用者個人の業績を高める／低める効果である。②組織レベルの効果とは、任用者が持ち込む知識・技能、価値観、文化などが、個人のレベルを越えて、上司、同僚、部下に影響を与え、業績を向上させる効果である。ただし、これらの効果は必ずしも業績に正の影響を与えるものになるとは限らない。中途採用者は政府内からの任用者に比べて、政府特有の知識や技能に欠ける部分があり、新たな知識・技能の導入による業績に対する正の影響を、負の影響が上回る可能性がある。また、任用者本人の知識・技能が欠けている部分を周囲が補い、優れている部分の効果が発揮される可能性もあり、分析のレベルをどこに置くかにより結果も異なるであろう。

　以上のように、中途採用と組織の業績の関係を整理すると、韓国における先行研究が測定してきた開放型職位制度の導入効果とは、中途採用による知識・

技能の導入による効果ではなく（中途採用者はほとんどいない）、実質的には任用過程で生じた競争効果のみを測定した分析であると言える。実際、Park et al.（2002）やChoi（2006）の調査結果は、任用者本人、特に中途採用された当人以外はほとんど制度の影響を感じていないことを示している。競争を通じて任用された本人自身は違いを自覚しているものの、周囲の職員からすれば従来通り政府内部の人材が任用されたにすぎず、大きな変化は存在しないのである。韓国の一連の先行研究群は、政府内外への公募を行うことによる、任用過程での「競争効果」が組織に与える影響力は非常に小さいことを示している。我々が本来知りたいのは、こうした競争効果に加え、中途採用者の加入に伴う専門能力の導入効果を含めた総体としての影響である。

　さらに韓国の先行研究に共通しているのが、いずれもアンケート調査により職員の主観的な認識レベルでの制度導入効果を測定している点である。このため、各組織レベルの実質的な業績がどの程度向上したかは明らかでない。キャリアシステムで育成されてきた内部出身の公務員にとっては、開放型職位制度の導入は自動的に昇進できるポストの削減、昇進機会の減少を意味しており、組織内部の職員にとっては不利益もある制度である。そのため、建前では制度の必要性を肯定的に捉えていても、その効果を問う質問に対しては回答者が予め否定的な傾向のバイアスを持っている可能性もある。アンケート結果が論文になり、制度導入の効果を肯定する結果が出た場合、その論文が制度推進の後押しになることは回答者も容易に想定できる。より根本的な問題として、中途採用と組織業績の関係を扱う場合に論点となるのは、職員が良いと思う制度が実現されているかどうかではなく、実質的な組織の業績が向上するのかどうかという点である。韓国を対象とした一連の先行研究群のような、アンケート調査を用いた手法には限界があるだろう。

5　韓国の事例分析からの知見

　韓国の開放型職位制度は、制度外形はポジションシステムの典型であり、制度導入時の目的も含め明確なNPM志向の制度である。しかし、実際の運用においては、中途採用は上級公務員職位の1％程度であり、政府内出身者を優先

したウェーバー型の運用がなされている。

　ごくわずかな中途採用者の中で、マネジメント技能が期待されたと見られる
NPM型の事例はさらに少数である。中途採用者の多数は当該政策領域を専門
とする学者、政策領域に関連するステークホルダーの出身者で占められており、
当該政策領域の知識を政府外から取り入れるネットワーク型の運用がなされて
いる。中途採用が活用される職位は政策実施・スタッフ部門に多く、政策形成
の職位で活用される比率は低い傾向にある。政策形成の職位の方が、政府特有
の職務が多く内部出身者が競争上有利になるものと考えられる。開放型職位制
度の効果を分析した先行研究群において、開放型職位の任用者本人しか効果を
実感していないのも、内部出身者を重視した運用がなされていることを踏まえ
れば当然の帰結である。

　韓国の事例は、開放的なポジションシステムの制度外形に反して制度運用が
閉鎖的であり、制度外形と運用が乖離している。Self（1977）や川手（2012）が、
かつてのアメリカや琉球政府の公務員制度を引き合いに指摘していた、ポジ
ションシステムの公務員制度における制度外形と運用の乖離が、NPMの影響
が色濃い現代の韓国においても観察されたと言える。第1章で取り上げた
Pollitt and Bouckaert（2011）などの行政改革研究の文脈から韓国の事例を捉え
るならば、韓国の開放型職位制度は伝統的官僚制の影響が色濃いNeo-
Weberian Statesの典型であり、NPMを志向した改革を実施しながらも改革の
結果としてはNPMモデルには至らなかった一例である。

　本書全体の構成の中での本章の役割は、韓国の事例分析を通じて、ポジショ
ンシステムの制度外形と運用の乖離、運用実態の多様性を示すことにある。現
代のポジションシステムはNPM志向の強い公務員制度改革の産物であるが、
使い方次第でキャリアシステムとほとんど変わらない運用も可能であることが
韓国の事例から見て取れる。このようなポジションシステムの運用上の柔軟性、
自由度の高さは、各国・各組織レベルでの公務員制度のモデルを指標化する際
に厄介な問題となる。

　公務員制度のモデルと組織の業績を分析するためには、各国・組織単位の公
務員制度の測定・指標化が必要となる。Demmke and Moilanen（2010）や第7
章で紹介するQuality of Governmentのデータなど、近年の先行研究において

主流の手法は、ウェーバー型であるか否かを判定することにより各国の公務員制度モデルの違いを測定する手法である。このような手法を用いた場合、韓国はどのように扱われるのであろうか。

　制度外形に基づいた指標化を行うと、韓国はポジションシステムの公務員制度を有する国として扱われる可能性が高い。また、専門家へのアンケート調査を用いて公務員制度がウェーバー型であるか否かを質問する場合は、回答者により制度外形と運用実態のいずれを念頭に置いたかによって、回答内容は大きく異なることになる。運用実態はほとんどウェーバー型のキャリアシステムと同様でありながら、非ウェーバー型の公務員制度として測定される可能性もあり得る。これらの問題を回避するには、制度外形に基づいた測定・指標化やアンケート調査ではなく、実際の運用実態を直接測定する必要性がある。制度外形上、中途採用が可能な制度になっているかどうかや、個人の主観的な印象論による議論ではなく、実際に中途採用者がどの程度存在するかを測定しなければ、中身の違いを測定することは困難である。

　加えて、韓国では中途採用はわずかな割合しか観察されなかったが、そのごくわずかな中途採用の中にも一定の傾向が存在した。中途採用者は当該政策領域に関連する職歴を有する人物が多く、NPMの理論が想定するような民間企業のマネジメント技能を期待されての任用はほとんど観察されなかった。本書の整理に当てはめるならば、NPM型よりもネットワーク型の中途採用が多く観察されたのである。つまり、政府内部出身者が任用されておらずウェーバー型の公務員制度ではないからといって、民間部門出身者が任用されるNPM型の運用がなされているとは限らないのである。

　この点は、公務員制度のモデルと組織の業績の関係を計量的に分析する際に重要な問題となる。仮にウェーバー型の公務員制度の特徴を有する場合のダミー変数を"1"とし、特徴がない場合を"0"としよう。非ウェーバー型の公務員制度＝NPM型の公務員制度であるならば、この場合の"0"はNPM型の公務員制度を意味することになる。しかし、韓国の事例から明らかなように、政府外からの中途採用を行っている場合でも、必ずしもNPMが想定する民間部門からの採用が行われているわけではない。非ウェーバー型のポジションシステムの運用実態に多様性があるとすれば、Cho et al.（2013）のような先行研究は

ウェーバー型の効果を分析しているにすぎず、NPM 型、あるいはネットワーク型などポジションシステム特有の効果は分析上考慮されていない。

　また、韓国の事例では中途採用者の任用先の職種にも一定の傾向が存在した。開放型職位に指定された職位の中でも、外部出身者が任用されやすいのはスタッフ部門＞政策実施＞政策形成の順であり、中途採用者の活用の程度は、組織ごと、職種ごとに濃淡が存在している可能性がある。韓国は中途採用者そのものの母数が少ないため、明確な傾向はわからないが、次章では韓国とは対照的に、ポジションシステムの公務員制度を有し、制度外形と同様に運用面でも開放的で中途採用を多く活用しているイギリスの事例分析を行う。イギリスの分析から、ポジションシステムの公務員制度が、制度外形と運用実態の多様性のみならず、組織間、職種間においても運用の多様性が存在することを明らかにする。

第4章

イギリスのポジションシステム

　本章ではイギリスを分析の対象に、ポジションシステムの運用の実態を明らかにする。かつてのイギリスは他の先進諸国同様に、キャリアシステムを有する伝統的な官僚制を採っていた。しかし、1980年代以降のNPMの流行に伴い、イギリスの公務員制度は徐々にポジションシステムへと改革されていく。まず、イギリスの公務員制度改革の経緯に簡単に触れた上で、現在のイギリスの公務員制度の概要について説明する。さらに、NPMの先進国とも言えるイギリスにおいて、ポジションシステムの公務員制度がどのように運用されているか、韓国同様に任用者の職歴データに基づいて分析する。

　職歴データの分析から、イギリスは政策形成部門と政策実施部門で中途採用の運用実態が異なること、政府の中枢である政策形成の職位ではウェーバー型の運用が中心的であることを明らかにする。加えて、イギリスは政策形成部門ではウェーバー型とネットワーク型、政策実施部門はウェーバー型、ネットワーク型、NPM型が混在した運用がなされていることが、職歴データの分析により示される。同じ国の中でも組織・職種により運用の類型は大きく異なるのである。

　イギリスを事例分析の対象として選択したのは、イギリスがNPMの先進国として目される国であること、それによりポジションシステムを導入した先進諸国の中でも、最も積極的な中途採用を行っていると考えられるからである。最もNPMの理念型に近いと考えられるイギリスにおいても、ウェーバー型、ネットワーク型などNPM型以外の運用が多数を占めていたり、組織・職種ごとに運用の多様性が存在したりするのであれば、ポジションシステムの国々全体においてもある程度同様の傾向が存在するのではないかという考えから、NPMの理念型に近い国を選択した。

また、国際比較の観点で言えば、イギリスは日本と同様の閉鎖的なキャリア
システムの公務員制度から、韓国とは対照的に、運用実態においても開放的な
ポジションシステムへと変化した事例である。近年、ポジションシステムの導
入が議論される日本の文脈を踏まえ、韓国とイギリスの両国を事例として選択
している。

1　イギリスの公務員制度の変遷

　かつてのイギリスの公務員制度は、伝統的な官僚制の典型であった。職員に
は法律や経済などの個別分野の専門性よりも、一般的な教養が求められ、上位
の職位はオックスフォード大学やケンブリッジ大学で教養を学び、大学卒業後
にファーストストリーム試験に合格した人材が占めていた。

　しかし、1968年のフルトン報告で従来の公務員制度の問題が指摘されて以降、
現在に至るまで継続的に公務員制度改革が取り組まれてきた。フルトン報告で
は公務員制度の主な問題点として、①ジェネラリスト、アマチュア偏重の人材
育成、②職種区分の複雑さ、③科学者・エンジニア等の専門家に対する責任と
権限の不足、④マネージャーとしての管理技能を有する人材の不足、⑤政府外
との人材交流、配慮の不足、⑥人事管理・人事計画の概念の不足を指摘してい
る。フルトン報告で指摘された問題点の大部分は実現に至らず頓挫しているが
（バーナム、パイパー 2010, 13）、報告で指摘された公務員制度の課題はその後の
制度改革においても中心的な議題として扱われることになる。

　1979年以降、サッチャー、メージャーと続く保守党政権下の行政改革によ
り公務員制度も大きく変化する。保守党政権は効果的・効率的な行政サービス
の提供による支出の削減を目標としており、公務におけるマネジメントの改善
は他の政策と比べても高い優先順位が置かれていた（Richards 1987, 23）。その
基本原理は真新しいものではなく、フルトン報告で指摘されたものと同一であ
る（君村 1988, 68）。

　1982年の Financial Management Initiative では、①行政サービスのコストに
関する情報の把握、②管理職に対する財務管理責任の委譲が掲げられた
（Richards 1987, 26-27）。現場に近い実務レベルの管理職に財務管理の責任を移す

ことで、資源の効果的な利用が行われることが期待されていたのである。1983年には書記その他の下級職員の採用権限が各省に委譲された（バーナム、パイパー 2010, 205）。そして、1989年の執行エージェンシー（Executive Agency）創設とともに、エージェンシーの長官（Chief Executive）に対する政府内外を通じた公募任用が導入される（総務省人事恩給局 2011, 17）。エージェンシー長官の中途採用導入以降、90年代に入ると上級公務員の中途採用が活発に行われるようになる（Ibid., 42）。

その後の労働党政権期に、上級公務員の人数が拡大した影響も相まって、現在は上級公務員全体の22％（2012年4月時点）、上級公務員の新規任用者の3-4割は、前職が中央政府外の中途採用者で占められている（National Audit Office 2013, 16-17）。

2　イギリスの公務員制度[1]

本節では上級公務員の任用関係を中心に、イギリスの公務員制度の概要について説明する。前章で取り上げた韓国は、開放型職位制度により政府内外に開放する職位を指定しており、それを除くと公務員になるルートは公務員試験による一括採用に限定されていた。イギリスの場合、組織の中・下位レベルにおいても中途採用が可能なため、必ずしも議論を上級公務員に限定する必要はないが、近年の先進諸国の行政改革において、中途採用の対象として議論の俎上に上がるのは上級公務員が中心であること、韓国との比較上、同じ上級公務員の方が適していること、上級公務員は中・下位レベルの公務員よりも組織への影響が大きいことから、上級公務員を分析の対象とする。

なお、本書で触れるイギリスの公務員制度は、最新の制度状況ではない点に注意されたい。本書における制度概要の説明は、最新の制度描写を主たる目的としたものではない[2]。あくまでも後段の事例・計量分析などの内容を解釈す

---

1) 本節におけるイギリスの公務員制度の概要は、筆者が外部有識者として参加した政府の人的資源管理等に関する検討会の2010年度の報告書を基に執筆した。本文中で複数回引用している総務省人事恩給局（2011）は、筆者が共著者として、検討会の報告を基に報告書原案を執筆したものである。

る上で必要な最低限の制度説明である。そのため、これらの分析に用いるデータセットと時期を合わせる必要性があることから、ここではおおむね2000年代〜2010年代初頭のイギリスの公務員制度の状況を解説している。

上級公務員の任用は、各職位に空位が生じた際に、その都度政府内外への公募を通じて行われる（稲継他 2008, 107）。特にトップ200と呼ばれる事務次官級とペイバント3（主に局長級）の職位は、原則として競争的かつ政府外も含めた公募とすることが定められている（総務省人事恩給局 2011, 17）。任用に際しては、まず職務明細書と応募資格書が作成される。職務明細書には職務内容、勤務地、欠格条項などが記載される。応募資格書には応募に当たって評価される経歴、職務上の資格などが記載される。空位の情報はウェブサイト上に公表され、職務明細、応募資格など任用に関する詳細な情報が掲載される（Ibid., 22）。総務省人事恩給局がイギリスの実務家、専門家、学者を対象に実施したインタビュー調査によれば、職務明細書は採用後の職務内容を強く規定することに加え、職務明細が定める当該職位の役割と必要な資格内容を基に採用者の評価基準、人事評価の基準としても活用されているという。（Ibid., 42-43）

選考は省庁の幹部、公共機関またはその他の利益団体の代表、独立審査人（Independent Public Appointment Assessors）[3]、当該職位に関連する専門家で構成された選抜グループが担当する。候補者の選定段階では、面接の実施が義務付けられており、少なくとも2名以上の任用候補者を大臣に提出する必要がある（Ibid., 22）。任用者の決定に際して、大臣は候補者と面談することも可能であるが、独立審査人が同席し記録を残すことが義務付けられている（Ibid., 23）。また上位層の任用については報道発表も必要とされているという（Ibid., 23）。任用時の報道発表は本書の職歴調査において重要な情報源の1つであり、本書の調査過程で確認した限りでは、各省ライン部門の局長級（Director-General）の任用に際しては各省のホームページで任用者の職歴、任用者に対してのコメ

2）最新の公務員制度の状況については、村松編（2018）が詳しい。

3）独立審査人とは、公職任命コミッショナー事務局（Office of Commissioner for Public Appointments）または省庁により採用され、同事務局によって訓練・認証された者である。独立審査人は成績主義に基づく、公正、公開、透明な任用過程の確保などの役割を担う（総務省人事恩給局 2011, 22）。

ント（期待される役割などを含む）が掲載されている場合が多い。

　韓国と同様に、イギリスも外部からの中途採用を行う場合、内閣府の同意を得た上で同じ等級の中でも高い給与を支給することが可能である（稲継他 2008, 132）。イギリスも民間部門の給与水準が政府部門よりも高く、中途採用で人材を確保するには内部出身者を任用する場合よりも給与を高く設定する必要があるためである（総務省人事恩給局 2011, 26）。中途採用者と内部出身者の給与格差は上位の職位ほど大きく、最大で30％以上となることもあり、職員間の摩擦が生じることもあるという（Ibid., 26, 43）。こうした中途採用の拡大により生じた問題は近年問題視されており、給与格差の縮小、民間部門よりも地方自治体やその他の公共部門からの中途採用を増加すべきとの意見も出ている（House of Commons Public Administration Select Committee 2010, 3）。

　政府の組織に外部から知識・技能を取り入れるには、中途採用以外の手法も存在する。公務員の身分を有したままの政府外への出向、あるいはその逆に政府外から政府への受け入れを行う官民交流の募集を内閣府が実施している（稲継他 2008, 120）。しかしながら、公務員にマネジメントなど新しく求められる能力を習得させるには時間と費用がかかることに加え、政府外でも活用できる能力を習得させることは人材流出の危険も伴うという（Ibid., 132）。

3　運用実態の分析

（1）　政府公表資料の分析

　イギリスの場合、韓国と異なり中途採用の規模が大きいこともあり、中途採用の運用実態に関する政府全体のマクロなデータが存在する。はじめに既存の政府公表資料に基づきイギリスにおける中途採用の運用実態を概観する。

　図4-1は、イギリスの中央政府で新たに上級公務員として任用された職員の出身別人数である。棒グラフは新規任用者の出身部門別の比率を示しており、折れ線グラフは任用数を示している。2010年の政権交代後は上級公務員の新規任用数そのものが減少しているが、継続して外部出身者を3-4割任用している。外部出身者は非営利・公共部門と民間部門の2つに区分されており、年によるばらつきがあるものの、非営利・公共部門と民間部門から同程度の中途採

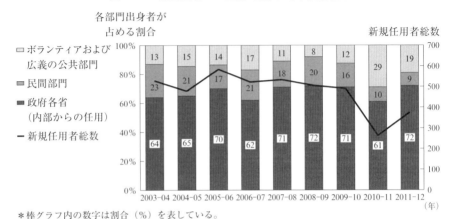

図4-1 新規任用した上級公務員の出身別割合

＊棒グラフ内の数字は割合（％）を表している。
（出典）National Audit Office, 2013. *Building capability in the Senior Civil Service to meet today's challenges*, 16, Figure 4.

用があることが見て取れる。

　イギリス政府が公表している資料は現在在職中の公務員の前職が中央政府の各省であれば「内部（internal）」、それ以外であれば「外部（external）」という区分になっている。自治体や民間企業でキャリアの大半を積んだ人物であっても、一度各省の上級公務員として任用された後に、政府内で別の職位に異動した者は「内部」に含まれる。同様に、長らく公務員として各省でキャリアを積んだ後に離職し、外部組織で就業した後に再び公務員に戻った者も「外部」に含まれている。なお後述する本書独自の上級公務員の職歴調査では、こうした出戻り型の公務員は稀であった。出戻り型の公務員よりも、自治体や民間企業など外部から各省の上級公務員となり、その後2つ目の職位に異動して「内部」扱いとなっている職員の方が多い傾向にある。したがって、政府外部の職歴が長い職員の割合は政府公表資料の20.7％よりも、もう少し高い値であると推定される。イギリス政府が公表している資料のうち、内部／外部でデータが区分されている資料は、キャリアを積んだ期間の長短ではなく、前職の組織が政府内外のどちらかであるかによってデータが区分・集計されている点に注意が必要である。

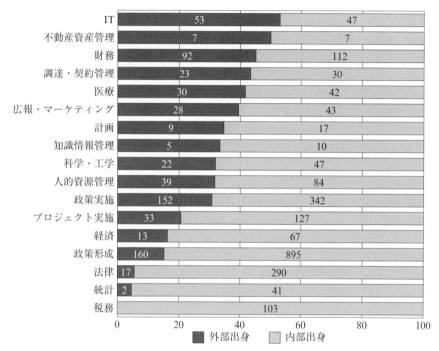

図4-2 職種における内部・外部比率（2012年4月時点）

＊棒グラフ内の数字は割合（％）を表している。
（出典）National Audit Office, 2013. *Building capability in the Senior Civil Service to meet today's challenges*, 17, Figure 5.

　図4-2は、各職種における内部／外部比率を示したものである。棒グラフは内部／外部出身者が占める割合を示しており、棒グラフエリア内の数字は実際の任用数を示している。政府資料によると全職種の外部出身者比率の平均は22％で、特にIT、財務などのスタッフ部門の職種に多い傾向がある。外部出身者の比率が高い職種は政府外の組織にも存在するものが多い傾向が見て取れる。
　逆に政策、法律、統計など中央政府特有の職種は、内部出身者の比率が高い。政府特有の職種において、外部出身者が少なくなる傾向は、公開競争を通じて当該職位に必要な専門性が問われる任用方式の性質を考慮すれば妥当な結果である。

表4-1　各職種における内部・外部比率（外部出身者数順）

職種	外部出身	内部出身
政策形成	160	895
政策実施	152	342
財務	92	112
IT	53	47
人的資源管理	39	84
プロジェクト実施	33	127
医療	30	42
広報・マーケティング	28	43
調達・契約管理	23	30
科学・工学	22	47
法律	17	290
経済	13	67
計画	9	17
不動産資産管理	7	7
知識情報管理	5	10
統計	2	41
税務	0	103

（出典）National Audit Office, 2013. *Building capability in the Senior Civil Service to meet today's challenges*, 17, Figure 5.

　注意すべき点は、職種内に占める比率は低いものの政策形成を担う職位において、160人もの外部出身者が上級公務員として任用されていることである。表4-1は図4-2のグラフを外部出身者の採用数順に並べ替えたものである。人数ベースで比較すると、政策形成と政策実施の職種でも、多くの外部出身者が中途採用されていることがわかる。これらの職種は、政府特有の知識・技能が必要とされ、外部出身者は内部出身者よりも基本的に公開競争で不利となるが、それでもイギリスでは多くの任用実績が存在することがわかる。

　ここまでの政府資料により、イギリスの上級公務員には相当数の非営利・公共部門あるいは民間部門からの中途採用者が存在すること、政府特有の職種である政策形成・実施部門でも政府外からの中途採用を行っていることが示された。しかし、イギリス政府の資料からでは、政府全体の運用傾向はわかるもの

の、どのような職種にどのような職歴・出身部門の任用者が活用されているのかという、運用パターンの詳細は分析することができない。非営利・公共部門と民間部門の双方から中途採用があること、スタッフ部門の外部出身者率が高いことから、ネットワーク型、NPM型、専門職型のいずれかの運用類型が活用されていることはうかがえるが、個別類型の活用の程度を類推するには、政府資料は不十分である。

そこで本書は、韓国の事例と同様に、イギリスの上級公務員を対象に独自の職歴調査を実施した。韓国との比較の観点に加え、NPMの先進国と目され、実際に中途採用者も多いイギリスにおいて、NPM志向の強い公務員制度であるポジションシステムがどのように運用されているのかを検証する。

(2) 職歴調査の結果

本節では、イギリスの上級公務員における中途採用の運用実態を、任用者の職歴データを用いて分析する。本書では、イギリスの上級公務員のキャリア構造を分析する上で、数次にわたり分析目的に応じた職歴調査を実施している。第一次職歴調査は、「トップ200」と呼ばれる事務次官級・局長級職位の任用者を対象に実施した。トップ200に該当する職位の任用は公務委員会（Civil Service Commission）[4]の承認が必要とされているため（総務省人事恩給局 2011, 17）、公務委員会の年次報告書には当該年度中に任用されたトップ200職員の一覧が掲載されている。第一次職歴調査では、公務委員会の2005-2006年度から2009-2010年度までの5年分の年次報告書を基に、同期間にトップ200の職位に任用された上級公務員の職歴を調査した[5]。ウェールズ、スコットランド政

---

4) 2010年に設置。2010年以前はCivil Service Commissionersが役割を担っており、本書が調査に用いたのもCivil Service Commissioners時代に出版された年次報告書である。

5) 本来であれば、組織図や職員名簿を基に、公開競争の対象となる職位をリストアップするのが望ましい。しかし、事務次官（Permanent Secretary）、局長（Director-General）、エージェンシーの長官（Chief Executive）などは役職名から職位のグレードが判別できるものの、スタッフ機能を担う職位は役職名が多様であり、グレードの高低を判別することが困難である。ライン／スタッフ部門の別を問わず、上級公務員全体の運用傾向を概観するためには若干の偏りはあるものの公務委員会の年次報告書を用いる方が望ましいと判断し第一次調査はこのような手法をとっている。

府の上級公務員は運用傾向が異なるため調査対象から除外した。

　調査対象者の職歴は、その人物の任用／離職時の政府広報資料、業界紙のインタビュー記事などを利用して調査している。職歴に関する情報は、調査対象となる当該職位の任用／離職時だけでなく、離職直後の転職先、さらにその次の転職先と、異動するたびに何らかの媒体に掲載されることが多く、特に政府外から中途採用された人物については、こうした異動時の報道を元に過去の職歴を確認している。また、近年はインターネットを活用した求職活動が活発化していることもあり、LinkedInと呼ばれるソーシャル・ネットワーキング・サービス上で自らの職歴を公開しているケースも多い。日本の研究者で言うところのresearchmapに近いサービスである。過去の職業経験や職歴、経験した業務内容、役職を明示することで、次の転職やキャリアアップにつなげるために活用されている。中途採用に応じて転身した人物は、公務退職後も転職を繰り返す傾向にあり、特にこうしたサービスを積極的に活用しているものと思われる。

　一方、大卒後すぐに公務員となった政府内出身の上級公務員は、こうしたサービスを活用している人物が少ない。そのため、内部出身者の職歴はインターネットを通じた調査に加えて、イギリスのDod's社が毎年秋に発行しているDod's Civil Service Companionというイギリス版の政官要覧を利用して調査している。Dod's Civil Service Companionには各部署の組織図、管理職の名前に加えて、上級公務員の職歴が記載されている。ただし、情報の細かさには個人差があり、1年単位で詳細な職位名が記載されている人物もいれば、担当期間が不明瞭なまま、過去に経験した主な職位だけが記載されている人物もいる。上記の調査方法により、最終的に調査対象者110人のうち、101人の職歴情報を収集することができた。

　表4-2は第一次職歴調査で調査の対象となった101職位をタイプ別、職歴別に整理したものである。調査対象が新規任用者に限られるため、表4-1の上級公務員全体の傾向と比べるとスタッフ部門の職位の比率が高いデータ構成となっている。これは政府外出身者の方が内部出身者よりも在職年数が短い[6]ことに起因していると考えられる。表4-1に示されている通りスタッフ部門の職位は政府外出身者の比率が高いため、在職年数も短く、頻繁に新規任用が生じ

第4章　イギリスのポジションシステム　　99

表4-2　任用先職位のタイプと任用者の主な職歴

		任用者の主な職歴				合計
		政府内公務員	民間企業	その他公共部門	学者・研究者	
任用先	政策形成	23	4	9	3	39
	政策実施	9	8	2	0	19
	スタッフ部門	5	26	5	7	43
合計		37	38	16	10	101

(出典) 筆者作成。

るため新規任用者に占める比率が高くなる。政策形成のカテゴリは、主に各省の事務次官、局長の職位が含まれている。政策実施のカテゴリは、主に執行エージェンシーの長官であるが、歳入関税庁（HM Revenue and Customs）のように政策実施を担う一部組織の職位も含まれている。スタッフ部門の職位は、財務、IT、人事などの職位に加えて、科学顧問の職位が含まれている。

職歴の区分は整理の都合上、調査対象者のキャリアの中で、最も経験年数が長い職歴カテゴリに分類している[7]。イギリスの公務員のキャリアは、日本や韓国と比べると多様性に富んでおり、公共部門から中央政府に中途採用され、10年以上の経験がある職員や、民間企業の経験を数年積んだ後に公務員試験を受け、エントリーレベルから中央政府の各省公務員となった職員、教員から地方自治体を経て中央政府に中途採用された職員など、韓国のように出身組織別に整理する手法が通用しない部分も数多い。本章での整理法はあくまでも全体を概観するための便宜的なものであり、第7章、第8章の計量分析では、より精緻な指標化を行っている。

表4-2の政府内公務員のカテゴリは、主に各省の公務員で占められているが、エージェンシー出身の公務員も含まれている。公共部門カテゴリの中身は多様であり、学校教員、地方自治体職員、非営利組織など、中央政府以外の公共部

---

6) 内部出身者の在職年数の中央値は5.3年であるが、政府外出身者の在職年数の中央値は3年である（House of Commons Public Administration Select Committee 2010, 68）。

7) 民間部門から各省の上級公務員に中途採用され、政府内の別の職位の公募に応募し任用されたようなケースは、民間部門扱いで分類している。このようなケースは政府の公式資料では、直近の所属が政府内のため内部（internal）扱いとなっていることに注意が必要である。

表4-3　職位のタイプと中途採用の運用類型

| | 政府内 | 政府外 | | | | 合計 |
	ウェーバー型	ネットワーク型	NPM型	専門職型	分類不可能	
政策形成	23	14	1	0	1	39
政策実施	9	3	5	1	1	19
スタッフ部門	5	1	1	35	1	43
合計	37	18	7	36	3	101

（出典）筆者作成。

門は全てこのカテゴリに分類される。公共部門出身者は複合的なキャリアを積んでいる者が多く、学校教員から地方自治体へ転職し、上級公務員になるケースや、地方自治体から非営利組織を経て上級公務員になるケースなど多種多様である。

　学者・研究者のカテゴリには、大学に所属する学者、研究機関に所属する研究者が含まれている。韓国の場合には民間企業の技術者的性格の強い研究者が任用者に含まれていたが、イギリスの場合はそうした任用者は調査対象者の範囲には含まれておらず、大学所属の研究者が中心である。学者・研究者がスタッフ部門に多いのは、各省の科学顧問がスタッフ部門の職位に含まれているためである。スタッフ部門の半数以上は民間企業出身者であり、調査対象の職位と同一の職種を複数の民間企業で経験してきた人物が多い。

　表4-3は、職位のタイプと中途採用者の運用類型を整理したものである。政策形成の職位は内部出身者を重視したウェーバー型の運用が多いことがわかる。ポジションシステムのイギリスといえど、政府の中枢である政策形成の職位は、政府内部で育成された公務員が重視されていることが見て取れる。しかしながら、当該職位と関連するステークホルダーや、同一政策領域での職業経験を重視したネットワーク型の運用も一定程度存在する。当該政策領域に関して全く知識・技能を持たない民間企業経験者が中途採用されたNPM型の運用は1例だけであった[8]。

　政策実施の職位は他と比べてNPM型の運用が多い。エージェンシーの長官

8）唯一の例は、映画などのCG制作会社を起業した経営者が、規制改善局長に任用されたケースである。

などは、政策領域の知識よりも組織管理のマネジメント技能が期待されている
ものと思われる。

　スタッフ部門の職位は専門職型の運用が多い。官民組織に共通の財務、人事、
ITなどの職種でキャリアを積んできた人物が政府外から採用されている。分
類不可能な3例は、本書が想定していた4つの類型のいずれにも当てはまらな
い例である。いずれも過去の職歴と現職の関連性が低いことに加えて、公共部
門出身でマネジメント技能に期待されたとも考えにくいため、どのような知
識・技能に期待した中途採用か判別が困難であった[9]。

　第一次職歴調査の結果、政策形成の職位が政府内出身のウェーバー型の比率
が最も高く、スタッフ部門の職位は政府外から当該職種の専門家が中途採用さ
れる専門職型の比率が高いことが明らかとなった。スタッフ部門の職位は、財
務、人事、ITなど政府内外を問わず共通の職種が多いことから、当該職種の
専門家としてキャリアを積んだ人物が中途採用される比率が高いのも妥当な結
果である。政策形成の職位は政府特有の職務が多く、当該政策領域の知識や政
策形成の技能が求められると考えられる。そのいずれも持たない民間企業出身
者を中途採用するNPM型はほとんど観察されなかった。一方、政府のステー
クホルダーや当該政策領域における政府外の組織で職歴を積んだ人物が数多く
中途採用されており、ネットワーク型の運用が一定割合観察された。

　第一次職歴調査は、各年度の新規任用者のリストを用いて調査対象を選択し
たため、職位名で上級公務員かどうかを判別できない職位も含めて万遍なく調
査できる反面、在職年数が短い職位ほど調査対象に多く含まれる問題点がある。

9）3人のうち1人目は、内務省の移民・国籍管理局長に任用された人物で、法律家として
　の職歴が長く、その後に2つの地方自治体で事務総長（Chief Executive）を務めた人物
　である。2人目は、教員から地方自治体の教育部門、財務省に中途採用され公共サービ
　ス担当を務めた後に、首相付きの供給ユニット長（Prime Minister's Delivery Unit）に任
　用された人物である。同組織は政府の行政サービス供給を監視・報告する組織であり、
　具体的には業績測定の制度であるPublic Service Agreementsの目標達成の手助けを担う。
　3人目は、学校の教員として3年勤めた後に、NHS関係機関や貿易産業省（Department
　for Trade and Industry）、保健省（Department of Health）などで、主に広報の職位を経
　験し、大卒後21年（推定43歳前後）で内閣府の事務次官に任用された人物である。3
　人とも過去の職歴と現職との間に明確な関係が見いだせず、どのような知識・技能が期
　待されたのか、特定の運用類型に当てはめることが困難であった。

そのため調査対象の職位の中で、政策形成・政策実施の職位の割合が相対的に少ない。

　そこで、政府内の役割としてはスタッフ部門よりも重要な、政策形成・政策実施の職位の運用傾向について、さらに詳細な分析を行うために、第二次職歴調査を実施した。第二次職歴調査の対象はイギリス中央政府7省[10]の、事務次官（Permanent Secretary）、政策形成に関わる職位の局長（Director-General）、課長（Director）、当該省が管轄し政策の実施を担う執行エージェンシーの長官（Chief Executive）に在職する上級公務員である。このほかにも公募を通じて任用される上級公務員は存在するが、外形的な職位名から上級公務員であるかどうかを判断できないため調査の対象に含まれていない。

　調査対象者は、前述のDod's社が毎年秋に発行しているDod's Civil Service Companionを参考に抽出している。調査対象の選択に使用したのは2003年、2005年、2006年秋[11]に発行されたものである[12]。対象となる職員の職歴を調査し、過去に現職と同一の政策領域の職業経験があるか、現職と同一の省あるいはエージェンシー[13]／中央政府の他省[14]／地方自治体／その他のエージェンシー／非省庁型公共機関（Non-Departmental Public Body）／NHS関連組織・病

---

10) 調査対象としたのは副首相府（Office of the Deputy Prime Minister、2006年よりコミュニティ・地方自治省：Department for Communities and Local Governmentに省名変更）、文化・メディア・スポーツ省（Department for Culture, Media and Sport）、環境・食糧・農村地域省（Department for Environment, Food and Rural Affairs）、保健省（Department of Health）、貿易産業省（Department of Trade and Industry）、運輸省（Department for Transport）、雇用年金省（Department for Work and Pensions）の7省とそれらが管轄するエージェンシーである。省の名称は2003年秋時点のものである。これらの7省はいずれも国内向けの行政サービスを提供している省であり、業界紙などの情報が豊富であり職歴の捕捉が比較的容易であることから選択した。本来であれば全ての省を対象にすべきところであるが、書籍から詳細なデータが入手できない人物の調査には膨大な時間がかかるため、比較的調査が容易な一部の省のみを調査対象としている。

11) Dod's Civil Service Companionは2003年版から刊行されており、2004年版は刊行されていないものの、2005年以降現在まで毎年刊行されている。

12) そのため、Dod's Civil Service Companionの各バージョンの間の期間に就任し、短期間で離職した職員が存在した場合は調査対象に含まれない。

13) 当該機関がエージェンシー化される以前の勤務経験もエージェンシーの経験として集計している。

14) Regional Officeを含む。

第4章　イギリスのポジションシステム　　103

表4-4　各職位と任用者の主な職歴

		任用者の主な職歴					合計（人数）
		政府内		政府外			
		各省公務員	エージェンシー	民間企業	公共部門	学者・研究者	
任用先	事務次官	11	0	0	2	0	13
	局長	20	1	1	5	1	28
	課長	78	0	4	20	0	102
	エージェンシー長官	10	6	14	11	4	45
合計（人数）		119	7	19	38	5	188

（出典）筆者作成。

院[15]／その他の公共団体[16]／大学教授・医師／小中学校教員／民間企業など
の勤務経験があるかどうかを集計した。第一次職歴調査と異なり、第二次職歴
調査の対象者は政府内出身者が多かったため、ほとんどの職歴情報はこちらか
ら入手している。ただし、同書には公務員経験が長い人物は詳しい職歴が記載
されているものの、外部出身者の情報は少ない傾向がある。不足する職歴情報
は第一次職歴調査と同様に、任用／離職時の報道などを利用して補っている。
調査対象期間が2003年秋−2006年秋と若干古い時期を対象にしているのは、こ
うした調査方法上の制約が一因である。公務員を離職後に転職した回数が多い
ほど、職歴が報道される機会が多いため、離職から時間が経過した職員の方が
多くの情報源から情報を集めることが可能となる。

　調査対象者数はのべ222人で、そのうち任用者の職歴情報が十分に集まった
のはのべ188人（84.6%）である。188人のうち13人は調査対象期間中に異動が
あった関係で、調査対象に2度選ばれている。そのため調査対象者の実数は
175人である[17]。

　表4-4は政策形成を担う各省の事務次官・局長・課長、政策実施を担うエー
ジェンシーの長官の各職位における、任用者の主な職歴を示したものである。
政策形成の職位は各省公務員として長いキャリアを積んだ人物が任用される傾

15）NHS Executive, District Health Authority, Regional Health Authority, NHS Trust など。

16）政府から補助金を受けて社会住宅を建設する住宅協会、NGO などの公的性格の強い
　　組織。

表4-5　各省の政府内・政府外出身者数

	任用者の主な職歴					
	政府内		政府外			
	各省公務員	エージェンシー	民間企業	公共部門	学者・研究者	外部出身者率
副首相府	23/32	—	—	9/32	—	28%
文化・メディア・スポーツ省	7/8	—	—	1/8	—	13%
環境・食糧・農村地域省	22/24	1/24	—	1/24	—	4%
保健省	2/15	—	1/15	11/15	1/15	87%
貿易産業省	28/32	—	2/32	2/32	—	18%
運輸省	17/22	—	2/22	3/22	—	23%
雇用年金省	10/10	—	—	—	—	0%

＊省名は全て2003年秋時点。
（出典）筆者作成。

向にあり、特に上位の職位になるほどその傾向が強くなることがわかる。政府外から任用される場合は、民間部門よりも公共部門で長くキャリアを積んだ人物が任用されている。

　一方、エージェンシー長官になると、運用の傾向が大きく異なることがわかる。政府内出身者が重視される政策形成の職位に対し、政策実施を担うエージェンシー長官の職位は、政策実施の経験が長いエージェンシー出身者をほとんど任用していない。エージェンシー長官の多くは政府外からの任用であり、特に民間部門で長くキャリアを積んだ人物が多い傾向にある。

　表4-5は各省の政府内・政府外出身者数を示したものである。エージェンシー長官は含まれていない。例えば、副首相府の場合、「23/32」という表記は任用された32人のうち23人が各省公務員の出身者であることを示している。省により運用の傾向が異なることがわかる。副首相府は地方自治を担う関係で

17）本書の調査目的は、どのような職歴の人物が政策形成・政策実施を担う上級公務員に任用されているのかを明らかにすることであり、異動により2度目の調査対象となった場合は同一の人物を2度調査対象としている。ただし同一の人物であっても、2度目の調査対象となる場合は、1度目の調査対象となった職位の職歴を加えた上でデータを作成しており、1度目と2度目のデータは中身が異なっている。

表4-6　当該政策領域の職業経験がある任用者の割合

	任用者の主な職歴					合計 （人数）
	政府内		政府外			
	各省公務員	エージェンシー	民間企業	公共部門	学者・研究者	
事務次官	5/11	―	―	2/2		7/13
局長	9/20	1/1	1/1	5/5	1/1	17/28
課長	48/78	―	4/4	19/20	―	71/102
エージェンシー長官	4/10	6/6	6/14	7/11	4/4	27/45
合計（人数）	66/119	7/7	11/19	33/38	5/5	122/188

（出典）筆者作成。

公共部門の出身者が多い。目を引くのは保健省の外部出身者率で、政策形成を担うライン部門の事務次官・局長・課長の87％が外部出身者である。公共部門の割合が高いのは、National Health Services（NHS）でキャリアを積んだ人物が多く含まれているためである。貿易産業省、運輸省は民間部門と比較的関係が深い省であり、民間企業出身者が存在する。

　表4-6は、当該政策領域の職業経験がある任用者の割合を示したものである。例えば、事務次官に任用された各省公務員の場合、「5/11」という表記は任用された11人のうち5人が当該政策領域の職業経験を有していることを示している。

　政策形成の職位である事務次官・局長・課長の職位は、各省公務員が任用される場合と、政府外出身者が任用される場合とで傾向が異なる。政府内出身の各省公務員が任用される場合、当該政策領域に関連する職業経験がない人物が半数程度任用されている。しかし、政府外出身者が任用される場合は、ほぼ100％に近い割合で当該政策領域の職業経験がある人物が任用されている。政府内出身の各省公務員は、当該政策領域の素人であろうとも、政策形成の技能が評価され任用されているものと考えられる。政府外出身の人物は、政府特有の政策形成の技能がないため、当該政策領域の知識がなければ任用されないのであろう。ポジションシステムの中でも、政府の中枢を担う政策形成の職位においては、キャリアシステムの国々と同様に、当該政策領域の素人かつ政策形成職位の専門家である内部育成の公務員が今なお存在していることを示す結果である。

表4-7　各職位と任用者の運用類型

| | 政府内 | 政府外 | | | | | 合計 |
	ウェーバー型	ネットワーク型	NPM型	専門職型	分類不可能	（人数）
事務次官	11	2	0	0	0	13
局長	21	7	0	0	0	28
課長	78	23	0	0	1	102
エージェンシー長官	16	13	8	4	4	45
合計（人数）	126	43	8	4	5	188

（出典）筆者作成。

　表4-7は、各職位とその運用類型の関係を示したものである。まず、ウェーバー型の運用類型は、政府内出身者が任用された場合に該当するので、表4-4の各省公務員・エージェンシーの人数を合算したものとなっている。全体の多数を占めているのが、ネットワーク型の運用である。政府外からの任用は、ウェーバー型以外の類型を合計した62人であるが、3分の2を占める43人は、任用先の職位の政策領域に関する何らかの職歴を有しており、ネットワーク型の運用に該当する。政策形成・政策実施の経験が少ない政府外出身者といえども全くの素人ではなく、何かしら政府外で当該政策領域に関する職業を経験した人物が多いのである。

　一方、当該政策領域に関係する職業経験がない人物も少数であるが任用されている。エージェンシーの長官には、当該政策領域の職業経験がなく、民間企業で主なキャリアを積んだ人物が任用されており、NPM型の運用が確認できる。専門職型に分類される人物は、いずれも学者・研究者で研究機関のエージェンシー長官に任用されている。分類不可能な5例は、任用先の職位と職歴の間に明確な関係がないことに加え、民間企業で主なキャリアを積んだわけでもなく（NPM型には該当しない）、公共部門から中途採用されている。5例の一部は、職歴の測定方法が原因で分類不可能となっている[18]。

――――――――――――――――――

18) 政府外でのキャリアが長く、本書の分析カテゴリ上は政府外出身者に分類されるものの、各省の公務員になってから10年程度経過しており、実際には内部出身者と同等に扱われていると思われる事例などである。

（3）　イギリスの制度運用の特徴

　本節では、イギリスのポジションシステムの運用実態を、職歴データから分析してきた。イギリスの制度運用は、政策形成、政策実施、スタッフ部門ごとに大きく異なる。

　政策形成の職位では、政府内出身者の比率が高く、政策形成の技能を重視したウェーバー型の運用が中心である。ポジションシステムの国といえども政策形成の職位では、閉鎖的なキャリアシステムの国々と同様に政府内で育成された公務員が重視されているのである。

　とはいえ、政策形成の職位においても、一定程度中途採用が存在する。政府外からの任用は、当該政策領域の知識を重視して行われており、政府外のステークホルダーや公共部門の経験者が任用される、ネットワーク型の運用が観察された。また、省レベルで見ると保健省のように極端にネットワーク型の割合が高い省があり、組織ごとに運用の傾向に差異がある。政府外出身者には当該政策領域の知識が要求される反面、政府内出身者には必ずしも当該政策領域の経験が要求されるわけではなく、政策形成の技能を有する政府内出身者と、それを持たない政府外出身者で期待される役割・能力が異なると考えられる。任用制度そのものは同じポジションシステムであっても、組織、職位ごと、あるいは同じ職位でもその時々の事情に応じて、多様な運用が行われているものと思われる。

　政策実施の職位では、様々な運用類型が混在している。他職位と比べて相対的に、任用先の職位とこれまでの職歴との間に全く関係がないケースが目立つ。このうち民間企業出身者は、組織のマネジメント技能に期待したNPM型の運用である。執行エージェンシーの長官には政策実施の現場レベルの知識よりも、与えられた目標達成に向けた組織のマネジメントが期待されているものと考えられる。

　スタッフ部門の職位では、当該職種の専門家が任用される傾向が明確に表れている。官民組織に共通の職種が多いスタッフ部門の職位は、最も政府外からの中途採用になじむものと考えられる。

　イギリスの事例から、ポジションシステムの公務員制度は、キャリアシステムのように政府全体で統一された運用実態が存在するものではなく、職務内容、

組織が置かれた環境によって運用に幅のある制度であることがわかる。

4 職員のキャリアパスと業績

管見の限りでは、イギリスを対象に公務員の職歴と組織の業績の関係を取り扱った研究は存在しない。ただし、個人レベルの業績と職歴との関係について言及している政府資料が存在する。イギリスでは、政府外部出身者と業績の関係が近年問題となっており、下院の行政委員会（House of Commons Public Administration Select Committee）が外部出身者の任用と個人レベルでの業績の関係を取り上げている。その背景には、2007年の経済危機以降の厳しい財政事情があり、上級公務員の人件費も支出削減の対象に挙げられている。イギリスは優秀な上級公務員を外部から任用するために、政府外出身者には政府内出身の公務員よりも高い給与を支払っている。支出削減の圧力が高まる中、高給取りの政府外出身者がその報酬に見合った働きをしているかが問題視されているのである。

表4-8は、政府内出身の公務員と、政府外出身の公務員の個人レベルの業績を比較したものである。任用されてからの期間が長くなるほど、業績も良くなる傾向がある。個人レベルの業績で言えば、政府外出身者の方が業績の分散が大きく、当たり外れの個人差があること、内部・外部の出身の違いによる業績の大きな差は存在しないことがわかる。

個人レベルの業績については政府資料で各任用者の成績が公表されているものの、肝心の組織レベルでの業績については政府資料、学術研究ともに不足している。前章でも言及したが、政府外からの任用者が与える影響は任用者当人の個人レベルにとどまらず、組織レベルの業績に影響を与えることが想定される。我々が本来明らかにしたいのも、ポジションシステムの公務員制度による政府外からの任用が、組織レベルの業績に与える影響である。こうした先行研究の課題を踏まえた上で、本書では第7章、第8章においてイギリスを対象に、上級公務員の職業経験と組織の業績に関する計量分析に取り組んでいる。

表4-8　上級公務員の出身・勤続年数別の業績

勤続年数	1年未満					1～2年				
業績評価	1	2	3	4	平均	1	2	3	4	平均
内部出身	10.4	39.8	45.4	4.4	2.44	22.4	44.3	30.2	3.2	2.14
外部出身	10.2	42	39.8	8	2.46	23	47	25	5	2.12
合計	10.4	40.5	43.8	5.4	2.44	22.5	44.9	29	3.6	2.14
勤続年数	2～3年					勤続年数3年未満の平均				
業績評価	1	2	3	4	平均	1	2	3	4	平均
内部出身	33.7	41.5	22.3	2.5	1.94	22.6	42.1	32	3.3	2.16
外部出身	29.5	48.4	20	2.1	1.95	21.2	45.9	27	4.9	2.14
合計	32.6	43.2	21.8	2.4	1.94	22.3	43.1	30.9	3.7	2.16

（出典）Cabinet Office, 2011. *Senior Civil Service: Annexes*, 31, Table E1.

5　イギリスと韓国の比較

　前章と本章では、ポジションシステムの運用実態を明らかにするため、韓国とイギリスの事例を分析対象として取り上げた。前章で取り上げた韓国との比較の観点で言えば、イギリスは制度外形のみならず運用面でも政府外から数多くの上級公務員を任用している。ウェーバー型の運用が多く、実質的にはキャリアシステムに近い韓国に比べて、イギリスはポジションシステムの理念型に近い公務員制度であると言える。韓国はポジションシステムの国々の中でも、閉鎖的なキャリアシステム寄りの運用、イギリスはポジションシステムの理念型に近い運用をしており、同じポジションシステムの中でも、運用次第で相当な多様性が存在することが示された。また、イギリスの事例からは、同じ制度下にあるイギリス中央政府内でも、職務内容、組織ごとに制度運用に多様性があることが明らかになった。

　韓国とイギリスは対照的、両極端な事例ではあるが、政府外からの任用者に対する運用には、重要な共通点が観察された。いくつかの職種の中でも、政策形成の職位においては特にウェーバー型の運用が重視されている点である。韓国、イギリスともに、政策形成の職位では、政策実施やスタッフ部門の職位に比べて、政府内出身者が多く任用される傾向にある。中途採用の多いイギリス

でさえ、一部の省の例外を除き、政策形成の職位の8割程度がウェーバー型の運用である。政策形成の職位の任用者のうち、政府内出身者には当該政策領域の知識が要求されていないことから、政策の知識よりも政策形成の技能そのものが期待されていることも示されている。

　また、政策形成・政策実施の職位に対して主なキャリアを政府外で積んだ人物を任用する場合、当該政策領域に関する知識を重視するネットワーク型の運用が多い点も両国に共通する特徴である。行政改革研究の領域において、キャリアシステムからポジションシステムへの改革はNPM志向の行政改革の一環として捉えられてきた（Auer et al. 1996; OECD 2004a）。しかしながら、イギリスと韓国の事例分析からは、NPMにおいて重視される民間企業のマネジメント技能などよりも政策領域との関連性が重視される傾向が観察された。特に政府の中枢部とも言える政策形成の職位においてその傾向は顕著である。一般的にNPMのイメージとして想起される、民間経験が豊富かつ政策・政治の素人を中途採用するようなタイプの任用は一部の職位に限られている。

　ネットワーク型が多くなる原因の1つは、ポジションシステム特有の任用方式、さらに言えばメリットシステムの捉え方に起因すると考えられる。キャリアシステムの公務員制度が、キャリアの入り口段階で厳格な資格要件や試験を課して能力主義を担保するのに対し、ポジションシステムの公務員制度は、各職位に対し職務明細を定め、任用者が当該職務に必要な能力を有しているかを、職務明細に基づいて確認することで、能力主義を担保する。ポジションシステムの公務員制度では各職位に必要な能力が明文化され、任用に際しての基準としても活用されるため、当該職位との結びつきが想起しにくい漠然としたマネジメントの技能や、汎用的な事務処理能力などは、その任用方式上考慮しにくい可能性がある。その点、当該政策領域に関する知識・職業経験は、履歴書や口頭試問での確認が容易で評価もしやすく、評者により評価が分かれることは少ない。

　こうしたポジションシステムの任用方式に起因する特徴が、韓国・イギリスに共通したネットワーク型の運用比率が高い傾向を生む一因と考えられる。ポジションシステムの導入経緯が、NPM志向の改革からくるものであったとしても、ポジションシステムという公務員制度自体は、制度構造上ネットワーク

型の運用を生みやすい性質がある。ポジション／キャリアシステムの構成原理に基づく既存のモデルは、運用実態を捉える分析視角としては有効性が低いものの、制度そのものの性質に対する分析視角としては有用なモデルであった。

　第2章で論じたように、ネットワーク型の運用は、政府外でしか習得できない当該政策領域に関する知識の導入を目的として行われているものと想定される。政府外出身者は、中央政府特有の政策形成の技能を有しておらず、そのデメリットを上回る希少性の高い知識がなければ任用に至らないはずである。ただし、これらは理論上の議論であり、推測の域を出るものではない。実際に「政府外でしか習得できない知識」を求めて政府外からの任用が行われているかどうかは別途検証する必要がある。そこで第5章、第6章ではネットワーク型の運用に関する事例分析を行う。

第5章

民間部門からの中途採用事例

　本章では、第3章、第4章の職歴調査で浮かび上がってきた、政策形成の職位におけるネットワーク型の運用について事例分析を行う。NPMの文脈で議論されることの多いポジションシステムであるが、本書の調査からは、政府外からの任用は、当該政策領域の知識を重視した運用が主であることが明らかになった。その傾向は政府特有の職務である政策形成の領域ほど顕著であり、理論的には当該政策領域における政府内では習得が難しい何らかの知識を求めて政府外からの任用が生じるのではないかと考えられる。

　しかしながら、こうした任用者と政策領域の知識の関係は、理論的推論の域を出るものではない。前章で取り上げたように、イギリスは政策形成の職位に対して当該政策領域の職業経験を要求していることがデータ上は明確に示されている。しかし、実際に何の知識が要求されているのか、本当に当該政策領域における政府内では習得が困難な知識が求められているのかどうかまでは、データから推測するには限界がある。

　そこで、本章と次章ではイギリスを対象に、政策形成の職位に政府外から任用された事例を2つ取り上げて事例分析を行う。韓国ではなくイギリスを選んだのは、同じ政策形成の職位でも、イギリスの方がより重要な職位に政府外からの任用を行っているからである。政府において非常に重要な、各省の中枢部にある職位にもかかわらず、政府外からの任用が選択された事例を分析してこそ、専門職型のように官民共通の職位に対する政府外からの任用とは異なる、ネットワーク型の運用の特徴が表れるだろう。

　本章および次章における事例分析の目的は、イギリスが政策形成の職位において政府外出身者に期待する役割、能力、知識を明らかにすることである。政策形成の職位に任用された政府外出身の職員は、どのような職歴と専門性を持

ち、どのような役割を果たすことが期待されて任用されたのかを調査する。それにより、本書が提示するネットワーク型の運用類型において想定する理論的関係が、現実に存在するかどうかを確認する。

具体的な分析手順としては、まず政府外出身者の任用直前から任期終了までの期間中に、当該部局が担当する政策課題・優先順位がどのように変化したのかを各省の年次報告書の情報を中心に分析する。各省が政府外出身者を任用した時期に当該部局が抱えていた政策課題を知ることで、間接的に政府外出身者に期待されていた役割・能力を推定する。また、任期中から任期終盤前後にかけて、何らかの政策課題・優先順位の変化があるかどうかについても調査する。調査対象の政府外出身者の離職・再任用と、政策課題・優先順位の変化に関連性がある場合は、政府外出身者に求められていた役割を間接的に知ることができる。

分析対象とする事例は2つである。外部出身者の出身部門は大きく分けて、民間部門、公共部門の2つであるため、それぞれから事例を1つずつ選択した。本章で取り上げる第一の事例は、民間部門出身で貿易産業省（Department of Trade and Industry、以下DTI）のイノベーション局長に任用されたデイビッド・ヒューズ（David Hughes）である。民間の自動車・電気機械メーカーを中心にキャリアを積み、2002年から2006年まで局長（Director General）を務めた。

次章で取り上げる第二の事例は、公共部門出身で副首相府（Office of the Deputy Prime Minister、以下ODPM）とコミュニティ・地方自治省（Department for Communities and Local Government、以下DCLG）の住宅担当局長に任用されたリチャード・マッカーシー（Richard McCarthy）である。複数の住宅協会（Housing Association）でキャリアを積み、2003年から2011年まで住宅関連部門の局長を務めた。

分析対象の事例は、2002-2007年度にイギリス中央政府の1府7省[1]において、政策形成を担うと考えられるライン部門の局長に就任していた公務員の中から選択した。対象をライン部門の局長としたのは、政策への影響を確認するためにも可能な限り上位の重要な政策形成に関する職位であることが望ましいからである[2]。

いくつかある候補の中から、この2人を対象としたのは、この2人はそれぞ

第5章　民間部門からの中途採用事例　　115

れが民間企業のみ、公共部門のみでキャリアを積んでおり、それぞれのキャリ
アと彼らが外部出身者として期待されていた役割との関係を明確に把握するこ
とができるからである。イギリスは一般的に日本よりも労働市場の流動性が高
く、政府外出身者のキャリアパターンも様々であり、民間部門と公共部門両方
の経験を持つ人物も多く、そうしたサンプルを選んだ場合、任用に際して民間
部門と公共部門のどちらの職歴が評価されたのか判断がつかない。本書では民
間部門での経験と、公共部門での経験の影響を切り離した分析を行うため2つ
の事例を選択しており、民間部門、公共部門それぞれの部門のみで職歴を積ん
だ人物の方が、政府が任用者の職歴の何を重視していたのかが明確となる。

1　中途採用までの職歴

　デイビッド・ヒューズは1947年5月5日に生まれ、1970年にアストン大学（工
学修士）を出て大手自動車メーカーのフォード・モーターに就職した。公務員
になるまでのヒューズの経歴は表5-1の通りである[3]。フォードのエレクトロ
ニクス部門の後、44歳で自動車部品・航空宇宙産業のルーカス・インダスト
リーズへ転職している。"advanced vehicle system" の詳細はわからないが、車

---

1) 対象としたのは文化・メディア・スポーツ省（Department for Culture Media and Sport）、環境・食料・農村地域省（Department for Environment, Food and Rural Affairs）、教育・技能省（Department for Education and Skills）、運輸省（Department for Transport）、保健省（Department of Health）、貿易産業省、雇用・年金省（Department for Work and Pensions）、副首相府の7つである。政府特有の機能を担う防衛、外交、政策実施機能の比重が高い司法などを管轄する省は、外部出身者を政策形成に関わる職位へ任用していない可能性もあるため、作業効率上の理由で調査対象から除外した。また、政治との距離が近く特殊な仕事の多い内閣府、財務省も、事例研究の成果を他省にも援用することが難しい特殊性があることから調査対象から除外した。

2) 分析対象の候補となる公募任用により外部出身者が任用される職位としてはほかに課長（Director）、事務次官（Permanent Secretary）がある。イギリスの中央政府における各省の組織編制は、ある1つの政策領域がおおよそ局単位の組織範囲に相当している場合が多い。そのため、ある政策領域における方向性の変化、政策の成果などを確認する上で、分析レベルを局単位に設定するのが適当である。課長は当該政策領域全体に対して所掌事務の範囲が狭く、事例選択の候補から除外した。また同様に、事務次官は省全体の幅広い領域、複数の政策領域にまたがる責任を持つため、任用者の職歴と職務との関連性が見えにくくなることから事例選択の候補から除外している。

表5-1 デイビッド・ヒューズの職歴

	組織名	役職
1970-91年	フォード・モーター （自動車）	Head of electronic systems
1991-97年	ルーカス・インダストリーズ＊1 （自動車部品・航空宇宙）	Director of advanced vehicle systems
1997-99年	ゼネラル・エレクトリック・ カンパニー＊2（通信・防衛機器）	Director of technology planning
1999-01年	マルコーニ＊3 （通信）	Executive Vice President of technology management
2001-02年	BAEシステムズ＊4 （防衛・航空宇宙）	Special Projects director of avionics＊5
2002-06年	貿易産業省	Director-General of Innovation Group, Chief Scientific Advisor＊6

（出典）Dod's Parliamentary Communications, 2005. *Dod's Civil Service Companion 2006*. London: Dod's Parliamentary Communications. に掲載されたプロフィールおよびデブレッツ社のデータに基づき筆者作成。

＊1　イギリスの大手自動車部品・航空宇宙メーカーで、1996年に自動車部品メーカーのバリティコーポレーションを合併しルーカス・バリティとなる。ヒューズの転職と合併に何らかの関係があるか調査したが、情報を得ることはできなかった。

＊2　通信・防衛機器などを扱うイギリスの大手総合電気機械メーカーである。同じ社名でアメリカのコングロマリット、ゼネラル・エレクトリック社とは無関係である。

＊3　ゼネラル・エレクトリック・カンパニーが通信部門に特化し、マルコーニへと社名変更がなされた。同時に防衛機器部門はブリティッシュ・エアロスペースと合併しBAEシステムズとなる。転職といえる異動かは不明であり、Dod's Civil Service Companionでは、あえて記述を分けて職位も異なるものが掲載されていたため本稿もそれに準じた表記とした。デブレッツのデータベースでは"GEC-Marconi"という表記がなされており勤務期間も1997-2001となっていることから、企業をまたぐ転職ではなく社内での異動と思われる。

＊4　ゼネラル・エレクトリック・カンパニーの防衛部門がその一部を構成する企業であり、防衛機器・航空宇宙分野の大手企業である。書籍の経歴上で区別されて掲載されているためそれに準じた表記とした。デブレッツのデータベースでは、勤務期間が"GEC-Marconi"と区別されており、企業をまたぐ転職であったと思われる。

＊5　アビオニクスとは航空機のエレクトロニクスのことである。

＊6　貿易産業省の主席科学顧問に局長と兼任する形で就任している。

3）職歴情報は第4章の職歴調査の際に用いたDod's Civil Service Companionと、デブレッツ（Debrett's）のデータベースを参考にした。デブレッツはイギリスの紳士録などを発行している出版社で、ホームページで公開されているデータベースにヒューズが掲載されていたことからそれを参照した。http://www.debretts.com/people-of-today/profile/36247/David-John-HUGHES（accessed December 17, 2015）.

第5章　民間部門からの中途採用事例　　117

両制御など最先端の技術開発に関わる部門であると考えられる。1997年からは、ゼネラル・エレクトリック・カンパニーへ転職し技術計画を担当している。これは企業が今後どのような技術開発を進めるべきか、経営戦略なども考慮して計画を立てる部門である。また、マルコーニへと組織が変わった後も技術経営[4]の職位に就いている。これらのキャリアから、ヒューズは設計・開発に特化した典型的な技術屋タイプではなく、企業の経営戦略部門で、事務方としてのキャリアも積んでいることがわかる。詳細は後述するが、こうした技術計画・技術経営の仕事が、イノベーション局長への任用にあたり高く評価されたと考えられる。

2　貿易産業省の政策目標

　本節ではヒューズが任用された当時の貿易産業省の政策目標について概観する。イギリス政府各省は1998年以降、後述する Public Service Agreements と呼ばれる予算と連動した業績測定制度により、政策に関する具体的な数値目標が課されていた。その政策目標の達成状況を概観することで、ヒューズが任用された当時の貿易産業省の状況を示す。本節および次節以降で、貿易産業省の政策目標、政策課題を概観し、ヒューズの任用に至るまでのイノベーション政策を取り巻く状況について検証することで、貿易産業省がどのような背景から政府外出身者を任用したのかを明らかにする。

　ヒューズは2002年10月3日（DTI 2003b, 36）に4年間の任期[5]でイノベーション局長に任用されている。イノベーション局は2001年6月の貿易産業省に対するレビュー（DTI 2003a, 9）を踏まえた上で、それまでの企業・イノベーション局（Enterprise and Innovation Group）から分離され、2002年3月（DTI 2003c, 75）に新たに設置された局である。前身の企業・イノベーション局は大卒後から中

---

4) 技術経営とは、組織の技術資産を組織経営と結びつける経営学の一領域である。企業レベルでの具体的な活動としては、技術に対する資源投資の戦略を立てる、技術開発のロードマップの策定などが挙げられる。

5) wiredgov、2002年9月23日付の記事を参照。http://www.wired-gov.net/wg/wg-news-1.nsf/0/007290BC7B4265D3802572AB004B65B7?OpenDocument（accessed December 17, 2015）.

央政府の公務員としてキャリアを積んだマーク・ギブソン（Mark Gibson）が局長に就いており、イノベーション局の設置後も、分離されたもう一方の企業局長を引き続き務めている。これまでの企業・イノベーション局からイノベーション部門だけが分離独立した格好である。ヒューズが10月に就任するまでの間は、政府内出身の公務員アリスター・ケディ（Alistair Keddie）[6]が局長代理を務めている。イノベーション局の主な役割は、政府全体のイノベーション政策の統合、営利目的での科学技術の開発促進である（DTI 2002, 12,64）。（表5-1）

　まず、貿易産業省に課されていた目標を踏まえた上で、その中でイノベーション局に期待されていた役割を明らかにする。2002年当時、労働党政権はSpending Review（以下、SR）と呼ばれる歳出見直しと合わせて、Public Service Agreements（以下、PSAs）と呼ばれる各省の業績評価制度を導入していた[7]。PSAsは、各省が歳出見直しで定められた歳出枠組みの範囲内で、公共サービスに関する政策目標を立て、財務省との間で合意する形で定められる。2002年は2000年度に策定されたSR2000（2001-2003年度分の歳出計画）の実質的な最終年度であり、SR2002（2003-2005年度分の歳出計画）が公表された年である[8]。

　ここではイノベーション局が所管する領域におけるPSAs達成状況を確認しておく。参考とする資料は2002年の年次報告書で、同年10月のヒューズ任用直前の6月に公表されたものである。SR2000において貿易産業省には12の目標が課されており、イノベーション局に関係する目標は、PSA1「アメリカ・フランス・ドイツ・日本との生産性の差を縮め、イギリスの競争力を景気循環分以上に高める」、PSA5「国際的な品質・費用対効果・有用性の測定基準によって測定した、イギリスの科学・工学基盤（Science and Engineering Base）[9]の国際ラ

6）経歴に関してはホームページを参照。元のホームページは閲覧不可能なため、Internet Archiveを経由したURLを記載している。https://web.archive.org/web/20111124113435/http://www.green-alliance.org.uk/Trustees/Alistair-Keddie/（accessed December 17, 2015）.

7）Public Service Agreementsについては稲継（2001）、南島（2009）が詳しい。

8）PSAsは1998年からSRとセットで実施されており、今後3年間の計画として策定される。ただし、実際には2年度ごと（2005-2007年度のみ3年度）に次のSRが実施され、それに伴い目標の見直しが行われ新たなPSAsが結ばれる。そのため、前計画の最終年度には次の計画の1年度目が始まる仕組みになっている。

9）貿易産業省の報告書にたびたび出てくる独特な表現で、アカデミックな世界の研究成果の集合体（あるいは研究主体そのもの）を指すような文脈で使われている。

第5章　民間部門からの中途採用事例　119

表5-2　PSAの目標1の達成状況

	労働者1人当たりGDP		1時間当たりGDP	
	1997年	2000年	1997年	2000年
イギリス	100	100	100	100
アメリカ	132	138	124	125
フランス	116	118	126	127*
ドイツ	109	109	126	125
日本	102	97	95	91*

各国の数値は全てイギリスを100として比較した場合。
＊印の箇所は1999年が最新のデータ。
（出典）Department of Trade and Industry. 2002. *The Government's Expenditure Plans 2002-03 to 2003-04*, 16.

ンキングを全体的に高める」、PSA6「科学・工学基盤を基にしたイノベーションビジネスの割合を大きく増やすことにより、科学・工学基盤からの技術的知識の営利目的での開発の水準を高める」の3つである。目標ごとの番号は、貿易産業省の12の目標に割り振られた番号を示している。目標の達成程度は可能な限り客観的な指標により測定されている。目標1の達成状況は表5-2の通りである。このデータはあくまでもヒューズ任用直前の2002年6月時点でイギリス政府が利用可能であった統計情報に基づいたものである。目標1に関しては生産性の差を縮めるどころか、アメリカ・フランスからはわずかながら差を広げられていることがわかる。

　次に目標5の達成状況だが、こちらは品質・費用対効果・有用性の3つの方向から業績を測定している（DTI 2002, 17-18）。品質については論文の被引用件数のシェア率を指標としており、基準年である1998年時点の9.1％に対して、任用直前の最新データである2000年時点でも9.1％となっており変化がないことが示されている。費用対効果については、科学・工学基盤に対する予算額100万ポンド当たりの論文数で測定されている。イギリスは1990、1993、1996年の直近3回ともG7各国の中で最も費用対効果が良い国であり、2000年の評価でも引き続きG7の中で一番であることが示されている。なお有用性については、この時点では1997年のデータしかなく評価ができない状況であった。最後に目標6の達成状況だが、こちらも調査データの都合でこの時点では評価

不能とされている（Ibid., 26）。なお、この目標と類似した内容であるSR1998における目標6「大学からスピンアウト（独立）する企業の数を増やす」については、基準年である1997年度の26社に対して、1999年度は199社であり目標を達成している（Ibid., 18）。

　貿易産業省に課されたこれらの目標内容は、SR1998からほとんど変わっておらず、1999年から2002年までの実質4年間、貿易産業省は同一の目標に取り組んでいる。目標1,5,6の達成状況を見ると、イギリスは学術的には世界でもトップレベルの科学・工学基盤を有しているものの、その科学・工学的知見は企業の生産活動に活かされておらず、イギリス企業は競争力で遅れを取っていることが示されている。

3　任用当時のイノベーション政策を取り巻く状況

　貿易産業省は、PSAsにおける業績測定とは別に、外部の関係者からも組織・政策の問題点を指摘されている。貿易産業省は2001年6月に、省の企業支援政策、省の優先順位・構造に対する2つの大がかりなレビューを実施している。これらのレビューでは、公務員・コンサルタント・出向職員による合同チームが広範囲な実情調査を実施し、貿易産業省の主要なステークホルダー（他省、企業など）から意見を集めている。レビューでは貿易産業省の問題点として、戦略性の欠如、科学予算の投資効率の低さ、省内での関連部署間の連携の弱さ、サイロのようで混乱を招く組織構造、政府内の産業分野における貿易産業省の効果的なリーダーシップの欠如などが指摘されている。また、企業支援政策の面でも、低価値・低インパクトの支援スキームが多い、プログラムが多すぎて混乱を招く、戦略的な全体像がないなどの厳しい指摘がなされている（Ibid., 34）。

　これらの課題に対応するため、貿易産業省は「イノベーション」「企業」「公平な市場」の順に戦略的優先順位を定めている。そして、貿易産業省は具体的な改革の指針として、「真に顧客[10]志向となる」「可能な限りベストなサービ

　10）ここでの顧客は市民ではなく、貿易産業省のサービスの直接の受け手である企業、大学などを指す。

ス を提供する」「イノベーションの推進へ集中する」「透明で公平な市場の発展・維持」の4つを掲げた。

この中でも、イノベーションの推進を実現するために、貿易産業省が新たに設置したのが、ヒューズの任用されるイノベーション局である。イノベーション局は、政府内の関連各部署と政府外のアクターを、貿易産業省が牽引するために設置され、省全体のイノベーション戦略の策定・実施をリードするとされる。注目すべきは、このイノベーション戦略の策定・実施にあたっては、企業・大学・研究機関など主要なアクターとの対話を行うという点である（Ibid., 35)。詳細は後述するが、これは後にイノベーション戦略策定の場に企業・労組の代表を呼ぶという形で実施される。また、新しいイノベーション戦略は、最も投資のインパクトを大きくする方法で、省の資源を利用するものになるとされており、従来に比べ費用対効果が強く意識されている（Ibid., 37)。具体的には、科学・工学基盤からの営利目的での開発、知識移転（knowledge transfer)[11] を推進することが示されており（Ibid., 66)、「知識移転の推進」は「戦略の策定・実施」と並ぶイノベーション局の役割とされる（Ibid., 64)。

ここまでのイノベーション局の設置と、ヒューズの任用に至るまでの経緯について小括しておく。ヒューズが任用された2002年当時、イギリスはアカデミックな領域では一定の業績を上げ、科学・工学基盤は世界的に見ても非常に高い水準を維持していた。しかし、貿易産業省の最大の目標であるイギリス企業の生産性に関しては、平行線の状況にあり、高水準な科学・工学基盤が企業の生産活動につながらないことが問題視されていた。加えて、貿易産業省の課題として、統合的な戦略の欠如、企業支援政策の費用対効果の悪さなどが外部のステークホルダーからも指摘され、これまでの政策を変革する必要に迫られていた。

そこで掲げられたのが、「イノベーション」「知識移転」などのキーワードである。科学・工学基盤への投資効率を上げるため、営利目的での技術開発や、大学・研究機関から民間企業への知識移転に重点を置いた、省全体としての統

---

11) 貿易産業省の使う「知識移転」という単語は、主に大学・研究機関などから産業界へ最先端の科学・工学的知識を移転し、それを営利目的での開発へとつなげるという文脈で用いられている。

合的なイノベーション戦略を策定・実施することが決定された。そして、イノベーション戦略の策定・実施、知識移転の推進の中心的な役割を担う部門として、イノベーション局が設置された。イノベーション戦略の策定・実施においては、顧客志向であることが重視され、戦略の策定段階から企業などのステークホルダーが関与することとなった。

こうした経緯を踏まえれば、なぜ民間企業において技術戦略・計画のキャリアを持つヒューズが外部から任用されたのかは明らかである。新たなイノベーション局長は、イギリス企業のイノベーション戦略の策定にあたり、省内、政府内、さらには外部のステークホルダーをリードし、戦略の取りまとめを行う立場である。これまで中央政府には存在しなかった、科学・工学の技術開発に関する戦略を策定する職務であり、政府内出身の公務員でこのような知識を持つ職員はいないだろう。戦略の策定過程においては顧客志向が重視され、政府外のステークホルダー、特に民間企業も参加することが決まっており、民間企業における技術開発部門、戦略部門の経験が豊富なヒューズはその舵取り役として適任である。また、企業支援の費用対効果を向上させるという面でも、行政からの支援を受ける民間企業側のニーズや技術開発環境に関する知識は、行政サービスの向上に役立つだろう。貿易産業省は民間部門出身のヒューズに対し、政府内では習得が難しい当該政策領域の知識、特に民間部門の技術開発・技術戦略の知識に期待し任用したものと考えられる。

4 デイビッド・ヒューズ任用後のイノベーション政策

前節では、任用に至るまでの経緯、イノベーション政策を取り巻く状況を整理し、ヒューズにどのような能力が期待されていたのかを明らかにした。本節では、ヒューズの任用後にイノベーション政策にどのような変化があったのか、あるいは変化がなかったのかについて、イノベーションレポートの内容を中心に分析する。具体的には、イノベーションレポート、年次報告書におけるイノベーション政策の変化の有無をヒューズの任用前後で比較し、影響の大きさを観察する[12]。

貿易産業省は、ヒューズの任用直後の2002年11月頃から、後にイノベーショ

ンレポートと呼ばれる、イノベーション戦略の策定を始め、最終的に2003年12月にレポートを公表している。イノベーションレポートの策定にあたっては、運営委員会が組織され、ヒューズもメンバーの1人として参加している。ヒューズは退職後の自身の経歴に、職歴に加えてイノベーションレポート策定の責任を負っていたことを書き加えており[13]、レポートの取りまとめはイノベーション局長の重要な職務であったことがうかがえる。運営委員会のメンバーには、教育技能省など政府内関連部署の職員に加えて、ベンチャーキャピタルのCEO、民間最大労組AMICUSの書記長、イギリス産業連盟[14] (Confederation of British Industry) からも代表[15]が参加しており、外部のステークホルダーを政策形成の協議に参加させる方針が現れている。以下、イノベーションレポートの内容について分析を行う。

イノベーションレポートは、イノベーション戦略の策定にあたり「イノベーション」の定義を定めている。それによれば、イノベーションとは「新しいアイデアの営利目的での開発の成功」(DTI 2003d, 18) であるという。そして、このような「イノベーション」が求められる理由として、高い教育水準で安い労働力が手に入る国々との競争などが挙げられている。

イノベーションレポートでは、貿易産業省や関係する政府部門の活動の背景にある、イノベーション戦略を定めている。イノベーション戦略は貿易産業省の今後5年間の戦略とされており、その優先順位として、第一に知識移転の強化が掲げられている (Ibid., 28)。また、政府が最もイノベーションの割合を効果的に向上させられる7つの領域が示されており、そこでも第一の領域として、イギリスが高い競争力を有する科学・工学・技術基盤からの知識移転、営利目

---

12) 分析手法の都合上、大きな政策変化は観察できるものの、日常的な組織管理など小さなレベルの変化の観察は難しい。しかし、政府外出身者が省の政策方針にどの程度影響を与えているかを判断しようとする本書の目的には十分な精度の分析であると考えている。

13) ヒューズ本人が退職後に執筆した論評に掲載されたプロフィールを参照。http://exquisitelife.researchresearch.com/exquisite_life/davidh.html (accessed December 17, 2015).

14) イギリスの経営者団体。

15) Deputy Director-GeneralのJohn Cridlandが参加。職位名からはわかりにくいが、イギリス産業連盟のPresident、Deputy-President、Director-Generalに次ぐ4番手に位置する職位である。

的での開発が挙げられている（Ibid., 13）。イギリスは高い科学・工学・技術基盤を持ちながら、それが企業のイノベーションにつながらないという問題が、レポート内でもたびたび指摘されており、もっと企業側へ接近した活動が必要であることが強調されている（Ibid., 13, 25, 52）。

　イノベーションレポートは、戦略の策定という意味でも重要なレポートであるが、最も大きな影響を与えたのは技術戦略委員会（Technology Strategy Board）の設置に伴う、政策決定過程の変更である。技術戦略委員会は、より企業志向の技術戦略を策定するために2004年10月に設置された。ヒューズら貿易産業省を中心とした事務方に加え、委員会のメンバーは主に企業の代表で構成されている。参考までに2006年11月の年次報告書に記載されたメンバーを確認すると、IBM、ロールスロイス、ファイザー、ボーダフォンなど大企業のほか、ベンチャーキャピタル、バイオテクノロジーなどの関連企業からもメンバーが選ばれている。大学・研究機関から選ばれたメンバーはただ1人、インペリアル・カレッジ・ロンドンの工学部長のみであり、企業を重視する姿勢がメンバー構成に現れている。

　技術戦略委員会の役割は、貿易産業省の技術戦略・プログラムの策定である（DTI 2005, 74）。技術戦略とは、イギリス経済の成長に必要な技術に戦略的な優先順位をつけたものである。貿易産業省や各政府機関は、研究開発プログラムへの投資を行う上で技術戦略を利用し、投資の対象を絞ることで効果の向上が期待されていた（DTI 2004, 45）。

　こうした知識移転と民間部門の重視を柱にしたイノベーション戦略は、前節で取り上げた、2001年6月に実施された貿易産業省に対する2つのレビューの結果をそのまま踏襲したものであり、ヒューズ任用以前の方針が引き続き推進されていることがわかる。年次報告書の記述から判断できる範囲では、2005年6月に公表された報告書まではイノベーション、知識移転、企業重視、戦略的な投資対象の選択という基本路線は維持されており、政策方針の大きな変更は見られない。

5　デイビッド・ヒューズの退職とその後

　ヒューズの周辺に変化が表れるのは2005年末からである。貿易産業省は2005年末に組織と業務遂行のあり方について見直しを行い、イノベーション局を科学技術庁（Office of Science and Technology）の中へと統合し、新しく科学イノベーション庁（Office of Science and Innovation）を設置した。新しい科学イノベーション庁は2006年4月に新設され、それに伴いヒューズは4年の任期を待たずして退職することとなる。そして、科学イノベーション庁に新設された局長には、科学技術庁のリサーチ・カウンシルズ（Research Councils）担当局長であった、キース・オニオンズ（Keith O'Nions）が任用された。リサーチ・カウンシルズとは、政府に中立的な立場で政府の研究予算を配分する非省庁型公共機関（Non-departmental public body: NDPB）で、各学問領域に対応した7つのリサーチ・カウンシルで構成されている。オニオンズの本業は学者であり、オックスフォード大学で地球科学の教授であった。2000年に防衛省の主席科学顧問に任用され初めて公務員となり、2004年からはリサーチ・カウンシルズの局長を務めている。

　旧科学技術庁は、科学・工学基盤の維持向上、政府各省が科学技術を利用する際の業績向上などを目標（DTI 2005, 8）として活動する組織であり、企業寄りのイノベーション局とは対照的に学術・研究志向の組織である。新しい科学イノベーション庁の組織目標が、第一に科学・工学基盤の向上、第二に知識移転という順番で示されている点（DTI 2006, 11）、新任の科学イノベーション局長が学者である点から、これまでよりも学術・研究志向が強まったことが表れている。

　2006年11月には、技術戦略委員会が省から切り離され非省庁機関になることが公表される（DTI 2007, 186）。さらに2007年6月28日の省庁再編により、貿易産業省はビジネス・企業・規制改革省（Department for Business, Enterprise and Regulatory Reform、以下BERR）となる。科学イノベーション庁は科学イノベーション局（Science and Innovation Group）と名称が変わり、教育・技能省（Department for Education and Skills）に置かれていた大学、技能部門[16]とまとめられ、イノ

ベーション・大学・技能省（Department for Innovation, Universities and Skills）の中に位置付けられた。技術戦略委員会も、新しいイノベーション・大学・技能省の管轄へと移され、民間企業を扱うビジネス・企業・規制改革省からイノベーション政策を所管する部門が完全に分離されたのである。そして、省庁再編直後の2007年7月、技術戦略委員会は非省庁型公共機関へと組織形態が変わり、省から分離する（DTI 2007, 40）。組織形態の変更と同時にオフィスもロンドンから西へ120kmほど離れたスウィンドンへと移転[17]され、組織形態も物理的にも省から離れた存在となるのである。

　本節ではヒューズの退職時から退職後にかけてのイノベーション政策の変遷を確認してきた。ここで注目すべき点は、ヒューズが当初の任期よりも半年早く退職している点である。ヒューズの退職と同時に新設された科学イノベーション庁は、科学・イノベーション政策の指揮系統を単一にすることを目的として（HM Treasury 2006, 45）、科学技術庁がイノベーション局を吸収する形で2006年4月にできた組織である。ヒューズの任期は2006年9月末までであるが、他のイノベーション局職員にも大幅な人事異動があることを考えれば、ヒューズ自身の退職が任期と関係のないものであることは明らかである。2005年10月と2006年9月に出版されたイギリス政府の組織図・名簿[18]を利用し、ヒューズ以外のイノベーション局の職員の人事異動を調べると、多くのイノベーション局職員が新設された科学イノベーション庁ではなく、科学技術政策とも無関係な別組織へと異動している。形式上は科学イノベーション庁に吸収された形であるが、実質的にはイノベーション局の大半の部署がその役目を終え解体[19]されたと言える組織再編であった。

　イノベーション局の中心的役割であったイノベーションに関する戦略・計画の策定は、既に技術戦略委員会に委ねられており、2005年11月に最初の年次

16）高等教育や職業・技能訓練など、大人への教育に関する部門が分離された。

17）移転の理由については示されていない。推論であるが、当時実施されていた人件費削減の一環であると思われる。オフィスをロンドンに置く場合、職員へ手当を上乗せして支払う必要があるため、人件費削減を目的としたオフィスの郊外移転がしばしば行われていた。

18）Dod's Civil Service Companion 2006（2005年10月出版）と、Dod's Civil Service Companion 2007（2006年9月出版）を利用した。

報告書も公表されている。ヒューズはもともと民間企業での技術計画などの経験を買われて任用されていたが、ヒューズの専門性が活かせる職務は技術戦略委員会が軌道に乗った時点で省内から喪失した。ヒューズがイノベーション局長の退職後に、政府内で次の仕事を探したかどうかは明らかでないが、その専門性に適した職位が政府内で見つかる可能性は低いものと思われる。なお、ヒューズは2006年に貿易産業省を退職した後、イノベーションを専門とするコンサルタントとして活動しつつ、政府のイノベーション政策を批評している。

6　政策変化とヒューズの中途採用

　本章では民間部門出身者の運用実態について、任用者を取り巻く政策の変化を検証することで、政府外出身者にどのような能力が期待され、制度の運用がどのように行われてきたかを分析してきた。本章の事例から観察できたことは次の3つである。

　第一に、本章で取り上げた事例では、組織内部では習得が難しい政策領域に関する知識を期待され、民間部門出身者が任用されていた。ヒューズの場合は、貿易産業省内にこれまで存在しなかった、民間部門の技術開発、技術計画・戦略の職業経験があり、政府内出身の公務員よりもイノベーション局長にふさわしい能力を有していた。民間部門からの中途採用であっても、NPM型の運用で民間部門出身者に期待されるような組織マネジメント能力の高さ、業績志向の強さ、コスト意識などの一般技能を求めての任用ではなく、当該職位に関連する政策領域の知識が求められている点が特徴的である。本書が想定するネットワーク型運用の理論に当てはまる実例を確認することができた。

　第二に、ヒューズ任用の直前に大きな政策変化が起きており、任期中には政策の変化がない点である。ヒューズが任用される直前に、これまでのイノベー

19）ヒューズ本人が退職後に自社のウェブサイトに寄稿した論評によると、科学技術庁への統合はわずか1回の科学技術に関する内閣委員会（Cabinet Committee on Science and Innovation）で決定されたという。http://www.thebusinessinnovationgroup.com/uploads/Lost%20years%20for%20UK%20innovation_RF_19oct2008.pdf（accessed December 17, 2015）.

ション政策の費用対効果の低さが問題となり、民間企業のニーズに応じた補助金や戦略的な優先順位をつけた資源配分が必要とされた。こうした政策変化によって、民間企業における技術開発の専門性と技術開発戦略立案の専門性という、これまで政府内には存在せず組織内部では習得できない専門性を必要とする新たな職務が生まれた。その結果として、民間部門でこれらの専門性を習得したヒューズが、政府内の公務員よりも適していると判断され任用された。

任用前に政策の変化が生じていた一方で、ヒューズの任期中には政策の大きな変化はなかった。任期中の活動を見る限りでは、ヒューズは任用時点での政策方針を推進する役割を果たしている。政府外出身者は、任用時点での政策を実施する上で最適な能力を持つ候補者として公開競争の末に任用されており、政府外出身者の政策選好や専門性が省の政策方針と大きくずれることは、任用制度の性質上起こらない。そのような候補者は、初めから公開競争の過程でふるい落とされて任用に至らないからである。何らかの組織改革や変化を起こすために政府外出身者が活用されているのではなく、既に何らかの変化が起き、新たな方針が定まったことにより、これまで政府内には存在しなかった能力が必要とされ、新たな政策を推進するために政府外出身者が任用されていた。本章の事例に関して言えば、ネットワーク型の運用により任用された政府外出身者は、現行の政策を推進する目的で任用されるのであり、組織外の新鮮な目線や、組織文化の革新など、漠然とした変化を求めて任用されるのではない。

第三に、政府外出身者の専門性と当該職務に求められる能力が最も合致するのは任用された直後であり、時間の経過とともに政策方針が変化する可能性が高くなり、専門性が劣化する可能性を秘めている点である。ヒューズの場合、任用当初は最も評価されていたはずの、民間企業の技術開発に関する知識や技術戦略を立案する技能が、政策の変化によって役に立たなくなっている。イノベーション局の職員でも政府内出身の公務員は他の組織へ異動したが、知識が活かせる仕事がなくなったヒューズは公務から退出することになる。大卒直後から中央政府各省でキャリアを積んだ公務員ならば、政府特有の知識・技能に長けており、組織内の様々な部署で通用する技能を有しているが、政府外出身者は任用先の職位に特有な能力を期待されて任用されたのであり、潰しが利かないことを示す一例であると言える。

以上、本章では民間部門出身者の運用実態を分析した。次章では公共部門（住宅協会）から任用されたリチャード・マッカーシーの事例を分析する。

第6章

公共部門からの中途採用事例

　前章に引き続き、本章では公共部門から政策形成の職位に任用された、リチャード・マッカーシー（Richard McCarthy）の事例を分析する。本章の目的・分析手法は前章と同様で、中途採用者の任用時の各省の状況・課題などから、任用者に求められた能力を類推する。本章の事例分析を通じて、公共部門からの任用が、政府外でしか習得できない当該政策領域の知識を求めて行われたものかどうかを確認し、ネットワーク型の運用類型の妥当性を検証する。また、前章との比較の観点で言えば、民間部門からの任用と公共部門からの任用に何らかの運用上の違いがあるかについても、合わせて比較分析する。

1　マッカーシーの中途採用までの職歴

　リチャード・マッカーシーは1958年4月24日に生まれ、サウサンプトン大学（地理学）を学士で卒業後、1979年にハイド住宅協会（Hyde Housing Association）に就職した。公務員になるまでのマッカーシーの職歴は表6-1の通りである。大学を卒業後はハイド住宅協会、南ロンドン家族住宅協会（South London Family Housing Association）、ピーボディ・トラスト（Peabody Trust）と3つの住宅協会でキャリアを積み、2003年に副首相府の住宅関連部門の局長として上級公務員になる。

　また、2000年から2003年には全国住宅連盟（National Housing Federation）[1]の委員長（Chair）も務めている。住宅協会とは社会住宅の供給や地域再生を行う

　1）住宅協会の業界団体。所属会員の保有する社会住宅はイギリス全体の90％以上を占める。詳細は全国住宅連盟のホームページを参照。http://www.housing.org.uk/about-us/about-our-members/（accessed December 17, 2015）.

132

表6-1 リチャード・マッカーシーの経歴

	組織名	役職
1979-94年	ハイド住宅協会	Housing officer（1979-87年） Operations director（1987-94年）
1994-99年	南ロンドン 家族住宅協会	Group Chief Executive
1999-03年	ピーボディ・トラスト （住宅協会）	Chief Executive
2003-06年	副首相府	Director-General, Sustainable Communities Delivery Unit（2003-04年） Director-General, Sustainable Communities Group（2004-06年）
2006-11年	コミュニティ・ 地方自治省	Director-General, Places, Planning and Communities

（出典）Dod's Parliamentary Communications. 2005. *Dod's Civil Service Companion 2006.* に基づき筆者作成。

非営利組織であり、1990年代以降イギリスの社会住宅の供給において大きな役割を担っている組織である。こうした社会住宅の専門家としての経験が、持続可能なコミュニティ提供ユニット（Sustainable Communities Delivery Unit）の局長への任用にあたり高く評価されたものと思われる。

2　副首相府の政策目標

マッカーシーは2003年11月1日（ODPM 2004b, 3）に、持続可能なコミュニティ提供ユニットの局長として任用された。任期は当初の5年に加えて、3年間の延長オプションが付けられている[2]。持続可能なコミュニティ提供ユニットは、後述する持続可能なコミュニティプラン（Sustainable Communities Plan）を受けて設置された組織である。本節ではマッカーシーの任用に至るまでの、住宅政策を取り巻く状況について検証し、副首相府がどのような背景から政府

2）Building.co.uk、2003年7月18日付の記事を参照。http://www.building.co.uk/nhf-and-peabody-start-hunt-for-mccarthys-replacements-8230/1029886.article（accessed December 17, 2015）.

外出身者を任用したのかを明らかにする。

　副首相府は、2002年5月の省庁再編で地方自治部門を所管するようになった[3]。前身の運輸・地方自治・地域省からは、運輸を除く組織目標を引き継いでおり、地方自治、地域開発と並んで、住宅政策を含む住環境（都市計画、緑地保全、コミュニティなど）に関連する目標が課されている。マッカーシーが任用された2003年は、SR2002（2003-2005年度分の歳出計画）の実施初年度である。

　SR2002では、副首相府に7つの目標がPSAsとして課されており（ODPM 2003b, 5）、住環境に関連する目標は、PSA5「全てのイギリスの地域において、我々の町・都市・緑地帯における田園を保護しつつ、入手可能な住宅と住宅需要の良いバランスを達成する」、PSA6「全ての地方計画当局は地方開発フレームワーク（Local Development Framework）を2006年までに策定し、開発を管理する上で定められた目標を上回る活動をする」、PSA7「2010年までに、主に貧困地域の住宅を改善し全ての社会住宅をまともな状態にし、そして貧困層が住むまともな状態の民間住宅の割合を上昇させる」の3つである。

　PSA5は、主に住宅市場についての目標であり、具体的な数値目標としては、住宅需要の低い地域における長期間の空き家率、高需要の地域では住宅価格や住宅ストックの数、住環境の面では緑地帯の広さなどが評価の対象とされている（Ibid., 14-18）。

　PSA6は、地方政府の都市計画に関する目標である。地方の計画当局は2004年の計画・強制収用法（Planning and Compulsory Purchase Act）で導入された地方開発フレームワークを策定することと、そのインパクトを測定するために、計画の申請にかかった時間が、目標の達成を判断する評価の対象となっている（Ibid., 18-19）。

　PSA7は、修繕が必要な住宅に関する目標である。1980年代に公営住宅の持家化が進められた結果、良質な公営住宅ほど持家化が進み、公営・社会住宅に

---

3) 労働党政権が1997年に誕生した際に環境・運輸・地域省（Department for the Environment, Transport and the Regions）が設置され、2001年に運輸・地方自治・地域省（Department for Transport, Local Government and the Regions）へと名称変更する。さらに2002年5月に運輸・地方自治・地域省から、運輸部門が切り離されて運輸省（Department for Transport）が設置される。残りの地方自治・地域部門は既存の副首相府に吸収されたことから、副首相府に地方自治や住宅政策関連の組織が置かれていた。

は劣悪なストックが多く残った（堀田 2003, 74）。そのため、社会住宅の修繕は住宅政策における重要な課題であった。社会住宅の領域においては、修繕が必要な住宅の数が、民間住宅の領域ではまともな状態の民間住宅に住む貧困層の比率が評価の対象とされている。

　以上のように、2003年当時の副首相府には、住宅と地域コミュニティに関わる複数の目標が課されている（ODPM 2003b, 19-21）。SR2002における、これらの住宅関連目標は、2003年2月に公表された "Sustainable Communities: building for the future" という報告書の内容を踏まえて設定されている。マッカーシーが任用された持続可能なコミュニティ提供ユニットは、この報告書により示された持続可能なコミュニティプランを実施するために新設された組織である。

3　イギリスの住宅政策の歴史と住宅協会の役割

　本節では、ブレア政権に至るまでのイギリスにおける、住宅政策の変遷と、住宅協会が社会住宅供給の担い手となる歴史的過程について堀田（2003）を元に確認する。住宅政策の変遷とともに、住宅協会がどのような業務を担ってきたかを分析することで、マッカーシーが住宅協会でのキャリアにおいて、どのような専門性を習得したかを類推することが本節の目的である。

　イギリスの住宅建設のピークは1960年代（ODPM 2003b, 9）で、図6-1に示されているように、住宅の新規建設数は右肩下がりの傾向であった。かつてのイギリスは公営住宅を地方自治体が供給・管理していたため、図中の地方自治体分が公共住宅の新規竣工数に相当する。70年代には多くの公営住宅が自治体により建設されていたものの、80年代になると保守党のサッチャー政権による公共支出の削減で、新規竣工数は大幅に減少する。さらに、サッチャー政権は公営住宅建設の削減にとどまらず、住宅の購入権という概念を導入し80年代前半に多くの公営住宅を払い下げている（堀田 2003, 64）。

　住宅予算の削減と公営住宅の払い下げの結果を、堀田（2003）は次のように説明している。

第6章　公共部門からの中途採用事例　　135

図6-1　所有形態別の新規住宅竣工数（イングランド、1971-2001年）

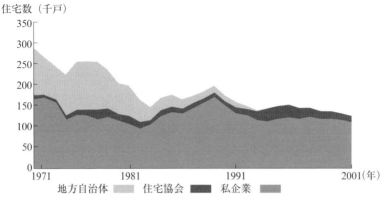

（出典）Office of the Deputy Prime Minister. 2003b. *Sustainable communities: building for the future*, 9.

公営住宅ストックとして残ったのは、荒廃した地域のストックや老朽化したフラット、人々が好まない高層住宅であった。空家が大量発生し、バンダリズムや犯罪の温床となった。ただでさえ、維持管理費用を捻出するのに窮している自治体は、荒廃していく公営住宅に積極的な改善策を施す余裕がなかった（Ibid., 74）。

このような公営住宅の問題に加え、当時のイギリスは民間賃貸住宅が貧弱で満足できる住宅の選択肢ではなくなっており、持てる者は持家、持たざる者は公営住宅という二極化（Ibid., 68-69, 75）が進展した。

公営住宅の建設削減・払い下げを進める一方で、サッチャー政権は民間賃貸住宅政策の振興にも取り組んだものの、十分な成果には至らなかった（Ibid., 83）。そして、民間賃貸住宅市場の活性化に失敗し、払い下げも難しい低品質な公営住宅が残る中で、サッチャー政権は公営住宅の住宅協会への払い下げという方向に舵を切る。

イギリスにおける住宅協会は非営利の組織で、その発祥は19世紀まで遡る。非営利で住宅の供給をしていた救貧院や慈善事業トラストなどが、1935年の住居法で住宅協会（Housing Association）という総称を与えられ（Ibid., 25）、現

在の住宅協会という組織の元となった。マッカーシーが勤めていたピーボディ・トラストも1862年に作られた古い歴史を持つ住宅協会の1つである。住宅協会は、長らく政府から独立した活動を続けていたが、1960年代半ばに政府からの積極的な支援を受けるようになり（Ibid., 59）、1974年住居法により政府の住宅政策に組み込まれる。住居法の改正に伴い補助金制度が改正され、住宅協会の住宅公社（Housing Corporation）への登録が義務付けられたのである。住宅協会は、補助金と引き換えに政府から一定のコントロールを受けるようになり、その組織的な性格が大きく転換する（Ibid., 57）。

　こうして、1970年代に住宅供給の担い手として一時的に住宅供給戸数を伸ばした住宅協会だが、1980年代にはサッチャー政権の支出削減によりその活動は後退する（Ibid., 70）。図6-1の新規住宅竣工数にもその傾向は顕著に表れている。

　住宅協会が現在のように本格的な社会住宅供給の担い手となるのは、サッチャー政権後半の制度改革以降である[4]。1988年住居法により制度が変わり、1974年以降公共セクターとしての扱いを受けてきた住宅協会は、再び民間セクターとして扱われ活動の自立性が求められるようになった。加えて、民間からの融資が可能となる混合融資制度の導入、補助金および家賃制度の改正が行われ、住宅協会は政府への財政依存度を弱め一定の自由を得た（Ibid., 87-90）。中でも、自治体が公営住宅を自主処分する権限が拡大された影響は大きく、多

　4）堀田（2003）は、サッチャー政権が公営住宅を持家でも民間賃貸住宅でもない、税金の投入を必要とする社会住宅へ転換させた背景を、次の4つの要因から説明している。第一に、誰も購入したがらない低質な公営住宅が残ったことである。良質な住宅から払い下げが進んだ結果、自治体の手元に残ったのは古く低質な住宅であった。第二に、民間賃貸住宅を再興するための政策が、成果をあげることができなかったことである。低所得者層を対象とした賃貸住宅経営は魅力的なビジネスではなく、民間からの賃貸住宅投資はなかなか進まなかった。第三に、一定の所得がある層は持家へ流れ、公営住宅に十分な支払い能力のない層が集積していったことである。こうした低所得者層を市場に委ねることは不可能であり、市場を補完するものとして公営住宅の社会住宅化が必要とされた。第四に、政府がこれまで進めてきた住宅供給の市場化の限界を認識したことである。政府は住宅への補助を建設費補助金から個人への住宅給付へと切り替え、住宅供給を市場に委ねようとしたが、1980年代半ばから住宅給付が増大し国家財政を逼迫させた。また個人への直接的な住宅給付は受給者が貧困状態から抜け出そうとするインセンティブを奪うことも問題となった（堀田 2003, 91-93）。

くの公営住宅が住宅協会に移管され社会住宅となった[5]。

　90年代に入ると、住宅協会の活動範囲は多様化する。本業の住宅供給・管理においては、単に物理的な住宅管理だけを行うのではなく、コミュニティ育成を図る取り組みや、居住者のニーズに対応したサービスの提供に力を入れるようになる（Ibid., 97）[6]。そして、この時期の住宅協会は、本来の業務である住宅供給・管理に加えて、地域経済対策、雇用対策、コミュニティの構築、家計相談・貧困対策、犯罪撲滅、環境活動など、住宅周辺の様々な領域に活動の幅を広げている（Ibid., 99-102）。住宅協会の活動多様化の背景として、堀田（2003）は、直接的には住宅協会が財政難を克服するためであるが、社会的に新しい住環境整備へのアプローチを必要とする時代の要請であったと指摘している（Ibid., 103）。

　上述したように、80年代に進んだ公営住宅移管の影響で、住宅協会が管理する社会住宅には以前よりも低所得者層が増加していた。そのため、単に住宅を供給・管理するだけでなく、近隣への迷惑行為や反社会的行為、バンダリズムの増加、住宅や共有地に対する管理放棄、犯罪率の上昇、入居者に対する介護や支援、入居者への経済的問題などへの対応が、以前にも増して必要となった。このような活動の多様化の結果、住宅協会が都市再生・地域再生に関わる機会も増加した（Ibid., 103-106）。

　また、自治体から住宅協会へ公営住宅を移管するにあたり、当該地域のほぼ全ての公営住宅が移管されることが多く、自治体に代わって地域の社会住宅の供給・管理を一手に引き受ける住宅協会も出現した。住宅協会は、自治体に代わり低品質で低家賃の社会住宅を修繕し維持・管理する、多様な役割を担うことになったのである（Ibid., 104-105）。住宅協会の業務が90年代に多様化する一方で、住宅政策そのものはその独自性を失っていた。大多数の人々がそれなりの水準の住宅を得たことで、住宅不足という古典的な住宅問題は収束しており、住宅政策は低所得層への社会住宅の供給・管理や住宅給付、ホームレス対策と

　5）住宅移管事業の詳細は小玉（1999）が詳しい。
　6）そのほかに、地方自治体の公営住宅や民間賃貸住宅、他の住宅協会が所有する住宅を家主に代わって管理する活動や、都市部で空き家になっている民間賃貸住宅の再生などがある（堀田 2003, 98）。

いった限定的な階層へのアプローチへと変化し、都市政策へと包含される傾向を強めていった（Ibid., 190）。

　ここまで本節では、堀田（2003）を元にイギリスの住宅政策の変遷と、住宅協会が役割を拡大させてきた歴史的経緯を検討した。マッカーシーが住宅協会での勤務を始めたのはちょうどサッチャー政権が誕生した1979年である。そのキャリアの3分の2以上は、1988年住居法改正以降の住宅協会がその役割を拡大させた時期に相当しており、マッカーシーは住宅の供給・管理だけでなく、それに付随した多様な業務を経験していたものと考えられる。

4　任用当時の住宅政策を取り巻く状況

　本節では、2000年代に起きたブレア政権の住宅政策の変化を、年次報告書、持続的なコミュニティプランなどの内容を元に分析し、マッカーシーが任用された2003年当時の住宅政策を取り巻く状況を明らかにする。任用時の住宅政策がどのようなものであるか、任用の直前に政策内容がどのように変化したのかを分析することで、マッカーシーのどのような能力が評価され、どのような役割を期待されていたかを間接的に明らかにすることが本節の目的である。

　住宅政策が都市政策へと包含される傾向は、1997年の総選挙で勝利したブレア政権でも引き継がれている。就任当初のブレア政権では、荒廃した地域における社会的排除の問題解決が中心課題に据えられており、住宅供給・管理の位置付けは低く、住宅政策は社会的排除の問題解決の一環として扱われた（堀田 2003, 192, 196, 199）。

　その傾向は、2002年6月[7]に公表された運輸・地方自治・地域省（Department for Transport, Local Government and the Regions、以下DTLR）の最後の年次報告書（DTLR 2002）からも見て取れる。2002年の年次報告書は、全12章の構成になっている。そのうち1,2章は、全体の概要および組織の説明などに当てられており、具体的な政策が語られているのは3-12章である。年次報告書では、省の

　7）運輸・地方自治・地域省は2002年5月に運輸部門が切り離され副首相府へ再編されたものの、年次報告書は旧省名のまま公表されている。報告書の内容も分離した運輸部門の章が含まれたものとなっている。

重要な課題ほど報告書の掲載順が前になる傾向があるが、2002年の場合、3章に運輸に関する議論[8]が割り当てられている。住宅・コミュニティ関連の内容は4-7章で、4章は効果的な都市計画制度、5章は地域経済と土地開発、6章は貧困地域の近隣再生（Neighbourhood Renewal）[9]、7章は適切な住宅（Decent Homes）とホームレス対策という章立てである。

　4-6章は住宅政策と関連する諸領域の議論であり、住宅に関しては7章以外ではほとんど議論されていない。また住宅について議論されている7章の内容も、社会住宅の「建設」ではなく「修繕」が中心である。7章の冒頭では省の目標について「我々の目的は全ての人々に適切な住宅に住む機会を保証し、社会的包摂（social cohesion）、幸福、独立独行（self-dependence）を促進することである」[10]と述べられており、住宅の修繕が6章で議論されている近隣再生や社会的排除、貧困地域の都市再生（高い犯罪発生率、低い教育水準、雇用などへの対処）の一環であることが明確に表れている。住宅の建設・供給に関しては、重要な労働者（key worker）と呼ばれる教師、警察官、看護師などの保健医療従事者の支援策について少量の記述が見られる程度である。ロンドン周辺、イギリス南東部（South East）は住宅価格が高騰しており、こうした行政サービスの重要な担い手となる労働者の居住が困難となる問題が生じていた。

　ところが、2003年2月に公表された持続可能なコミュニティプランでは、住宅政策の扱いが大きく変化する。「持続可能なコミュニティ」という包括的な概念を計画の名称に掲げており、大枠はこれまでと同様に都市政策の中に住宅政策を包摂した構成になっているが、全体の約3分の1が住宅の需給・建設についての記述であり、貧困地域における住宅の修繕の項と合わせるとプランの半分は住宅に関する内容である。

　持続可能なコミュニティプランは、2003-04年度から向こう3年間の資源投

8）イギリス国鉄は1994年に民営化したものの、1990年代末から2000年にかけて3度の事故を起こしており、2002年当時の運輸部門は政治的に重要な領域であった。

9）ブレア政権は貧困地域の再生を重視しており、政府各省がそれぞれの領域で行う活動に加えて、2001年4月に副首相府に近隣再生ユニットを設置している。

10）DTLR（2002）, Internet Archiveを経由し2004年8月15日時点での情報を基にしている。https://web.archive.org/web/20040815234259/ http://www.dtlr.gov.uk/annual02/09.htm（accessed December 17, 2015）.

資の優先順位を定めたものである（ODPM 2003b, 9）。報告書は冒頭に全体の概要部があり、続いて具体的な政策内容が6部構成で説明されている。第1部は「適切な住宅・場所」という題目で、社会住宅の修繕と社会的弱者や貧困地域の住環境への対策が取り上げられている。これは2002年の年次報告書の第7章とほぼ同じものであり、近隣再生、貧困地域への対策の一環として引き続き住宅の修繕が行われることを示している。

　持続可能なコミュニティプランにおいて新たに登場した議論は、次の第2部と第3部である。第2部は「低需要と放棄」という題目で、住宅需要が低い地域、放棄されてしまった地域の再生が取り上げられている。イングランド北部・中部（North and the Midlands）における、低需要・放棄により住宅市場が成り立たない地域の古い住宅を一掃・改装・新築し、持続可能なコミュニティを構築する計画が掲げられている（Ibid., 25）。住宅需要が低く放棄された地域は貧困地域と重なっている部分もあり、政府全体のプロジェクトである近隣再生対策の一環として、新たに住宅需要の面から貧困地域の再生に取り組むことが示されている（Ibid., 26）。

　第3部は「住宅供給の変化」という題目で、主にロンドン周辺、イギリス南東部の住宅不足への対応が取り上げられている。第2部では北部・ミッドランド（Midlands）の低需要地域が問題とされたが、その一方で、ロンドン周辺や南東部では住宅需要に対して住宅供給が追いつかない、あるいは需要に適応した住宅（個人向けの小規模住宅など）が供給されず、手ごろな価格での住宅購入が困難な状況が生じている。そこで、住宅公社に対する社会住宅建設の追加予算や、都市計画制度の変更などが示されている。また、教師、警察官などの重要な労働者やホームレスへの支援も2002年の年次報告書に引き続き取り上げられている（Ibid., 35）。

　以上が住宅の供給に関する問題を主に取り上げている部分である。なお、第4部は住宅不足による新規開発に際しての田園地帯の保護を、第5部はテムズゲートウェイ（Thames Gateway）など政府が指定した4つの成長地域（Growth Areas）における経済成長と住宅供給の問題を、第6部は行政サービス供給の改革、特に地域への都市計画権限の委譲について取り上げている。

　持続可能なコミュニティプランは、持続的なコミュニティという包括的な概

念を題目として掲げながらも、内容面では住宅供給を中心とした計画である。2002年の年次報告書では、貧困対策の一部としてわずかに住宅の修繕が取り上げられているにすぎなかったが、持続可能なコミュニティプランでは住宅供給の問題が重要な課題として認識されている。プランの内容は2003年の年次報告書にも反映されており、2002年の年次報告書にはなかった、住宅の供給、低需要地域と都市部の住宅不足への対策などの項目が増えている（ODPM 2003b)[11]。

　持続可能なコミュニティプランにおいて、住宅供給が重要視された背景を、堀田（2003）は「都市再生への積極的な取り組みにもかかわらず地域的不均衡発展が進み、それに伴い、住宅需給の地域的不均衡も著しくなってきたこと、そして何よりもそれが影響して、人々の生活に大きな支障を来たし始めたという現実がある」（堀田2003, 199）と分析している。なぜこのような政策変化が2003年のコミュニティプランにおいて生じたかについては、本書の主要な関心事項ではないため、これ以上の深入りは避けるが、マッカーシーの就任直前のこの時期に、住宅供給を中心とした方向へ住宅政策の中身が変化したことは、彼の任用に際して重要な要因になったと考えられる。

　マッカーシーが2003年11月に任用された当初の職位は、新設された持続可能なコミュニティ提供ユニット（Sustainable Communities Delivery Unit）の局長である。その職位名が示しているように、上述した持続可能なコミュニティプランの実施を監視、推進する役割を担っている。そして、持続可能なコミュニティ提供ユニットの主要な役割として、政府全体との関係の強化、リーダーシップ、調整機能が挙げられている。持続可能なコミュニティプランは、特に住宅需要の低い地域の再生や、貧困地域の住宅修繕などの領域において、各省横断的な対策（住宅のみならず犯罪、健康、雇用などへの対策）が求められており、その中で持続可能なコミュニティユニットがリーダーシップや調整機能を発揮することが期待されている（ODPM 2003a)[12]。

---

11) 4章を中心に持続可能なコミュニティプランの内容が取り上げられている。

12) イントロダクション部分における持続可能なコミュニティユニットの記述を参照。http://webarchive.nationalarchives.gov.uk/20060324193017/ http://odpm.gov.uk/index.asp?id=1123146#P47_5801 (accessed December 17, 2015).

また報道によれば、マッカーシーは住宅・再生（regeneration）・コミュニティに対する新しいアプローチの提供と、テムズゲートウェイを含む4つの成長地域、住宅市場の再生など持続的なコミュニティプランの全体の責任を負うとされている[13]。これらの責任範囲は、持続可能なコミュニティプランにおいて新たに増加した政策内容とおおよそ一致している。

こうした持続可能なコミュニティユニットの役割と、前節で検討したイギリスにおける住宅協会の業務範囲を踏まえれば、マッカーシーが外部から任用された背景が推測できる。持続可能なコミュニティプランで強調された、住宅の供給、ロンドン周辺の住宅不足への対応、成長地域での住宅供給、低需要・放棄された地域での住宅市場の再生という政策は、いずれも住宅協会がそのサービス提供の最前線を担う領域である。プランの実施状況を監視・推進するためには、現場レベルのサービス提供に関する知識が重要であり、住宅協会で長いキャリアを積んでいたマッカーシーは十分な能力を有していた。

また、他省との連携という面でも住宅協会の勤務経験は任用に際して有利に働いたと考えられる。前節で述べた通り、住宅協会は1990年代以降その業務範囲を拡大し、住宅供給・管理のみならず居住者の雇用対策、家計相談・貧困対策、犯罪撲滅などの活動にも取り組んでいた。これらの業務は副首相府ではなく、政府内他省の所管する領域である。特に省横断的な性格の強い貧困地域への対策において、副首相府の所管する住宅供給・管理のみならず、それに付随した多様な業務に関する専門知識を習得していることは、各省間のリーダーシップ・調整を担う上で重要である。

こうした現場レベルの知識や、住宅周辺の幅広い政策領域の知識を習得した候補者を中央政府の内部から見つけ出すことは困難であろう。副首相府は、政府内では習得が難しい行政サービス提供の最前線の知識に期待して、政府外からマッカーシーを任用したものと考えられる。

13）local government chronicle、2003年7月11日付の記事を参照。http://www.lgcplus.com/new-director-general-of-sustainable-communities-at-odpm/1260800.article（accessed December 17, 2015）.

5 リチャード・マッカーシー任用後の住宅政策

　前節では、マッカーシー任用前後の住宅政策について検討し、マッカーシーにどのような役割が期待されていたかを明らかにした。本節では副首相府の年次報告書を中心に、マッカーシーの役割の変遷、任期中の住宅政策の変化を確認する。特に住宅政策の変化の有無を分析することで、マッカーシーの任用による住宅政策への影響、政策変化の有無を明らかにすることが本節の目的である。

　マッカーシーが持続可能なコミュニティプランの監視・推進を主たる役割とする、持続可能なコミュニティ「ユニット」の局長として任用されたのは2003年11月である。任用当時の持続可能なコミュニティユニットには、持続可能なコミュニティ課、都市政策課の2課が置かれていた[14]。そして、半年後の2004年4月に公表された2004年の年次報告書では、持続可能なコミュニティ「局（Group）」の局長として組織図に記載されている。

　持続可能なコミュニティ局は、これまでの持続可能なコミュニティユニットに住宅課（Housing Directorate）と都市計画課（Planning Directorate）が加わり、組織名称が変更されたものである。住宅課と都市計画課はこれまでジェニー・タートン（Genie Turton）という人物が局長を務める住宅・ホームレス・都市計画局（Housng, Homelessness, Urban Policy and Planning Group）の管轄下に置かれていたが、タートンが2004年5月に58歳で早期退職[15]したことにより同局は解体され、持続可能なコミュニティプランと関わりの深い、住宅と都市計画の2課はマッカーシーの管理下に移ることとなった[16]。

　タートンの早期退職が発表されたのは、マッカーシーが任用された直後の2003年11月初旬であり、当初からタートンの退職を見越してマッカーシーが住宅供給・都市計画の全権を担う前提で任用されていた可能性は高いものの、

14）Dod's Parliamentary Communications（2003）の組織図を参照。なお同書発行時点では持続可能なコミュニティユニットの局長ポストは公募の最中のため空位となっている。

15）Inside Housing.co.uk、2003年11月7日付の記事を参照。http://www.insidehousing.co.uk/tributes-as-senior-civil-servant-retires/443360.article（accessed December 17, 2015）.

それを明確に示す資料は見つけることができなかった。一部報道ではタートンが「早期退職パッケージを選ぶことに合意した」[17]という表現もなされており、組織再編のための退職勧奨が行われていた可能性もある。いずれにせよ、マッカーシーは任用の半年後には、持続可能なコミュニティプランに直接関わる新設組織だけでなく、従来から存在したライン部門の住宅・都市計画課も含めた、住宅供給に関わる全ての責任を担う一大部門の局長となる。

マッカーシーの任用後最初の年次報告書となる2004年の報告書では、持続可能なコミュニティの構築が強調されており、2003年の年次報告書に引き続き持続可能なコミュニティプランの内容を踏まえた政策方針となっている。省の戦略的優先順位の第一には、「成長エリアの支援、住宅市場の復活、放棄地への対策（を通じた住宅供給の増加：筆者補足）によって、より良い住宅需給バランスを提供すること」（ODPM 2004a, 6）が掲げられており、住宅供給の増加が最優先課題として取り上げられている。持続可能なコミュニティ局の役割についても、第一に住宅需給のバランスが挙げられており（Ibid., 15）、引き続き住宅供給の増加による需給バランスの改善がマッカーシーに求められる最優先の課題であったことが示されている。

2005年の年次報告書においても、持続可能なコミュニティ局の役割は変わらず（ODPM 2005, 11）、また省の業務の優先順位も前年と同じ内容が掲げられており（Ibid., 15）、政策方針の大きな変化は見られない。2005年秋時点の組織図では持続可能なコミュニティ局には住宅課、都市計画課、持続可能なコミュニティ課（Sustainable Communities Directorate）、テムズゲートウェイ課（Thames Gateway Directorate）、都市政策課（Urban Policy Directorate）の5課が設置されている。

---

16) Dod's Parliamentary Communications（2005）の組織図を参照。Genie Turton が担当していた3課のうち残りのホームレス課（Homelessness Directorate）は、近隣再生ユニットに組み込まれ、こちらも組織名称が社会的不利対策局（Tackling Disadvantage Group）に変更されている。この事例に見られるように、イギリスの「局（Group）」は組織再編や人の異動によって管轄下にある課の構成が変わると、それに伴い組織名称が頻繁に変化する傾向がある。

17) Building.co.uk、2003年11月7日付の記事を参照。http://www.building.co.uk/turton-perry-redman-to-go-as-change-hits-sector/1031867.article（accessed December 17, 2015）.

翌2006年5月に副首相府はコミュニティ・地方自治省へと名称が変わり、省内各局の組織も再編された。マッカーシーの「持続可能なコミュニティ局」も「場所・都市計画・コミュニティ局（Places, Planning and Communities Group）」へ組織名が変わっている。また、管轄する5課のうち持続可能なコミュニティ課だけは課名が変更され「新規住宅・コミュニティ課（New Housing and Communities Directorate）」となった。過去2年間、省の戦略的優先順位の中で住宅需給バランスの問題は第一に掲げられていたが、2006年の年次報告書からは、社会的不利への対策、地域の発展、良質な公共サービスの提供に次いで、4番目の扱いへと変わっている（DCLG 2006, 12）。住宅政策そのものの省内での優先順位は低下しているが、住宅の修繕は優先順位の5番目に掲げられており、住宅政策の中では引き続き住宅供給が最優先の課題であり、テムズゲートウェイ地区や社会住宅へさらなる投資が必要であることが示されている（Ibid., 18）。

2007年の年次報告書も2006年と同じく、住宅供給の優先順位は4番目であるものの（DCLG 2007a, 6）、引き続き供給を重視する方向性は継続している（Ibid., 21）。また、2007年7月には住宅緑書が発表され、2016年までの住宅供給戸数の目標値が、持続可能なコミュニティプランで掲げられた20万戸（ODPM 2003b, 47）から24万戸（DCLG 2007b, 7）へと上方修正されている。

こうした住宅供給重視の方向性は、2008年の年次報告書でも同様であり、省内の優先順位こそ継続して4番目に置かれているものの、住宅供給は政府内でも最も優先順位が高い事項の1つであるとされている（DCLG 2008, 24）。

住宅供給を重視する傾向は、2008年10月の世界的な金融危機によりさらに強まることとなる。経済危機の影響で新規住宅の建設は落ち込み（DCLG 2009, 57）、住宅を失うリスクが高い人の保護などが緊急の課題として浮上した。政府による住宅の供給は単に新規住宅の建設を補う目的だけでなく、失業対策としても位置付けられており（Ibid., 3, 25）、これまで以上に住宅供給の重要性・役割が増したのである。こうした供給重視の住宅政策の方針は、2010年の政権交代まで継続する。

組織編制の点では、2007年以降、マッカーシーの管轄する領域は小規模な変更が頻繁に加えられている。2007年の年次報告書では、マッカーシーの局名が、場所・都市計画・コミュニティ局からプログラム・政策・イノベーショ

ン局（Programmes, Policy and Innovation Group）へと変更されている（DCLG 2007a, 14）。年次報告書とほぼ同時期の2007年秋の組織図を確認すると、管轄課数の増加、住宅関連部門の局内再編が行われている[18]。

　まず、管轄課数の増加であるが、省戦略・資源局（Corporate Strategy and Resources Group）から住宅関連の調査分析部門である分析サービス課（Analytical Services Directorate）、戦略・業績課（Strategy and Performance Directorate）がマッカーシーの下に移管されている。これに加えて、住宅情報パック実施課（Home Information Pack Implementation）が新設されている。住宅情報パックとは、住宅売買に際して物件情報に関する書類の提出を義務付けたもので、住宅取引の透明性を高めるために導入された（DCLG 2008, 80）。そして、これまでの住宅課は住宅戦略・支援課（Housing Strategy and Support Directorate）と名称が変わり、課内の係も既存の係が統合されたり、ホームレス支援部門が他局より移管されたりと大幅な組織変更が行われている。また、新規住宅・コミュニティ課も新規住宅・持続可能な成長課（New Homes and Sustainable Development Directorate）と組織名の変更があり、旧住宅課の建築物係（Buildings Division）が名称を持続可能な建築物係（Sustainable Buildings Division）へと変更した上で移管されてきている。

　このような組織再編の結果、2007年秋時点でのマッカーシーのプログラム・政策・イノベーション局は、2006年までの5課（住宅戦略・支援課、新規住宅・持続可能な成長課、都市計画課、地域・都市政策課[19]、テムズゲートウェイ・オリンピック課[20]）に3課（分析サービス課、戦略・業績課、住宅情報パック実施課）を加えた、8課から成る大規模組織となっている。

　しかし、明確な要因はわからないものの、あまりにも1人の局長に負担が集中したためか、翌2008年秋の組織図[21]では地域・都市政策課、テムズゲートウェイ・オリンピック課、分析サービス課の3課が他局へと移管され、再び5

18）Dod's Parliamentary Communications（2007）の組織図を参照。

19）住宅部門と同様に組織再編があり、前年までの都市政策課から地域・都市政策課（Regional and Urban Policy Directorate）へ名称変更、係構成も一部変化している。

20）2005年7月にロンドンオリンピックの招致が決定した影響で、テムズゲートウェイの再開発政策はオリンピックに向けた整備と合わせて取り組まれるようになった。

21）Dod's Parliamentary Communications（2008）の組織図を参照。

課体制となり、局の名称も住宅・都市計画局（Housing and Planning Group）へと変更されている。また、都市計画課が大規模インフラのための都市計画課（Planning for Major Infrastructure Directorate）へと、係の構成は同じまま名称変更されている。

さらに、翌2009年秋の組織図[22]では住宅情報パック実施課がなくなるとともに、これまでの新規住宅・持続可能な成長課が、持続可能な建築物・気候変動課（Sustainable Buildings and Climate Change Directorate）、住宅管理・支援課（Housing Management and Support Directorate）、都市計画課（Planning Directorate）[23]の3課に分割されている。

このように、2010年の政権交代までのマッカーシーの管轄する組織の変遷を見ていくと、相当な頻度で管轄部門の変化があることがわかる。任用当初は、持続可能なコミュニティプランの監視・推進という限られた領域を担当していたものの、半年後には住宅関連部門を全て担うようになり、さらにキャリアの後半期である2007年以降は、省全体の戦略・業績課も担当するようになった。

任用当初は限られた領域の専門性が期待されていたものの、キャリア後半になると専門外の領域も担当していることから、時間の経過とともに内部出身の公務員と近い、ジェネラリストとしての扱いを受けていた可能性もある。ただし、これだけの組織編制の変化がありながらも、住宅供給に関連する部門は任用直後から退職時まで一貫して担当し続けており、マッカーシーに最も期待されていたのは住宅供給の領域であることは間違いない。

---

22) Dod's Parliamentary Communications（2009）の組織図を参照。

23) 名称は以前の都市計画課と同じであるが管轄する係の構成は、手ごろな住宅係（Affordable Housing Division）、住宅・成長プログラム係（Housing and Growth Programs Division）、住宅供給戦略係（Housing Supply Strategy Division）、持続可能な再生・デザイン・不動産係（Sustainable Regeneration, Design and Property Division）の4係になっており、住宅に軸足を置いた部門である。2007年まで存在した都市計画課は、本文中で述べた通り2008年に大規模インフラのための都市計画課へ名称が変更されており、従来の都市計画課の業務はそちらに引き継がれている。

6　政権交代による予算削減と住宅政策の変化

住宅政策とマッカーシーを取り巻く環境は、2010年5月の政権交代により激変する。新たな連立政権は財政赤字の削減を第一の目標としつつ、優先課題として地方自治体への分権化、アカウンタビリティ・民主主義・参加の再活性化、透明性の向上、人々の住宅購入意欲への対応、コミュニティへの都市計画の権限委譲などを掲げていた（DCLG 2011, 13）。中でも連立政権は、地方自治体への権限委譲を重視しており（Ibid., 5）、コミュニティ・地方自治省は、小さくて強い省になるために、サービス供給の方法を変革するとされた（Ibid., 6）。住宅分野においても、都市計画や社会住宅に関する権限が地方に移され、省の関与は縮小することとなった（Ibid., 21）。持続可能なコミュニティプランにより開始された、放棄された土地や低需要地域における住宅市場再生の取り組みも2010年で打ち切られている[24]。

まず、政権交代から5カ月後の2010年10月に政府全体の中長期的な歳出計画である、Spending Review 2010が発表された。コミュニティ・地方自治省のコミュニティ部門（住宅や都市計画などマッカーシーの担当部門）は、2014年度までに、経常的支出に充てられる資源予算（resource budget）において2010年度比33％の予算削減、地方自治体への資源委譲分も含めると51％が削減されている（HM Treasury 2010, 10）。また、資本的支出に充てられる資本予算（capital budget）では、2014年度までに2010年度比74％の予算削減が計画されており（Ibid., 11）、資本予算の中に含まれている社会住宅予算も、50％前後削減されることが明らかになった[25]。

資源予算は政府全体で8.3％削減されているが、部門により濃淡がある。内閣府など資源予算が増加した部門もある中で、コミュニティ部門は地方自治体への資源委譲分も含めると、全部門中で最も大きい51％の予算が削減されて

24）BBC、2010年10月27日付の記事を参照。http://www.bbc.com/news/uk-england-11634490（accessed December 17, 2015）.

25）Inside Housing.co.uk、2010年10月20日付の記事を参照。http://www.insidehousing.co.uk/clg-budget-to-be-cut-by-51-per-cent/6512142.article（accessed December 17, 2015）.

第6章　公共部門からの中途採用事例　　149

図6-2　住宅への公的支出と公営・社会住宅着工数の推移

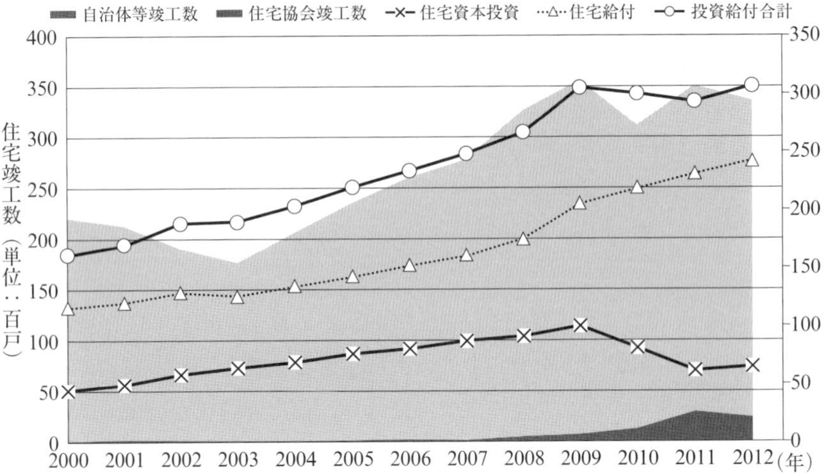

凡例：■ 自治体等竣工数　■ 住宅協会竣工数　─×─ 住宅資本投資　┈△┈ 住宅給付　─○─ 投資給付合計

縦軸左：住宅竣工数（単位：百戸）
縦軸右：投資・給付額（単位：一億ポンド）
横軸：2000〜2012（年）

（出典）Wilcox, Steve and John Perry（eds.）（2014）に掲載された UK Housing Review 2014の統計データに基づき筆者作成。

いる[26]。資本予算においても、政府の資本予算全体で29％が削減されたのに対して、コミュニティ部門は74％削減と全部門中で最も大きな削減率である[27]。

　図6-2は、住宅に対する公的支出と、公営・社会住宅竣工数の推移を重ねたものである。社会住宅への資本投資は2009年度をピークにして、政権交代が起きた2010年度から急激に支出が削減されているのが見て取れる。その一方で、公営・社会住宅の竣工数はそれほど減少していない。これは2008年の金融危機以降、住宅給付（housing benefit）の受給者が増加したことが要因である。住宅給付に関わる支出額は労働党政権末期の2009年から右肩上がりで上昇している。住宅給付の受給者層は、社会住宅の入居者層と重なる部分が大きく、社会住宅の供給は労働年金省（Department for Work and Pensions）が支給する住宅給付の量に影響を受けるため（Keohane and Broughton 2013, 51）、政府の補助金が削減されても一定の社会住宅が建設されるのである。

26）コミュニティ部門の次に削減率が大きいのは財務省の33％減。

27）コミュニティ部門の次に削減率が大きいのは教育部門の60％減であり、労働党と連立政権の政策選好の差が表れている。

一方、社会住宅への資本投資となる補助金の削減によって、中央政府は住宅供給を押し上げるための、直接的な手段を喪失した（Ibid., 51）。2003年の持続可能なコミュニティプラン以降、中央政府の補助金を通じた積極的な住宅供給政策が推進されてきたが、2010年の政権交代によって住宅政策の方針は大きく変化したのである。

7　リチャード・マッカーシーの退職

予算削減と政策の変化を受けて、2010年夏にコミュニティ・地方自治省が管轄する、エージェンシーなどの公的機関に対する見直しが行われた。その結果、26ある公的機関が最大9つにまで再編され、多くの機関が廃止・統合、あるいは機能が地方自治体へと移されることとなった（DCLG 2011, 13）。再編された機関には、マッカーシーの管轄する住宅関連の機関も多く含まれている。さらに、経常的支出である資源予算の大幅な削減により、本省の組織も人員削減と組織縮小を迫られた。省全体で人員削減が行われ、2010年度末までに288人が自発的離職に応じている（Ibid., 6）。

そして、組織縮小のため6つあった局長ポストも3つに絞り込まれ、マッカーシーとコミュニティ局の局長だったデイビッド・プラウト（David Prout）が、引き続き局長として留任すること、残り1つの局長ポストは新たに公募を行うことが2010年11月に公表された。これに伴い、ジョー・モントゴメリー（Joe Montgomery）とイレーネ・ルーカス（Irene Lucas）の2人の局長が、2011年1月に離職している[28]。一部報道は、この局長再編を6つのポストを巡る争いと表現しており[29]、マッカーシーは結果として争いに勝利した格好となった。

2011年2月より省内の組織は、マッカーシーが局長を務める近隣局（Neighbourhoods Group）、プラウトが局長を務めるローカリズム局（Localism

---

28）Inside Housing、2010年11月19日付の記事を参照。http://m.insidehousing.co.uk/clg-reveals-stripped-back-structure/6512596.article（accessed December 17, 2015）.

29）Local Government Chronicle、2010年11月18日付の記事を参照。 http://www.lgcplus.com/briefings/people/dclg-appoints-two-new-directors/5022064.article（accessed December 17, 2015）.

Group)、そして、局長を新たに公募した財務・省内サービス局（Finance and Corporate Service Group）の3つに集約された。再編により省の組織規模は縮小したものの、マッカーシーの担当領域は拡大した。近隣局の役割は住宅供給、ホームレス対策、建築物の基準・規制、都市計画、地域経済など非常に広い範囲に及んでおり、地方自治体以外のほぼ全てのライン部門の業務を担うこととなった。

　ところが、組織再編から8カ月後の2011年9月28日、マッカーシーが民間企業のキャピタ・シモンズ社（Capita Symonds）[30]のヘッドハンティングに応じ、11月でコミュニティ・地方自治省を離職することが報道された[31]。

　転職後のマッカーシーには執行役員（Executive Director）のポストが与えられており、現在よりも（ボーナスを含めると18万9,000ポンド）高い給与を得るのではないかと報道されている[32]。キャピタ・シモンズ社は、不動産、住宅、建築デザイン、インフラなど多様な領域のコンサルティングを行う民間企業である。政府や自治体向けのコンサルティングサービスも多く、同社のウェブサイトには、マッカーシーが担当してきた都市計画や都市再生なども、コンサルティング事業の例として挙げられている。

　現職と利害関係のある業界からのヘッドハンティングということもあり、マッカーシーの転職に対しては批判的な報道も見受けられる。当時の近隣局は連立政権による都市計画制度の改革において中心的役割を担っており、New Planning Policy Framework（NPPF）と呼ばれる、新たな都市計画枠組みの草案を2011年7月に公表したばかりであった。テレグラフ紙によれば、NPPFの草

---

30) 2013年10月に社名の変更があり現在の社名はキャピタプロパティ・アンド・インフラストラクチャー（Capita Property and Infrastructure Ltd）であるが、ここでは当時の社名であるキャピタ・シモンズを用いる。

31) キャピタ・シモンズウェブサイト、2011年9月28日付の記事を参照。http://www.capitasymonds.co.uk/news__opinion/latest_news/capita_symonds_appoints_rich-1.aspx（accessed December 17, 2015）Inside Housing.co.uk、2011年9月28日付の記事を参照。http://www.insidehousing.co.uk/head-of-housing-to-leave-clg/6518026.article（accessed December 17, 2015）.

32) The Telegraph、2011年9月29日付の記事を参照。http://www.telegraph.co.uk/earth/hands-off-our-land/8795758/Hands-Off-Our-Land-top-civil-servant-lands-planning-job.html（accessed December 17, 2015）.

案は、労働党政権期の規制を減らし権限を委譲する内容であったため、ナショナルトラストや田園地域の保護を求める団体（Campaign to Protect Rural England）などから、改革の内容が建設業界寄りとの批判も受けていた[33]。

省の記録によれば、マッカーシーはNPPF草案の公表に先立つ2011年1月に、主要な住宅建設業者とのワーキングディナーに参加し、2月にはイギリス住宅不動産業界大手のグレインジャー社（Grainger plc）との朝食、3月には不動産業大手ジョーンズ・ラング・ラ・サール社（Jones Lang LaSalle）と朝食をとっているという[34]。テレグラフは明言を避けているものの、NPPF草案の策定にあたり業界に有利な内容を盛り込むことで転職先を確保したのではないかということであろう。真偽のほどはわからないが、政府側はこの件について問題なしとしており、マッカーシーは公務を離職して3カ月の期間を空けた後にキャピタ・シモンズ社へ転職している。

マッカーシーは離職に際して、

> 今回は私が民間部門で通用するかどうかを確認する素晴らしい機会だ。私はここ最近〔現在の仕事から：筆者補足〕移ることを考え続けていて、今年の初めにヘッドハンティングされた。しかしこれは全て私自身の選択であり、もしオファーがなければ私は引き続き現職にとどまっていただろう[35]。

とコメントしている。

そして、後に公開された情報によると、マッカーシーは2011年2月の段階で、上司である事務次官のボブ・カースレイク（Bob Kerslake）に対して新しい仕事を探していることを伝えており、その後キャピタ・シモンズ社のオファーを受諾したのは6月だとされている[36]。

こうした状況から察するに、マッカーシーがNPPFの草案を取りまとめてい

33）Ibid.

34）Ibid.

35）Building.co.uk、2011年9月28日付の記事を参照。http://www.building.co.uk/richard-mccarthy-quits-government-to-join-capita-symonds/5025233.article（accessed December 17, 2015）.

る最中に、利害関係のある業者に対して就職活動をしていたことは間違いない。しかし、本書の問題関心は、マッカーシーの転職が公正であるかどうかを明らかにすることではない。本書の関心は、政府外から中途採用されたマッカーシーが、解雇・離職することとなった要因を明らかにすることである。マッカーシーの場合も、前章で取り上げたヒューズと同様に、解雇・離職に前後して政策変化が生じたことにより、任用段階で高く評価されていた能力（マッカーシーの場合であれば住宅供給に関連する知識）の価値がなくなってしまうという現象が起きている。こうした政策変化による専門性の喪失と、政府外出身者の解雇・離職との関連性の有無はポジションシステムの公務員制度のメカニズムを知る上で重要である。

　まず、マッカーシーの離職が、実質的な解雇であったのか、あるいは自発的な離職であったのかを考察する。上述したように政権交代後の新政権は2010年11月にコミュニティ・地方自治省は局長を6人から3人へと削減している。新政権はマッカーシーの政策選好が気に入らなければ、この段階で解雇して新たな局長を公募し、連立政権の都市計画制度改革の方向性に合致する新たな局長を任用することも可能であった。

　マッカーシーの給与は他の政府内出身の公務員と比べても高く[37]、彼の後任として任用された内部出身のPeter Schofield[38]の約1.35倍である。給与が高いマッカーシーを、歳出削減を重視する連立政権があえて留任させたのは、マッカーシーの政治的中立性を信用していたことはもちろん、重要課題である都市計画制度の改革に取り組む上で、マッカーシーの7年間の局長経験とその間に身

---

36) The Telegraph、2012年9月3日付の記事を参照。http://www.telegraph.co.uk/earth/hands-off-our-land/9518275/Planning-civil-servant-paid-45000-to-sit-at-home.html（accessed December 17, 2015）.

37) ボーナスを除く基本給部分のPay Bandが17万5,000 〜 17万9,000ポンド（DCLG 2012, 78）。2011年度は途中で退職しているため結果的に16万5,000 〜 16万9,000ポンドとなったが、事務次官を除く省内の上級公務員の中では最も高い給与水準である（Ibid., 60）。Richard McCarthyの次に高いPay Bandに属する上級公務員が13万5,000 〜 13万9,000ポンドであり、1人だけ飛び抜けて高い給与水準である。

38) ボーナスを除く基本給部分のPay Bandが13万 〜 13万4,000ポンド（DCLG 2013, 91）。業務範囲は前任者であるRichard McCarthyと変わらないが、政府内出身の公務員であるため給与水準が低い。

につけた都市計画制度に対する専門性が評価されたのではないかと考えられる。

　さらに、キャピタ・シモンズ社からオファーを受けたのが2011年の年初であり、新しい仕事を探していることを事務次官に報告したのが2月であるという経緯を考えるならば、マッカーシーの離職は何らかの政策的・予算上の理由による解雇ではなく、本人の意思による自発的な離職で間違いないと思われる。マッカーシーが採用時に一番評価されていた住宅供給に関する知識は、政権交代の政策変化により価値が低下したものの、7年間もの長期にわたる豊富な局長経験により習得した住宅・コミュニティ全般に対する専門性、政府内での豊富な経験が連立政権にも評価されて留任したのではなかろうか。

　次に問題となるのは、なぜマッカーシーは自発的に離職するに至ったのか、とりわけ政権交代による政策変化が離職の原因になっていたのかという点である。マッカーシーは局長ポストの削減以降も省に残り、さらには前政権期に作り上げられた都市計画制度を自らの手で改革する草案の策定にも関わっている。こうした彼の仕事ぶりからは、連立政権の方針に対して政策選好の違いによる不満を表面上は感じていなかったようにも見受けられる。

　しかし、ここで注目すべきはマッカーシーの離職時のコメントである。離職に際しての彼自身のコメントの中で、ヘッドハンティングを受けたのが「2011年の年初」であり「ここ最近離職を考え続けていた」という部分は興味深い。この発言の通り2011年の年初にオファーが来て、その時点で既に離職を考え続けていたのだとするならば、2010年11月に局長ポストへの留任が報じられた時点で既に離職を考えていた可能性もある。10月には住宅供給の大幅な削減を含む歳出レビューの結果が公表されており、こうした今後の政策方針に従って仕事を続けることに疑問を感じていたとしても不思議はない。

　住宅政策の転換による住宅供給の激減に加えて、住宅関連機関の廃止・統合、これまで築いてきた都市計画制度を自らの手で改革しなければならないことなど、離職の遠因となる要素は非常に多い。これまでの7年間で積み上げてきた自らの仕事を大きく覆される改革に対して、何ら不満を抱かない方が不思議である。

　それではなぜマッカーシーは離職を考えていながらも省の組織再編に従い、新たな組織の局長として留任したのであろうか。マッカーシーは離職時のコメ

ントで「もしオファーがなければ現職にとどまっていた」とも述べており、キャピタ・シモンズ社のオファーがなければ引き続き公務員の仕事を続ける意思があったことを示している。彼は離職時にまだ52歳で、職業人生からリタイアするにはまだ早い年齢であり、何かしら仕事を続ける必要性はあるだろう。

　ところが、マッカーシーは現職の上級公務員を除くと住宅協会でしか職業経験がなく、給与水準を維持しながら他業種へ転職するには選択肢が限られている。長らく職業経験を積んだ住宅協会の仕事は公務員よりも給与水準が低く、加えて連立政権の予算削減で、今後仕事が増加する見込みは低い業界であり、転職先としての魅力が低い業種である。政策方針に不満があり離職を考え続けていたものの、潰しが利かず転職先が限られているマッカーシーにとって、キャピタ・シモンズ社からのオファーは魅力的なものだったと考えられる。

　しかし、これらの解釈は推測の域を出るものではない。マッカーシーがなぜ離職を考えるようになったのか、それが政権交代と住宅政策によるものなのかを明確に説明する証拠はない[39]。本書の調査において、確実性が高いと言い切れるのは、マッカーシーは住宅予算や局長ポストの削減が公表された2010年秋頃から離職を検討し始め、年初にはキャピタ・シモンズ社のオファーを受け、2月には転職活動をする意思を事務次官に報告し、6月にオファーを受諾したという経緯についてであり、それ以上のことを断言するのは困難である。

8　政策変化とマッカーシーの中途採用

　本章では、公共部門出身者の運用実態について、任用者を取り巻く政策の変化を検証することで、任用者にどのような役割・能力が期待され、制度運用が

39）あくまでも本書の職歴調査で確認した範囲であるが、上級公務員の離職時の報道では似たような円満離職を示すコメントが出る場合がほとんどであり、本人の口から本当の離職理由が語られることは稀である。新聞などのメディアは解雇として報じている場合でも、当事者である公務員は円満離職のコメントを残している事例がよく見られた。公務員に限った話ではないが、離職者が本音の離職理由を語ると、その後も組織に残る同僚、上司、部下に迷惑をかけたり、勤労意欲を削いでしまう可能性もある。離職の真因はなかなか表には出てこない部分であろう。当人の口から明確な理由が語られない以上、外的環境からの推測に頼らざるを得ない部分がある。

どのように行われてきたかを分析してきた。本章の事例分析から発見された知見は次の5つである。

第一に、公共部門から政府外出身者が任用されるのは、組織内部では習得が難しい、政策領域に関する知識が必要とされた場合である。マッカーシーの場合は、住宅協会での長い経験により、社会住宅の供給について政策実施の知識を有していた。1980年代から90年代にかけて、政府・自治体による公営住宅の直接的な供給は減少し、住宅協会への補助金を通じた社会住宅供給へと住宅政策は変化していた。そこへ、2003年の持続可能なコミュニティプランで大規模な住宅供給目標が打ち立てられ、プランの監視・推進を担う役割が求められた。住宅供給計画を監視・推進する上で必要な、住宅供給の政策実施に関する知識を習得している人材は政府内にはおらず、マッカーシーは政府内出身の公務員よりも持続可能なコミュニティプラン提供ユニットの局長にふさわしい能力を有していた。

第二に、マッカーシーの場合もヒューズの事例と同様に、任用の直前に政策変化が生じており、任期中は大きな政策変化が生じていなかった。むしろ、持続可能なコミュニティプランにより住宅供給計画が打ち立てられた後、経済危機によって任期中にその方針はさらに強化されることとなる。任期終盤に住宅政策は大きく変化するが、これは政権交代によるものでマッカーシーが何らかの影響を与えたものではない。

第三に、任用当初に高く評価された政府外出身者特有の知識の価値が政策変化によって低下しても、マッカーシーのように長期間公務員としての経験を積んでいた場合、任用当初とは別の能力が評価され、仕事を与えられる可能性があるという点である。政権交代による住宅政策の変化で住宅供給の専門性は価値を失ったが、マッカーシーは2010年秋の局長ポスト削減に際して、今後の都市計画制度の改革を担う局長として留任している。つまり、マッカーシーの住宅供給以外の専門性が評価されたことを示している。彼が7年間の局長経験で身につけた何らかの新たな専門性か、これまで示した働きぶりの良さが、政府内出身の公務員よりも1.35倍の給与を払うに値すると評価されたのだろう。ただし、ここで評価されたのが都市計画制度に関する専門性なのか、あるいは局長としての組織管理能力などの一般的技能なのか、どのような能力が高く評

価されたのかを明確に判別することは困難である。

　第四に、政府外出身者は特定の職務内容に対する政策領域の知識を評価されて任用されるため、特定の政策に対する選好を強く有している点である。マッカーシーの場合、住宅協会における社会住宅の供給に関する知識が評価され任用されたわけだが、それと同時に、彼の専門性は公的な住宅供給の増加という政策選好と強く結びついている。政権交代や政策変化によって、本人の政策選好と政府の政策方針が合致しなくなると、マッカーシーのように組織の側は留任を求めていても離職してしまう事態が起こり得るのである。

　第五に、政府外出身者が現職と利害関係のある組織へと転出してしまう点である。特にマッカーシーの場合、公務員になるまでは住宅協会でしか仕事の経験がなく、公務員を離職した後の就職先は限られてくる。住宅供給の知識や公務員在職中に経験した都市再生・コミュニティに関する知識を活かせる仕事と言えば、住宅協会、住宅建設業、自治体の住宅部門など、利害関係のある組織となるのは必然である。こうした事情に給与水準の問題まで加味すると、マッカーシーが連立政権の政策に不満を抱きながらも、良い転職先が見つかるまで我慢して公務員にしがみついたとしても不思議ではない。利害関係のある組織への転出は深刻な問題を引き起こす恐れがあるが、マッカーシーのように転職先が限られている場合、厳格な転出規制をしても、政策に不満がある職員を組織内部に抱え込む恐れがある。

　マッカーシーはたとえ本人が明確な政策選好を有していなくとも、社会住宅の供給を増やす政策選好を持つ政権の方が、様々な面で有利となるキャリアを積んでいる。政府内を異動してジェネラリストとしてのキャリアを積んだ公務員とは異なり、マッカーシーの場合は、政府が社会住宅の供給をやめてしまうと住宅協会で身につけた専門性の価値が低下し、それに伴い政府の内部労働市場における自らの価値も低下する。ただし、これは必ずしも政府外からの中途採用者に限った話ではなく、特定の職務に過度に特化したキャリアを積んだ公務員全般に当てはまる問題でもある。

9 2つの事例からわかる中途採用の実像

　前章および本章では、2つの事例からポジションシステムの公務員制度の中での、政策形成職位における政府外出身者の運用実態を検証してきた。最後に、事例研究から示唆されるポジションシステムの運用面での特徴を総括する。

　第一に、政府外出身者は政府内では習得が困難な政策領域の知識を期待されて任用されている。本書が提示するネットワーク型の運用であり、第2章で論じたような理論的関係が現実に存在することを確認することができた。

　第二に、政府外出身者が中途採用されたのは、これまで行政組織に専門性が蓄積されてこなかった、新たな職務が生じたためである。既に行政組織に存在する職務であれば、組織内にその職務に関連する能力を習得した公務員がおり、任用時の公開競争で政府外出身者が勝つのは難しい。何らかの政策変化により、これまでと違う専門性が求められる職務が生まれた場合に、政府外出身者が政府内出身の公務員に勝り任用される可能性が生まれるのであろう。

　第三に、外部出身者は現状の政策方針において必要な職務、必要な専門性に適した人物が任用されるため、外部出身者の任用によって、政策に何らかの大きな変化が生じるわけではない。政策形成の職位では、組織のマネジメント能力のような一般的技能や、民間活力の導入といった、漠然とした能力、組織にもたらす変革が期待されているわけではない。政府外出身者に期待される役割、能力は任用前の段階で明確化されており、むしろ政府外出身者の在任中は任用時の政策方針が継続される傾向にある。本書で扱った2事例では、ともに在任中は大きな政策変化はなく、政府外出身者が離職する前後に政策変化が生じていた。政府外出身者の任用は政策に変化をもたらすことよりも、既存の政策路線を強化する目的で行われている。

　第四に、政府外出身者は政治的中立性を保った手続きで任用されているものの、職務内容を通じて政策変化の影響を受けており、政府内出身の公務員よりも政治変動の影響によって解雇・離職となりやすい性質がある。政府外出身者がもともと政府に存在しなかった新たな仕事を担当しているとするならば、伝統的・継続的に政府内に存在する仕事を担っている政府内出身の公務員よりも、

不安定な領域の仕事を担っているのであろう。さらに、新規に中途採用された政府外出身者の場合、政府内で長くキャリアを積んだ公務員とは異なり、公募対象職位の職務内容に特化した専門性を有しており、潰しが利かないことも政治変動による職務内容の変化に弱い一因であろう。また、そうした特定の職務内容に専門化した能力は、たとえ任用者自身が意識していなくとも、特定の職務の存続、特定の政策路線の存続に強い利害関係を持つこととなり、政治的中立性を損ねる可能性もあるだろう。

　第五に、政府外出身者であっても、政府内での勤務期間が長くなるにつれ、政府内出身の公務員と同様に、政府特有の政策形成の職位に関する知識・技能を習得していく点である。マッカーシーの場合、離職直前期になると任用時の住宅供給の領域ではなく、多少専門が異なる都市計画の領域で重要な職務を担っていた。任用者の資質や、公務との相性、個人差があるものと思われるが、一定程度経験を積んだ政府外出身者は、次第に政府内出身の公務員に近い取り扱いを受ける可能性を示唆している。このことが組織の業績にどのような影響を与えるかという点では、いくつかの見方があるだろう。まず、政府内の慣習に慣れたことで、中途採用された初期よりも円滑に職務を遂行できるようになり、組織の業績を高める可能性である。一方で、長年政府内で働くことにより徐々に組織の色に染まり、自らが携わった過去の仕事も増えていくことでしがらみが増え、中途採用された初期のように組織外からの目線や革新的な行動がとれなくなり、組織の業績に特段影響を与えなくなってしまう可能性もある。

　前章と本章では、ポジションシステムの公務員制度におけるネットワーク型の運用について、2つの事例分析から、その運用の特徴、モデルの妥当性を検証してきた。これまでの行政学の先行研究におけるポジションシステムの扱いは、西尾勝の開放型／閉鎖型の類型論に代表されるように、開放型モデルの公務員制度が政府外出身者を任用する要因を明確にしてこなかった。それに加えて行政改革研究の側からは、ポジションシステムの公務員制度改革がNPMの一環として位置付けられてきたことにより、ポジションシステムの公務員制度は民間部門の経営管理能力などに期待するNPM型の運用が想起される場合もあった。

　しかし、前章、本章の事例研究から浮かび上がる政策形成の職位におけるポ

ジションシステムは、意欲的に官民の流動性を高めて中途採用を行う積極的な開放型というよりも、その時々の政策の都合で政府内に存在しない専門性が必要になった場合に限り、政府外から中途採用を行う、限定的で控えめな公務員制度像であると言える。

第7章

局長・課長の職歴と省の業績

　本章と次章では、ポジションシステムと組織の業績に関する計量分析を行う。まず本章では、ポジションシステムと組織の業績に関する先行研究とその課題を概観する。その上で、政策形成を担う組織の分析として、イギリス中央政府各省を対象にした分析を行う。

　次章では、政策実施を担う組織の分析として、イギリスの執行エージェンシーを対象にした分析を行う。公務員の職歴を、その職員の知識・技能を表す代替指標として測定し、各部門の組織目標の達成／未達成と、公務員の職歴との関係を計量的に分析する。

　ポジションシステムにおける政府外からの任用者がもたらす新たな知識・技能、あるいは政府特有の知識・技能の不足が、組織レベルの業績にどのような影響を与えるかを明らかにすることが本章、次章の目的である。

1　先行研究における公務員制度の計量分析の課題

（1）　公務員制度指標の問題点

　公務員制度と組織の業績の関係を、計量的手法により分析する際には、公務員制度の態様を独立変数とするため、何らかの操作化を行う必要がある。本書で議論してきた公務員の人的資源管理に関するモデルは、計量分析における操作化の基準として活用される。本項では、近年よく活用されている Quality of Government（QoG）の指標を例にその問題点を検討したい。

　Dahlstrom et al.（2012）、Van de Walle et al.（2015）[1]、Cho et al.（2013）など、近年の公務員制度に関する計量分析の多くが、公務員の専門性、閉鎖性、キャリアシステムの有無といった制度的特徴を操作化する際の指標として、

Quality of Government Institute によるエキスパートサーベイのデータセット（Teorell and Dahlberg 2011）を用いている。QoG のシリーズにはいくつかのデータセットが存在するが、エキスパートサーベイはその名の通り、その国に関する専門家への、アンケート調査によるデータセットである。2015年現在のデータセットは、135カ国を対象とし、その国に関する行政の専門家1,053人の回答で構成されている（Dahlberg et al. 2013, 11）。

　アンケート調査の設問のうち、公務員制度のモデルに関連するものは公務員の「職業化（professionalization）」と「閉鎖性（closedness）」に関する設問である。職業化に関する設問は、「技能と成績に基づく採用（質問番号q2_a）」、「政治的な縁故採用（q2_b）」、「政治的リーダーシップによる上級公務員採用・解雇（q2_d）」、「内部からの上級公務員の採用（q2_e）」の4つで構成されている。職業化という指標の名称からはわかりにくいが、各国の公務員が非政治的に採用されているかどうかを確認する内容となっている。

　閉鎖性に関する設問は、「定式化された試験システム（q2_c）」、「終身雇用のキャリアパス（q2_f）」、「民間と異なる特別な雇用法（q8_f）」の3つで構成されている（Dahlstrom et al. 2010, 22, 51）。定式化された試験が課される、終身雇用のキャリアパスである、民間とは雇用法が異なる場合ほど、閉鎖的な公務員制度であることが想定されている。QoGの指標はEvans and Rauch（1999）を基に、Auer et al.（1996）、Pollitt and Bouckaert（2011）なども参考にして作成されたもので（Ibid., 5, 14）、ウェーバー型官僚制の理念型の要件に該当するかどうかを7段階で回答させる方式を採っている。

　QoGの指標の基になったEvans and Rauch（1999）は、ウェーバー型の官僚制化の程度と経済発展の関係を、35カ国の開発途上国を対象に計量分析を行った研究である。したがって、その研究目的上、ウェーバー型の官僚制化の程度に関する指標設計も、開発途上国を念頭に置いたものとなっている。

　一方、QoGは先進国から開発途上国まで幅広い国を調査対象としているため、主に先進国側において指標の適合性、妥当性が低下する問題が生じている。ま

　1）ただし、Van de Walle et al.（2015）はQuality of Government（以下、QoG）のデータに加え、前述したOECD（2008）の合成指標など複数のデータを基に独自の指標化を行っている。

ず、「閉鎖性」の指標には、Silberman（1993）が指摘した官僚制のモデルを二次元の連続的な直線関係として捉えることによる問題が存在する。官僚制の形成が進んでいる国ほど、閉鎖性が高くなることを想定した設問であるが、Silbermanが指摘するように、アメリカやイギリスのようにポジションシステムを採用する国々は、官僚制の形成が進んでいない開発途上国と同値として測定される恐れがある。

次に、「職業化」の指標についても、メリットシステム（成績主義）が担保され能力に基づいた任用が行われているかどうかは測定できるものの、キャリアシステムの有無による各国の公務員の専門性、能力の違いをはっきりと区別して測定することが不可能な指標となっている。

先行研究から明らかなように、高度に職業化が進んだ官僚制には大きく区分して2つのモデルがあり、両者は公務員に要求する能力が異なる。ジェネラリスト中心のキャリアシステム・組織志向の官僚制では、採用の入口段階で一般的な能力が要求されるのに対し、ポジションシステム・専門志向の官僚制では当該職位に対する具体的な専門知識・技能が要求される。QoGの指標は先進諸国における公務員制度のモデルの違い、公務員の質的な違いを十分に区別することができない。

また、「内部からの上級公務員の採用（q2_e）」の設問などは、ポジションシステムの国々のように組織外部から上級公務員を中途採用する場合、非政治的・職業化された公務員制度を持つにもかかわらず、公務員の任用が政治化された国々と同値に扱われるという問題点も抱えている。

QoGのように、ウェーバーの理念型か否かという公務員制度の測定方法は、開発途上国を議論の念頭に置いていたEvans and Rauch（1999）のような研究、あるいは行政の腐敗や汚職を対象とする研究では大きな問題とならないだろう。こうした研究においては、その国の官僚制がカリスマ的支配、伝統的支配から合理的支配への発展段階のどこにあるのかという点と、従属変数との関係に主たる関心が置かれるからである。

しかし、公務員制度改革やNPMの観点から先進諸国を研究対象とする場合、研究の関心は、各国の公務員制度がウェーバー型のキャリアシステムであるか、NPMの影響を受けたポジションシステムであるか、あるいはその他のモデル

であるかという部分である。ウェーバー型か否かを問う手法での指標化は、高度に職業化され非政治化された公務員制度を有する国々における、ポジションシステムの公務員制度を適切に測定することが困難である。

　こうした問題は、QoGの指標に限ったものではない。ウェーバーの理念型を一方の極に置き、その対極をウェーバー的ではない全ての官僚制として扱う二項対立モデル全般に当てはまるものである。本書の冒頭で取り上げた、Demmke and Moilanen（2010）を基にして指標を設計する場合も、QoGと同様の問題が生じるであろう。多様な運用がなされる可能性のある開放型の公務員制度を整理した上で、適切な複数の区分により指標化、操作化を行うことが求められる。

　QoGに代表される公務員制度モデルの操作化の問題は、何も近年になって生まれた新しい課題ではない。実証分析を念頭に置いたものではないがSilberman（1993）も二項対立型のモデルの問題点を指摘している。Silbermanは、既存の研究が行政の官僚組織に関する十分な分類法を作るのに失敗した原因は、ウェーバーの理念型を分析の基礎としている点だとしている。

　ウェーバーは支配の類型としてカリスマ的、伝統的、合法的支配の3つの類型を定義しているが、この3類型を論じる場合に、我々は直線関係の軸を想定して、ウェーバーの支配の3類型を連続的な形に変形する誘惑にかられるとSilbermanは主張する。つまり、3つの類型を二次元の連続的な直線関係として理解し、その最後尾（anchor）に伝統的支配を、その反対の端に合理的支配を置き、カリスマ的支配を過渡期のものとして理解する見方である。そこでは合理的支配に当てはまるウェーバーの理念型に近い国々、フランス、ドイツ、日本などが片方の端に置かれる。一方で、反対側の端である最後尾には、発展途上国など伝統的支配の家産的な組織構造の国々が置かれることになる。

　こうした分類を用いると、アメリカ、イギリスといった最も伝統的支配と離れた国々がこの両極の間のどこかに位置することになり、これは我々の直観的な感覚に反するとSilbermanは主張する（Ibid., 6-7）。このような問題は我々がウェーバーの議論を連続的な階層構造として見ることにより生じるのである。Silbermanはウェーバーを基軸とし連続的な視点で官僚制の類型を観察する研究を批判した上で、採用・昇進・キャリアなど官僚制の特徴に関する集まり

（constellation）、すなわち類型が存在するかどうかが重要だと論じている（Ibid., 9-10）。

Silbermanの議論は、官僚制が未発達な国と、合理的官僚制が成立した国の段階を念頭に置いたものである点に注意が必要である。しかし、QoGのデータセットのように、ウェーバー型の特徴の有無を基準とした二項対立モデルが実証分析に用いられていることを考えれば、Silbermanの批判は現代の公務員制度に対しても有効な議論であろう。

(2)　公務員制度と組織の業績に関する先行研究

本書は、公務員制度と組織の業績の関係を研究の対象としているが、公務員制度のモデルを独立変数として用いた計量的手法による実証研究は多岐にわたる。例えば、Dahlstrom et al.（2012）は40-50カ国を対象に、ウェーバー型の官僚制の特徴である採用の専門性と、公務員制度の閉鎖性が、公務員の汚職にどのような影響を与えるかを検証している。あるいは、Van de Walle et al.（2015）は、EUまたはOECD加盟国の26カ国を対象に、キャリアシステムの有無が、就職先としての公共部門の魅力にどのような影響を与えるか検証している。いずれも公務員制度を表す独立変数としてQoGの指標を用いている。

公務員制度と組織の業績に関連するものとしては、Cho et al.（2013）が、採用の専門性と公務員制度の閉鎖性が、政府の有効性と政府の質を向上させるかどうか国際比較から検証している。本書同様、公務員制度のモデルと組織の業績を分析している重要な先行研究であることから、紙幅を割いて、研究内容とその課題について言及する。

Cho et al.（2013）はウェーバー型の公務員制度に批判的なNPMの流行を踏まえた上で、ウェーバー型の公務員制度とウェーバー型の要素を排した公務員制度のどちらが政府の有効性や質を高めるか、国レベルの計量分析を行っている。そして、ウェーバー型の特徴の中でも、職業化（Professionalism）の程度、閉鎖性（Closedness）の程度に着目し、QoGによる公務員制度の職業化の程度、閉鎖性の程度を独立変数として用いている。従属変数には、世界銀行による政府の有効性（Government Effectiveness）指標、QoGによる政府の質（Quality of Government）を用いている。先進諸国を含めた55カ国、103カ国の分析の結果、

公務員制度の職業化の程度は、政府の有効性・質を高める効果をもたらしたものの、公務員制度の閉鎖性の程度は有意な影響を与えていなかった。そのことから、NPMのドクトリンが主張するような官民間の人的資源の流動性の高さは、政府の競争力に有意な影響を与えていないと結論付けている。

Cho et al.（2013）の研究は、NPM改革の影響を受けた公務員制度のモデルと、組織の業績を計量的に分析した希少な研究であるが、いくつかの問題点を抱えている。

第一の問題は、本章で繰り返し言及してきたように、ポジションシステムの公務員制度は、制度外形が開放的であっても運用実態が開放的であるとは限らない点である（Self 1977, 230-231; 川手 2012, 255-258）。Cho et al.（2013）の分析はQoGの指標を用いているため、QoGの指標が抱えている問題が、そのまま分析の信頼性低下につながっている。

第二の問題は、仮に制度が開放的に運用されていたとしても、ポジションシステムの国々が、実際にNPMの議論で想定されるような民間部門からの中途採用を行っているとは限らない点である。前述したDemmkeとMoilanenの調査結果によれば、EU加盟国は民間部門よりも公共部門との人的資源の流動性向上に関心が強い傾向にある（Demmke and Moilanen 2010, 114）。こうした先行研究の調査結果を踏まえれば、ポジションシステムの公務員制度を有していたとしても、民間部門ではなく公共部門からの中途採用が中心である国が存在する可能性も考えられる。QoGの指標のように、任用制度が閉鎖的か開放的かを測定するだけでは、NPMの理論が想定するような、民間部門からの中途採用が組織の業績に与える影響を取り出して観察することは困難であろう。

第三の問題は、部門間の閉鎖性の程度の差を考慮していない点である。ポジションシステムの公務員制度は人的資源管理の権限が各部門に分権化、個別化される特徴を有しており、各職位の任用は当該職位に空きが生じた際に、個別に実施されるのが原則である。当然ながら、各職位が内部の人材で充当されるか、中途採用で充当されるかは、各部門・職位の特色や、その時々の組織環境に左右される。したがって、各部門間の運用レベルでの閉鎖性の程度は、政府特有の職務を担う部門と、ある程度外部との共通性が高い職務を担う部門とで大きく異なる可能性も存在する。Cho et al.（2013）に限らず、国レベルのマク

ロな比較分析はこうした細部の違いを考慮することができず、独立変数・従属変数ともに国単位で一括した分析とならざるを得ない。

第四の問題は、NPM批判の見地からの研究でありながら、分析内容はウェーバー型の官僚制に関する部分に集中しており、NPM特有の影響は、分析上ほとんど考慮されていない点である。Cho et al.（2013）はQoGの公務員制度の職業化（非政治化）、閉鎖性を独立変数として投入し、政府の有効性・質との関係を分析している。QoGの指標は、ウェーバーが合理的で効率的な官僚制として提示した理念型の特徴を指標化して測定したものであり、QoGを用いた分析は、ウェーバーの官僚制モデルの理論的な検証であると言える。公務員制度の職業化と閉鎖性が、なぜ政府の有効性・質を高めるのかという理論的背景は、ウェーバーの官僚制の理論に依拠している。一方で、Cho et al.（2013）はNPMの見地からのウェーバー型の官僚制に対する批判（Cho et al. 2013, 116, 118）を踏まえた上で、官民間の人的資源の高い流動性が政府の競争力を高めるという、NPMの主張（Ibid., 129）についても触れている。ただし、民間からの中途採用がなぜ政府の競争力を高めるのかという点については、その背景に存在する因果関係について理論的説明を行っていない。

Cho et al.（2013）の分析はNPMに関連する別個の独立変数（民間部門からの中途採用率）を設けておらず、あくまでもウェーバー型の公務員制度の特徴の有無が政府の有効性・質に与える影響の検証にとどまるものであり、NPMの影響を検証したものではない。ポジションシステムをNPM型の公務員制度として、ウェーバー型との二項対立の図式で捉える視点に立てば、ウェーバー型であるか否かの影響を測定する分析が、同時にNPM型の影響を測定していることとイコールになる。しかし、前述したSelf、川手の指摘や、DemmkeとMoilanenの最近の調査結果を踏まえれば、ポジションシステムの公務員制度の運用実態は多様であると考えられ、ウェーバー型であるか否かを測定するだけでは、NPMの影響を議論するには不十分である。

いくつかの問題点はあるものの、Cho et al.（2013）は管見の限り、NPM以降の公務員制度改革によるモデルの変化と組織の業績の関係について、計量的手法により実証分析を行った唯一の研究である。これまで同種の研究が少ない背景には、Cho et al.（2013）も指摘するように、NPM以降の先進諸国を対象にし

た、公務員制度の構造に関する指標が存在しなかったことも大きい（Ibid., 116）。近年はQoGの指標のほか、OECD（2009）やDemmke and Moilanen（2010）など、先進諸国の公務員制度の構造に関して国際比較に活用可能な指標がいくつか登場し、分析が容易に実施できる環境が整ってきたことから、今後同様の研究が増えていく可能性もある。また、個別の国レベルでの分析に目を転じれば、本書の第3章で取り上げた韓国の研究群（Namkoong 2002; Park et al. 2002; Choi 2006）、第4章で紹介した中途採用者の成績に関するイギリスの政府資料（Cabinet Office 2011）などが点在している。

　しかし、韓国の研究群はいずれも中途採用の実績がほとんどない韓国を対象としていること、職員の感想をアンケートで確認する手法をとっており、中途採用者の影響を測定するには不十分である。また、イギリスには上級公務員の中途採用者の個人成績を公開した政府資料が存在するが、あくまでも個人の成績でしかなく、組織の業績との関係は不明瞭なものである。

　個別の国レベルにおいても、中途採用と組織の業績に関する研究が不足している背景には、ポジションシステム特有の事情が存在する。個別の国を対象として、各省、各組織単位での中途採用者の割合や、各組織の管理職が中途採用者であるか否かなどを独立変数として測定し、組織の業績との関係を分析するためには各組織、個人単位での職歴の情報が必要となる。キャリアシステムの場合、政府資料が不足していたとしても職員録や組織図などを基に、組織ごとの職員の職歴を調査することも可能である。

　一方、ポジションシステムの場合、中途採用者の職員は政府に採用されるまでの職歴を把握することが非常に難しい。中途採用者と組織の業績、ポジションシステムと組織の業績に関する先行研究が、国際比較や政府全体のマクロなものにとどまっており、現実の運用実態を反映した研究が存在しない最大の要因は、中途採用者の職歴情報が入手困難なブラックボックスとなっているためであろう。NPMの影響を受けた新たな公務員制度のモデルが、組織の業績にどのような影響を与えているのかを明らかにする上で、運用実態を踏まえた分析は不可欠であるが、そのためには中途採用者の職歴情報をいかにして測定するかが重要な課題となる。

　以上のような先行研究の課題を踏まえた上で、本書では従属変数を組織の目

標、独立変数を公務員・組織の職歴（知識・技能を表す代替指標）とした計量分析を実施した。まず、本章の分析対象は、イギリス中央政府各省のライン部門で政策形成を担う各局レベルであり、各局に所属する局長・課長である。Cho et al.（2013）のような国際比較分析に比べると、イギリスを分析対象にすることにより、分析結果をその他の国々に一般化することが難しくなる。しかし、本書の第3章、第4章で示したように、ポジションシステムの運用実態は国、組織ごとに多様性があり、政策形成・実施やスタッフ部門など、職務内容によっても大きな違いがあることは明らかである。分析対象を各国の組織レベルに落とした方が、より現実の運用実態を反映した分析が可能となる。

2 Public Service Agreementsの分析

(1) 各省の業績を表す指標（従属変数）

　組織の業績を表す従属変数には、イギリス中央政府の業績測定制度であるPublic Service Agreements（PSAs）を用いる。第5章の事例分析の冒頭部で述べたように、PSAsは各省が公共サービスの目標を立て、財務省との間で合意する形で定められる。PSAsは1998年に、Spending Review（以下SR）と呼ばれる歳出レビューとともに導入され、政権交代が起きる2010年まで継続された。評価期間は2-3年間であり[2]、2年ごとに目標の見直しに加えてPSAsの評価制度そのものも変更が加えられる。労働党政権期の1998年、2000年、2002年、2004年、2007年の5回にわたりSRとPSAsの合意がなされているが、そのたびに制度の変更が行われており、時期により制度が異なっている。5回の評価サイクルのうち、2002年に目標が合意され2003、2004年度が評価対象期間とされたSR2002と呼ばれる目標群と、2004年に合意され2005、2006、2007年度が評価期間とされたSR2004と呼ばれる目標群については、評価制度が共通しており指標の見直しもほとんど行われていない。そこで本書では、SR2002、SR2004で合意されたPSAsを独立変数として用いている。PSAsは政府の全ての省に存在するが、本書が分析に用いたのはそのうちの一部である。具体的に

2）2005-2007年度間のみ3年間で、その他は2年サイクルで次の目標が設定されている。

は、文化・メディア・スポーツ省、環境・食糧・農村地域省、教育技能省、運輸省、保健省、貿易産業省、雇用年金省、副首相府（コミュニティ・地方自治省）の8省である。

　分析対象を限定したのにはいくつかの理由がある。第一に、本章の分析は政策形成の職位を対象としたものであるため、政府内向けの活動の比重が高い内閣府、政策実施部門の性格が強い目標を課されている憲法事項省、内務省、歳入関税庁など、ほとんどの目標が他省との連携目標になっており、主体的な目標の少ない財務省は、分析の対象から除いた。第二に、国外を対象とした目標が多く政治外交、他国の国内状況に成果を左右される防衛省、国際開発省、外務・英連邦省は分析対象から除いた。分析対象とした8省はいずれも国内向けの行政サービスを提供している省である。

　具体的なPSAsの目標の中身であるが、省により差があるものの、省ごとに5-10程度の大目標が定められ、目標ごとにさらに細かな小目標が付随している。政策領域横断的な一部の目標は、複数の省にまたがって課されている場合もある。本書が分析の単位としたのはこの小目標である。小目標の大半はアウトカム指標で、何らかの目標数値が設定されているか、基準値からの改善が目標として設定されている。ごくわずかであるが、数値による指標が存在せず、あいまいな目標が設定されている場合もある。本書が分析の単位にした小目標は240あり（N=240）、そのうち約3割が具体的な目標数値（target）が設定されたもの、残りの約7割が基準値からの改善が課されたものであった。分析ではこれらの目標の達成／未達成を1 or 0で判定し[3]、従属変数として用いている[4]。PSAsの目標内容および目標数値の達成状況は、分析対象となる各省の年次報

3）目標の達成程度は、各省自身が年次報告書において判断しているが、判断基準にばらつきがあるため、数値目標がある場合はそれに基づいて筆者が厳格に判断している。数値目標がない場合のみ、各省の判定に基づき達成程度を判断している。

4）目標の達成程度の判断は、目標の内容に応じて用いるデータの時期を変えている。評価期間最終年度末のデータを用いるのが妥当であるものについては、評価期間最終年度末の値を用いているが、政策の効果がもたらされるまでにタイムラグが必要なものについては、評価期間終了から1年後のデータを用いている。タイムラグを1年としたことに合理的な根拠はなく、政権交代の影響により、年次報告書のデータ入手上の限界があることから、これ以上長い期間をとることができなかったためである。

告書からデータをとっている。

(2) 局長・課長の職歴を表す指標（独立変数）

　分析の独立変数はPSAsの各目標を担当するライン部門の局長（Director-General）・課長（Director）の職歴である。具体的には、各目標を担当する職位に就いている人物の職業経験の有無（1 or 0）[5]を測定し、評価期間中の在職期間を掛けて調整した上で、目標を担当する全ての職位で平均した値を、その組織の職業経験値として用いている。局長・課長で重み付けはしていない。分析の対象を局長・課長にしたのは、PSAsの大目標・小目標はおおよそ各省の局・課単位に相当する内容になっており、目標の範囲と所掌事務の範囲が一致するためである。目標の内容により、1つの目標に対し局長・課長が1職位ずつ存在する場合と、複数の省にまたがる目標で、多くの担当局長・課長職位が存在する場合がある。分析対象は職位を基礎としており、評価期間中に在職者が変わった場合は、両者の職業経験を在職期間で調整した値を用いている。

　担当者の職歴を、ウェーバー型、NPM型、ネットワーク型の運用類型ではなく、具体的な職業経験の有無により測定したのは、イギリスの上級公務員の多様なキャリア構造を正確に反映させるためである。本書の第4章の分析では、全体の概要を把握するため、便宜的に上級公務員を運用類型、主な職歴ごとに整理したが、計量分析の場合は、より細かい対応が可能なことからこうした方法を選択した[6]。各目標を担当する組織、担当者の判断、職歴・就任・退任日[7]の調査は、第4章で用いたイギリス政府の政官要覧にあたるDod's Civil Service Companionの各年度版、各省の年次報告書および資源会計報告書（Resources Accounts）を用いている。職歴の具体的な調査方法は第4章と同様である。担当者の職歴内容は、4つの職業経験の有無から測定している。

5）短期間の出向、研修、キャリア初期のトレーニーなどの経験を除く目的で、職業経験の有無は満3年を基準に測定している。3年未満の職業経験は経験なしとしている。

6）この測定方法には、職業経験の（3年以上）の長さの重要性、職業経験の順番を考慮できないという限界がある。

7）局長の就任・退任日は資源会計報告書に記載されている場合が多い。記載のない人物についてはDod's Civil Service Companionの職歴、新聞・ニュースの報道等で補っている。

第一は、当該組織の経験の有無である。当該政策目標を所掌する職位の経験が過去にあるかどうかで判断している。政府内で当該政策領域の経験があるかどうかを測定することで、政府内で習得可能な当該政策領域の知識の有無を測定している。

　第二は、中央政府各省の政策形成職位の経験の有無である。中央政府の政策形成に特有の知識・技能の有無を測定するため、このような指標を設けている。ウェーバー型の運用類型で導入される知識・技能を念頭に置いた指標である。現職と同一の省であるかどうかではなく、中央政府の省であれば、いずれの省の経験であっても経験ありとして判断している。これはイギリス特有の事情が関係しており、イギリスは省の再編が頻繁に行われているため、省という組織の境界線が持つ意味合いが日本や韓国ほど重要ではなく、省を単位として経験の有無を測定する意義が低い[8]。

　第三は、民間部門の経験の有無である。民間部門特有のマネジメント技能、コスト意識など、民間部門でしか習得できない技能の有無を測定するために設けた指標である。NPM型の運用類型で導入される技能を測定しているとも言える。

　第四は、任用先の職位の政策領域と関連のある組織での職業経験の有無である。そのほとんどは、政府外の公共部門での経験になるが、民間企業も一部含まれている。政府外でしか習得できない、何らかの当該政策領域に関する知識の有無を測定するために設けた指標である。ネットワーク型の運用類型で導入される知識を測定しているとも言える。

　以上の4つの変数により、担当者の職歴を測定した上で、担当者全員の平均

　8）例えば、ある政策領域Aを担うA省が、別の政策領域Bを担うB省と合併し、C省となった場合、これまでA省でキャリアを積んでいた職員がC省の中で、旧B省の政策領域の職位へ異動するようになる。そしてC省が後にもう一度組織編成の変更で分割され、旧A省と旧B省がバラバラになった場合、旧A省の職員がその後も旧B省の政策領域へと異動したままになり旧B省の領域で勤務し続けるような事例が、職歴調査の中で幾度も観察された。厳格なデータとして測定はしていないが、このような政策領域をまたがる異動は、C省のように異なる政策領域の省が合併している期間中に起きている事例が多く見られた。同一省内であると何かしらの理由で専門性のない政策領域への異動が容易になっている可能性がある。

第7章　局長・課長の職歴と省の業績　　173

値を独立変数として用いている。したがって理論上の最低値は0、最大値は1
となる。職業経験の有無は満3年を基準としているため、例えば、民間企業の
経験があるからといって、必ずしもその人物が民間企業で主なキャリアを積ん
でいるとは限らない点に注意が必要である。同様のことは中央政府各省での経
験など他の指標にも言えることである。

(3)　目標の難易度に影響を与えるその他の要因（コントロール変数）

　目標達成の難易度を左右するコントロール変数として、目標の種類（2つ）、
目標を担当する職位数、担当者の交代数、担当者の事前在任期間の5つの変数
を投入した。まず目標の種類は、上述したように目標達成の判定基準が目標ご
とに異なっていることから、判定基準の違いによって2つの変数を設けた。第
一は、明確な数値目標があるものである。第二は、明確な数値目標がない文章
型の目標である。両者はともにダミー変数であり、基準値からの増減だけが目
標とされている場合をベースカテゴリとしている。

　目標を担当する職位数は、ほとんどの場合は整数値であるが、評価期間中に
担当職位の増減があった場合は当該職位が存在した日数に応じた調整を行って
いる。担当者の交代数は、目標を担当する職位数が増えるほど多くなる傾向が
あるため、職位数で調整した値を用いている。担当者の事前在任期間は、評価
期間開始時に在職していた担当者が、評価期間よりも前に在職していた期間を
用いている[9]。

(4)　データの構造と分析手法

　従属変数であるPSAsの小目標1つに対し、担当する組織に属する、複数の
局長・課長の職歴の平均値が独立変数になっている。240の小目標（N=240）に
対し、71の組織（局長・課長のセット）が担当している。従属変数が目標の達成
／未達成であることから、プロビット[10]回帰分析を用いた。局長・課長の組み

---

9)　正確な就任月日が分からない課長が多いため、事前在任期間は一律に切り上げ、評価
　期間開始時に当該職位の就任から何年目であったかを1年単位で測定している。直観的
　に理解できるようにするため、就任から1年以内であれば1年目の"1"、1年以上経過2
　年未満であれば2年目の"2"としている。

合わせ1グループが3-4の目標を担っており、擬似反復の問題があることから、変量効果を考慮した混合効果ロジスティック回帰モデルを用いた分析も実施したが、変量効果の影響は十分に小さく、分析結果も本書中に掲載したプーリングデータによる単純なプロビット回帰モデルと同様であった。また、計量分析に際しては各変数を平均0、分散1のデータに基準化した上で、分析を実施している。

3　上級公務員の職歴と業績の関係

　各変数が組織の目標達成にどのような影響をもたらすかについては、先行研究あるいは理論的背景から仮説が存在するもの、対立する仮説が複数存在するものが混在している。

　まず、分析の目的である職歴に関する独立変数から検討する。職業経験の有無を表す独立変数は、「当該組織」「省」「民間部門」「任用先職位と同一政策領域の政府外組織」の4つである。「当該組織」「省」の経験がもたらす影響は、立場により仮説が異なる。ウェーバー型の重要性を強調し、NPMに批判的な立場は「当該組織」「省」の経験率が低下すると組織の業績が低下すると主張する。Cho et al. (2013) の分析結果は「当該組織」「省」の経験が業績に正の影響をもたらすことを裏付けるものであると言える。一方、NPMの立場からはこうした政府内の職業経験はマイナスに捉えられ、「当該組織」「省」の経験は業績に負の影響をもたらすと考えられる。

　次に「民間部門」の経験であるが、これも立場により解釈が分かれるところである。ウェーバー型の官僚制を重視する立場からは、「民間部門」の経験は業績に負の影響を与えると想定される。しかし、NPMの立場からは民間部門のマネジメント技能などが導入され業績に正の影響を与えると捉えられる。また、本書の分析手法上の制約であるが、従属変数として業績測定制度における目標の達成／未達成を用いており、民間部門の組織の方がこうしたNPM型の業績管理方法に慣れているだろう。そのため、民間部門の職業経験がある人物

---

10) ロジスティック回帰における、誤差項の確率分布はガンベル分布であるため、誤差項の確率分布を正規分布とする、プロビット回帰を選択している。

の方が、業績測定制度へ敏感に反応し、業績に正の影響を与える可能性がある。

　最後に、「任用先職位と同一政策領域の政府外組織」の経験であるが、これは第5章、第6章の事例で観察されたような、ネットワーク型の運用を表す変数である。この変数については組織の業績にどのような影響をもたらすか、先行研究に基づく仮説が存在しない。ネットワーク型の運用が政策形成の職位に多いことを考えれば、雇用主である政府の側は任用先職位と同一政策領域の政府外組織で得られる、政府内では習得が難しい政策領域の知識に期待しているため、理論上は組織の業績が向上すると考えられる。

　コントロール変数として投入した独立変数についても、同様の検討を行う。コントロール変数は目標達成基準を表す「数値目標」「文章型目標」のほか、「担当職位数」「担当者交代数」「事前在任期間」の5つである。

　目標達成基準を表す2つの変数は、明確な「数値目標」が存在するほど達成は困難になり業績への負の影響を与えることが想定される。逆に「文章型目標」は達成／未達成の基準があいまいで、達成することが容易となり業績へ正の影響を与える。

　「担当職位数」が増えるほど、担当者の人数や関わる組織の数が増え、業績へ正の影響を与えると考えられる。

　一方、「担当者交代数」「事前在任期間」は、考え方により想定される正負の関係が異なる。日本や韓国のようなキャリアシステムの観点から見ると「担当者交代数」が多いほど、当該職位の経験が浅い人物が任用されるため、安定的な組織運営、組織の業績に負の影響があると考えられる。「事前在任期間」も同様で、短くなるほど経験の浅い人物が任用されていることになり、組織の業績に負の影響があると想定される。キャリアシステムの感覚からすれば、職員は当該職位に任用されてからも、その職位に応じた能力を習得し成長するのであり、経験を積み当該職位に慣れる時間が長いほど、一般的に業績に正の影響を与えると考えられる。しかし、ポジションシステムの観点から見れば、全く逆の効果が想定され得る。第5章、第6章の事例分析でも明らかなように、ポジションシステムの世界では、当該職位に必要な能力を持った最適な候補者が任用される。任用者は任用時点で当該職位に最も適した人物であり、時間が経過するほど、当初評価されていた能力が価値を失う可能性がある。したがって、

表7-1　独立変数と従属変数の間に想定される関係

独立変数		仮説
職業経験の有無	当該組織	＋（NPM批判）
	省	－（NPM支持）
	民間部門	＋（NPM支持） －（NPM批判）
	任用先と同一政策領域の政府外組織	＋
コントロール変数	数値目標	－
	文章型目標	＋
	担当職位数	
	担当者交代数	＋（ポジションシステム） －（キャリアシステム）
	事前在任期間	＋（キャリアシステム） －（ポジションシステム）

（出典）筆者作成。

「担当者交代数」の多さは、目標内容に応じた人物へと担当者が交代した指標と捉えることもでき、業績に正の影響を与える可能性がある。「事前在任期間」についても同様であり、古くから在職している人物ほど、現状の組織環境に適した能力を有していない可能性があり、「事前在任期間」が短い方が業績に正の影響を与えるとも考えられる。

表7-1は、独立変数ごとに想定される従属変数との作業仮説をまとめたものである。対立する仮説が存在するものは両方を併記している[11]。

表7-2は各変数の記述統計量を示したものである。最小値・最大値は0と1であるが、平均値が示す通り民間部門の経験者率は低く、各省公務員の経験者率は高い。表7-3はプロビット回帰分析の結果を示したものである。前述したように、1つの組織が複数目標を担っており擬似反復となっていることから、変量効果を考慮した分析も実施したが、変量効果の影響は十分に小さかったため、プーリングデータで分析を行っている。投入した変数の多重共線性につい

11）本書の分析には断り書きのない限り全てStata 12.1を用いている。

第7章 局長・課長の職歴と省の業績 177

表7-2 記述統計量

	平均値	標準偏差	最小値	最大値
当該組織	0.302	0.268	0	1
省	0.707	0.283	0	1
民間部門	0.161	0.257	0	1
同一政策領域の政府外組織	0.36	0.312	0	1
数値目標	0.592	0.493	0	1
文章型目標	0.121	0.327	0	1
担当職位数	2.295	0.905	0.962	4.742
担当者交代数（回数）	0.377	0.38	0	1.55
事前在任期間（年数）	1.328	0.757	0	3.5

（N=240）
（出典）筆者作成。

表7-3 PSAs担当者の職業経験と組織の業績

	係数	標準誤差
当該組織	－ 0.075	0.093
省	0.283	0.154 [†]
民間部門	0.263	0.108 [*]
同一政策領域の政府外組織	0.198	0.143
数値目標	－ 0.084	0.097
文章型目標	0.139	0.109
担当職位数	0.33	0.098 [**]
担当者交代数	0.187	0.091 [*]
事前在任期間	－ 0.027	0.094
定数	0.358	0.086

***:$p < 0.001$ **:$0.001 \leq p < 0.01$ *:$0.01 \leq p < 0.05$ [†]:$0.05 \leq p < 0.1$
（N=240, LR χ^2: 25.36 ** Cox&Snell R^2: 0.080）

ては、相関係数とVariance Inflation Factor（VIF）を算出し、問題がないことを確認した[12]。

---

12) VIFの値はいずれも3以下であった。Stata 12はVIFを算出できないため、adoファイルのcollinを用いて算出している。

分析結果について各変数を見ていく。当該組織の職業経験の有無は有意な影響がなく、政府内で習得可能な政策領域に関する知識の有無は、目標の成否に影響を与えていない。次に、各省の職業経験がある場合、目標を達成する可能性が高まる。各省の公務員経験を通じて習得できる政策形成過程の知識・技能の有効性が示されたと言えよう。ウェーバー型の運用類型を示すこれら2つの指標のうち、当該組織の経験は影響がなかったが、省の経験は目標を達成する可能性を高めることがわかる。ウェーバー型の重要性を強調する立場を支持する結果であると言える。

次に、民間部門の職業経験であるが、こちらも民間部門の経験があると目標を達成する可能性が高まることが示されており、民間部門で習得されるマネジメント技能などの有効性が観察された。PSAsのような業績測定制度に対し、民間部門の職業経験がある人物の方が、敏感に反応し積極的に目標達成に注力するという解釈もできる。民間部門の職業経験は、NPM型の運用類型を示す指標であり、NPMの重要性を強調する立場を支持する結果であると言える。

この結論は、上述のウェーバー型の重要性を強調するNPM批判の立場と矛盾するようにも感じるが、両者は相反するものではない。本書は、イギリスの上級公務員の複雑な職歴を分析に反映させるため、満3年以上の職業経験があるかどうかで経験の有無を判定している。そのため、各省公務員の経験と、民間部門の経験は公務員個人レベルでも同時に成り立つものであるし、そのような複合的なキャリアを有する公務員は今回の分析対象の中にも存在する。分析の結果が示すのは、NPM批判論者が重要性を主張する、政府特有の政策形成の知識・技能や、NPM論者が主張するような民間部門のマネジメント技能を有する担当者の割合が高くなるほど、いずれも目標を達成する可能性が高くなるということである。

そして、先行研究に基づく作業仮説が存在しなかった任用先職位と同一政策領域の政府外組織での経験であるが、目標の達成に対して統計的に有意な影響を与えていなかった。この指標は第5章、第6章の事例分析で取り上げたようなネットワーク型の運用を念頭に置いたものであり、政府外のステークホルダーで習得される政策領域の知識の有無を測定したものである。当該部門の経験の有無の変数もそうであるが、政策領域の「知識」の有無に関する変数は、

政府内・外のどちらで習得する知識であろうと、いずれも目標の成否に対して、有意な影響を与えていないという分析結果であった。

本章の分析では、政策領域と関連性のある政府内・外の組織での経験よりも、政策領域とは無関係な政府各省での経験で得られる政策形成の技能や、民間部門での経験で得られるマネジメントの技能の方が、組織目標を達成する可能性を高めることが明らかになった。

コントロール変数として投入した変数についても分析を加えておく。目標の難易度をコントロールするために投入した、数値目標、文章型目標の変数はともに統計的に有意ではなかったが、係数の正負の方向については作業仮説で推定した通りの結果であった。担当職位数についても、職位数が増えるほど目標を達成する可能性を高めており、仮説で想定していた通りの結果である。担当者交代数と事前在任期間については、若干の考察を要する。作業仮説の段階では、キャリアシステム的な発想に基づけば、交代数が少なく事前在任期間が長いほど、目標を達成する可能性が高くなると想定され、ポジションシステム的な発想に基づけば、交代数が多く事前在任期間が短いほど目標を達成する可能性が高くなることが想定されていた。分析の結果は、担当者交代数が増えるほど目標を達成する可能性が高くなることが示された。事前在任期間については有意な影響がないものの、どちらかと言えばポジションシステムの考え方と同様の分析結果であると言える。イギリスの公務員制度自体がポジションシステムであることから、妥当な分析結果であると言えよう。

4　政策形成の職位において有用な職歴は何か

本章では政策形成の職位における公務員の職歴と組織の業績の関係を計量的に分析した。本章の分析の結果、各省の経験で得られる政策形成の技能と、民間部門の経験で得られるマネジメントを含む諸技能は、双方とも組織の業績に対して有用であることが示された。ウェーバー型の運用、NPM型の運用がともに組織の目標達成に有効である反面、ネットワーク型の運用は目標の成否に影響を与えていないことも明らかになった。本章冒頭で述べたようにCho et al.（2013）はウェーバー型の公務員制度が政府の有効性・質に正の影響を与え

ることを示しNPMに対して批判的な見解を提示しているが、本章の分析結果はウェーバー型の運用に加え、同時にNPM型の運用も有効であることを示している。

　分析結果を組織レベルから個人レベルに落とし込むと、第6章で取り上げたマッカーシーのように、各省公務員の経験もなく、民間部門の経験もない、任用先職位と同一政策領域の公共部門の経験だけを有する人物を任用すると、本章の分析結果の上では悪影響である。また、第5章で取り上げたヒューズのように、各省公務員の経験がなく、民間部門の経験がある場合も、各省経験がないことによる負の影響と民間部門経験の正の影響の双方をもたらすことになる。本章の分析結果が示唆するのは、官民の複合的な職歴が最も望ましいということになる。

　現実の人事政策への示唆としては、公務員しか職業経験のない職員で組織を構成する場合や、民間部門しか職業経験のない職員を大量に中途採用する場合のように、極端な運用はいずれかの変数の値を高める反面、もう一方の変数の値を低下させるため、有効性が低いと考えられる。また、職員個人レベルの人材育成に対しては、公務員を一定期間民間部門に出向させる、あるいはキャリア早期に民間部門経験を有する人物を採用し長期間政府内で活用する手法が有効であろう。出向とは逆に、民間部門から中途採用を行った場合は、一時的に各省公務員経験のない人物を雇用することで業績に負の影響をもたらすわけであり、訓練のコストを払う以上、政府外に転出しないようとどめておくことが重要である。ただし、キャリア後期での上級公務員レベルにおける民間部門からの中途採用は給与コストが高く、退職までの期間も短いことから、コストの面では出向などに比べ非効率であると思われる。

第8章

執行エージェンシー長官の職歴と組織の業績

1 執行エージェンシーの業績の分析

　前章では、政策形成の職位を対象に計量分析を実施したが、本章では政策実施の職位を対象に計量分析を実施する。具体的には、イギリスの執行エージェンシー長官を対象に、長官の職歴と組織目標の達成／未達成の関係を分析する。本章の分析目的は、政策実施の職位においてポジションシステムの公務員制度が、組織の業績にどのような影響を与えているかを明らかにすることである。政策形成と政策実施の職位の違いにより、業績に与える影響が異なるかを確認する。また、執行エージェンシーの場合、各省の局長・課長のように政策的な目標を与えられているだけでなく、その原資となるコスト管理の目標も同時に与えられている。省の場合、予算の節約に関してはライン部門とは別に財務（finance）局長・課長が担当しており、ライン部門の局長・課長は直接的な目標担当者ではない。執行エージェンシーの長官は政策的目標と資源管理目標という相反する目標を同時に課されており、目標のタイプにより職業経験が与える影響が異なるかを検証することも分析の目的の1つである。

（1）　エージェンシーの業績を表す指標（従属変数）
　組織の業績を表す従属変数には、イギリスの執行エージェンシーに課される各年度の個別目標を用いる。執行エージェンシーの目標は、大臣と長官（chief executive）と高級官僚の相互作用で決まり、達成した場合には長官は契約時の固定給とは別にボーナスが支給される（笠 2010, 106）。前章で取り扱ったPSAsが、各省と財務省の合意により定められ各省が組織として目標を担うのに対し、

エージェンシーの場合は長官個人が目標を担う側面が強いと言える。目標設定に関して、調査の際に観察した限りでは、前年度に目標を達成すると、目標値のほぼ上限[1]に到達していない限りは必ず翌年度の目標値が上がる傾向にある。そのため、比較的良好な成績の場合でも、目標が上がった結果、翌年度は目標未達成となる例もよく生じていた。

　分析対象となるエージェンシーは、Dod's Civil Service Companion を基に調査した。具体的には、2003 年秋に発行された Dod's Civil Service Companion 2004 から、2010 年秋に発行された、同 2010-2011 までの各年度版に掲載されている、全省[2]のエージェンシーを組織図からリストアップし、ホームページから各エージェンシーの年次報告書を収集した。年次報告書の収集にはインターネットを用いており、既に閉鎖されたエージェンシーや、ホームページが変更されたエージェンシーについては、イギリス政府のアーカイブ、または Internet Archive のウェブサイトを用いている。年次報告書には、必ず各年度の目標とその達成状況が掲載されており、各目標の達成／未達成（1 or 0）を従属変数とした。2003 年秋以降については、存在する全てのエージェンシーを調査対象として年次報告書を収集したが、それ以前の時期についてはエージェンシーの一覧が入手できないため、2003 年秋時点で存在しているエージェンシーのみ過去に遡り年次報告書を収集した。また、2010 年秋以降についても、その後新設されたエージェンシーも含めた調査を実施している。

　調査対象となるエージェンシーは、全70 機関、調査対象となる年次報告書は全960 であったが、2000 年以前のものを中心に年次報告書が入手できない機関・年度、目標が明示されていない機関・年度も多い。実際に分析に用いるのは全69 機関中の44 機関、のべ942 年度分のうち、416 年度分のデータである（収集率44％）。最新の年次報告書ほど入手が容易なため、データの時期には多少の偏りがあり、のべ416 年度分のデータのうち391 年度分は2000 年度以降のも

---

1) 例えば、事務処理の正確さが既に99.5％程度まで到達している場合などがそうである。失敗を完全になくし100％正確に作業するのは非現実的であり、このような場合は前年度の目標水準が据え置かれていた。

2) 防衛省を除く。時期により違いはあるもののイギリスの執行エージェンシーのおよそ半数は防衛省のエージェンシーである。その特殊性の高さから分析の対象外とした。

のである。したがって分析対象となるデータの範囲は、おおよそ2000年度以降から、最新の2014年度までとなる。各エージェンシーには、年度ごとに目標が与えられているが、機関・時期によりその数は様々であり、目標が1つしかない場合もあれば、最大57の目標が課されている場合もある。これら各機関の各年度に課されている個々の目標が分析の単位であり、目標の総数は5,115である（N=5,115）。

(2) 長官の職歴を表す指標（独立変数）

　分析の独立変数は、エージェンシーの目標を担う長官の職歴である。前章では、各省の局長・課長で構成される組織レベルを分析の単位としたが、本章ではエージェンシー長官個人を分析の単位とする。これは各省と執行エージェンシーの業績測定制度の違いを反映したものである。PSAsは、各省が財務省と合意し組織単位で目標が課されるものであるが、執行エージェンシーの目標は、大臣と長官との間で設定され、個人ボーナスとの結びつきも強く、長官個人レベルを分析の単位とするのが適している。

　職歴の測定方法は基本的に前章と同じで、各職業の経験の有無を、満3年以上の経験があるかどうかで判定している。長官が年度途中で就任している場合は、各年度の半分以上を担当した長官を調査対象としている。空位期間などの兼ね合いで、半年以上担当した長官が存在しない年度は調査対象から除外した。エージェンシー長官の場合、省の局長・課長と比べて、離職が生じた後の空位期間が長い傾向にあり、極端な場合は1年以上の空位が生じている事例も観察された。そのため、半年以上の長期にわたり長官代理を担当している場合は、代理として任用されている人物も調査対象に含めている。長官代理も必ずしも安定的ではなく、空位期間が長い場合は長官代理が途中で交代している事例もある。

　調査対象がエージェンシー長官であるため、職歴の有無を表す変数に多少の違いがある。職歴内容を表す変数は、「当該組織」「エージェンシー」「民間部門」「任用先と同一の政策領域における政府外組織」の4つである。

　第一は、当該組織の経験の有無である。当該エージェンシーでの経験が過去にあるかどうかで判断しており、当該エージェンシー特有の知識の有無を測定

している。

　第二は、エージェンシーの経験の有無である。当該組織に限らず、執行エージェンシーでの職業経験が過去にあるかどうかで判断しており、政策執行に関する技能の有無を判定している。当該組織の経験とともに、政府内で習得される知識・技能を重視したウェーバー型の類型を念頭に置いた変数である。

　第三は、民間部門の経験の有無であり、民間部門特有のマネジメント技能、コスト意識などの技能の有無を測定するために設けた指標である。NPM型の運用類型を表す変数でもある。

　第四は、任用先と同一の政策領域における政府外組織の経験の有無であり、政策実施の職位において、政府外でしか習得できない政策領域の知識が有効であるかを測定するために設けた指標である。ネットワーク型の運用類型を表す変数である。

　以上の4つの変数により、長官の職歴を1 or 0で測定し独立変数として用いている。前章の分析とは異なり、分析単位となる各年度の個別目標には、それぞれ1人の当該エージェンシーの長官しか存在しないため、各長官の職歴の有無がそのまま独立変数として投入される。

（3）　目標の難易度に影響を与えるその他の要因（コントロール変数）

　目標達成の難易度を左右するコントロール変数として、目標の種類（4つ）、「当該年度の目標総数」「目標達成の判定基準数」「エージェンシー設置からの経過年数」「長官就任年数」の8つの変数を投入した。

　目標の種類については、目標の内容に応じて4つの変数を設けた。第一は、「時間目標」である。客の待ち時間や事務処理時間など、政策実施の時間に関する目標が該当する。第二は、「アウトカム目標」である。顧客の満足度や売上など、エージェンシーの側が単にサービスを提供しただけでは達成できない中間アウトカム指標の目標が該当する。第三は、「休暇削減目標」である。イギリスのエージェンシーの多くは効率性向上のため、職員の傷病休暇取得日数を減らす目標を課している。第四は、「効率化目標」である。コストカット、人員削減、財務の黒字化など、サービスの提供ではなく組織のコスト面での目標が該当する。以上の4種類それぞれについて、該当する目標である場合を1

第8章　執行エージェンシー長官の職歴と組織の業績　185

とし、該当しない目標（文章型、アウトプットの数量、ルールの策定など）であれば0としている。

　次に「当該年度の目標総数」とは、当該年度にそのエージェンシーに対していくつの目標が課されているかを表す数字である。「目標達成の判定基準数」とは、各目標に関して達成／未達成の判定基準数が複数設定されている場合があるため、このような変数を設けている。例えば時間目標を例に挙げると、申請書の60%を10日以内、85%を20日以内、95%を30日以内に処理する、というような形で3段階の達成基準が設けられている場合がある。本章の分析では、複数の達成基準がある場合はその全てを達成した場合のみを目標達成として扱っており、達成基準が増えるほど達成が困難になることから、達成基準数を変数として投入している。「エージェンシー設置からの経過年数」は、当該エージェンシーが、エージェンシー化されてから何年目であるかを変数として投入している。「長官就任年数」も同様に就任から何年目かを変数として投入している。

（4）　データの構造と分析手法

　本章の分析は、従属変数がエージェンシーの目標1つの達成／未達成で、エージェンシー長官の職業経験の有無が主な独立変数になっている。従属変数が目標の達成／未達成であることから、プロビット[3]回帰分析を用いた。5,115の目標（N=5,115）に対し、108人の長官が担当しており、擬似反復の問題がある。そこで、変量効果を考慮した混合効果ロジスティック回帰モデルを用いた分析も実施したが、変量効果の影響は十分に小さく、分析結果も本書中に掲載したプーリングデータによる単純なプロビット回帰モデルと同様であった。

　計量分析に際しては各変数を平均0、分散1のデータに基準化した上で、分析を実施している。全44機関の組織差が大きいため、エージェンシーごとのダミー変数を投入した。加えて、年度単位での影響を取り除くため、年度ダミーを投入した。

　また、目標の種類と職業経験の間に、交互作用が存在するかどうかについて

　3）前章の分析と同様に、ロジスティック回帰における、誤差項の確率分布はガンベル分布であるため、誤差項の確率分布を正規分布とする、プロビット回帰を選択している。

も分析を行っている。具体的には、コスト意識が高いと考えられる民間部門の職業経験と効率化目標との交互作用項を設けたモデルで分析を実施している。

2　エージェンシー長官の職歴と業績の関係

　独立変数の作業仮説については、前章と重複する箇所が多いため簡略化して記述する。「当該組織」「エージェンシー」の職業経験についての独立変数は、ウェーバー型の運用類型を念頭に置いた変数である。「当該組織」は当該エージェンシーの政策領域に関する知識、「エージェンシー」は政策実施の職位に関する技能の有無を代替して測定している。ウェーバー型の重要性を強調する立場からは、両変数とも業績に正の影響を与えると考えられる。一方、NPMの立場からは、伝統的な官僚制の要素が強いこうした職業経験者は、組織の業績に負の影響を与えると考えられる。

　「民間部門」の職業経験についても同様のことが言える。ウェーバー型の重要性を強調する立場からは業績に負の影響を与えるとされ、NPMの立場からは民間部門のマネジメント技能、コスト意識などが業績に正の影響を与えるとされる。加えて、NPM型の業績管理の典型であるエージェンシーの業績測定制度を従属変数に用いているため、民間部門の職業経験が組織の業績に正の影響を与える可能性がある。

　また、民間部門の職業経験は一般的にコスト意識を高めることが想起され、コストの効率化に関する目標との交互作用が存在する可能性がある。そこで、後述するコントロール変数の中で、目標の種類を表す変数のうち効率化に関する目標を表す、「効率化目標」の変数との交互作用項を設けた分析も実施している。民間部門×効率化目標の交互作用については、当然ながら業績に正の影響を与えることが想定される。

　「任用先と同一の政策領域における政府外組織」も前章の場合と同様であり、先行研究に基づく仮説が存在しない。雇用主である政府の期待通りであれば、政府内では習得が難しい政策領域の知識が組織の業績に正の影響を与える可能性がある。

　コントロール変数については、前章の分析とは投入変数が異なるため、詳細

に検討していく。まず、目標の種類に関する変数は「時間目標」「アウトカム目標」「休暇削減目標」「効率化目標」の4つであるが、これらはいずれもベースカテゴリとなるその他全ての目標（文章型、アウトプットの数量、ルールの策定など）よりも、目標達成を困難にすることが想定される。

次に、「当該年度の目標総数」は、当該年度に同時に課されている目標総数が多くなるほど、エージェンシーは評価対象項目が増え、目標内容も詳細なものになることから全体的な目標達成が困難になると想定される。「目標達成の判定基準数」も同様であり、達成／未達成を判定する基準の数が増えるほど達成が困難になる。

「エージェンシー設置からの経過年数」については、エージェンシーの設置から時間が経過するとともに、実現可能な目標値の予測可能性が高まると考えられるため、設置からの経過年数が増えるほど目標達成が容易になると想定している。エージェンシーの目標は毎年大臣と長官の間で設定されているものの、実際には前年の指標をある程度引き継いでおり、目標値の水準についても前年の達成状況を踏まえて目標設定がなされる場合が多い。データ収集の過程でも、設置間もないエージェンシーにおいて目標値と実績値が極端に乖離し、目標未達成となっている事例が散見された。「長官就任年数」については、前章と同様に判断の分かれるところである。キャリアシステムの発想からすれば、時間が経過するほど職務に慣れ、業績に正の影響を与えると考えられるが、ポジションシステムの発想からすれば、任用者の知識・技能が当該職位の要求内容に最も合致しているのは任用時点であるため、時間の経過とともに業績に負の影響が生じる可能性もある。

表8-1は独立変数ごとに想定される、従属変数との作業仮説をまとめたものである。対立する仮説が存在するものは両方を併記している。

表8-2は各変数の記述統計量を示したものである。また表8-3は分析の結果を示したものである。表8-3のモデルⅠは独立変数・コントロール変数のみを投入したモデルであり、モデルⅡは交互作用項である「民間部門×効率化目標」を加えたモデルである。投入した変数の多重共線性については、相関係数と Variance Inflation Factor（VIF）を算出し問題がないことを確認した[4]。いずれのモデルもエージェンシー組織ごとのダミー変数、年度別のダミー変数を投

表8-1　独立変数と従属変数の間に想定される関係

独立変数		仮説
職業経験の有無	当該組織	＋（NPM批判）
	エージェンシー	－（NPM支持）
	民間部門	＋（NPM支持） －（NPM批判）
	任用先と同一政策領域の政府外組織	＋
コントロール変数	時間目標 アウトカム目標 休暇削減目標 効率化目標 目標総数 達成判定基準数	－
	設置経過年数	＋
	長官就任年数	＋（キャリアシステム） －（ポジションシステム）

（出典）筆者作成。

表8-2　記述統計量

	平均値	標準偏差	最小値	最大値
当該組織	0.185	0.388	0	1
エージェンシー	0.38	0.485	0	1
民間部門	0.413	0.492	0	1
同一政策領域の政府外組織	0.377	0.485	0	1
時間目標	0.297	0.457	0	1
アウトカム目標	0.272	0.445	0	1
休暇削減目標	0.013	0.111	0	1
効率化目標	0.108	0.31	0	1
目標総数	17.891	10.323	1	57
達成判定基準数	0.831	0.499	0	5
設置経過年数	12.445	6.643	1	26
長官就任年数	3.439	2.37	1	14

（N＝5,115）
（出典）筆者作成。

第8章　執行エージェンシー長官の職歴と組織の業績　　189

表8-3　エージェンシー長官の職業経験と組織の業績

	Model I		Model II	
	係数	標準誤差	係数	標準誤差
当該組織	− 0.15	0.044 **	− 0.152	0.044 **
エージェンシー	0.155	0.046 **	0.156	0.046 **
民間部門	− 0.101	0.038 **	− 0.12	0.039 **
同一政策領域の政府外組織	0.161	0.053 **	0.16	0.053 **
時間目標	− 0.077	0.038 *	− 0.082	0.038 *
アウトカム目標	− 0.131	0.034 ***	− 0.131	0.035 ***
休暇削減目標	− 0.144	0.02 ***	− 0.144	0.020 ***
効率化目標	− 0.008	0.03	− 0.054	0.036
目標総数	− 0.099	0.038 **	− 0.1	0.038 **
達成判定基準数	− 0.131	0.031 ***	− 0.13	0.031 ***
設置経過年数	− 0.498	1.109	− 0.491	1.11
長官就任年数	− 0.074	0.028 **	− 0.072	0.028 *
民間×効率化目標			0.080	0.036 *
定数	1.382	0.855	1.406	0.856
LR χ^2	769.05 ***		774.15 ***	
Cox&Snell R^2	0.149		0.15	

***:$p < 0.001$ **:$0.001 \leq p < 0.01$ *:$0.01 \leq p < 0.05$ †:$0.05 \leq p < 0.1$
（N=5,115）

入している。

　分析結果について各変数を見ていく。まず、当該組織の職業経験があると、目標を達成する可能性が低くなることが示された。当該組織特有の政策領域に関する知識がある方が、目標達成に有利なようにも思えるが、分析結果はその逆である。コントロール変数で投入した長官就任年数についても、係数がマイナスで、悪影響を与えることが示されている。就任してからの年数が長くなるほど、当該組織の職業経験を積み、政策領域に関する知識が増え、目標を達成する可能性が高くなるのではないかと考えられるが、こちらも逆の結果が出ている。当該組織での経験に関する変数が2つとも悪影響を与えているのである。

───────────────

　4）VIFの値はいずれも3以下であった。

このような結果は、エージェンシー特有の業績測定制度に起因するものと思われる。上述したように、執行エージェンシーの目標は毎年設定し直され、一度達成すると、翌年度の目標水準が（達成の見込みがあるかどうかにかかわらず）ほぼ無根拠に引き上げられる傾向にある。この点は、民間部門の業績管理によく似た部分である。毎年上がり続ける目標を達成し続けるには、組織の既存の業務遂行方法を何かしらの形でカイゼンし続けることが求められる。当該組織の経験がある人物や、長官に就任してからの年数が長くなった人物は、既存のやり方を変革しにくい、あるいは新鮮な目線を失い組織の問題点に気付きにくくなっているのではないかと考えられる。当該組織の変数については、ウェーバー型の官僚制を重視する立場を否定する結果であったと言えよう。

　一方、当該エージェンシーに限らず、執行エージェンシー全般の経験については、エージェンシー経験がある方が目標を達成する可能性が高くなる。エージェンシーの経験で得られる政策実施部門に共通の技能は、組織の目標管理において有効であると考えられる。エージェンシーの変数については、政府内出身者を重視するウェーバー型が支持されたと言える。

　民間部門の経験については興味深い結果が出た。目標全体に対しては、民間部門の経験があると、目標を達成する可能性が低くなる。ただし、効率化目標との交互作用を見ると、民間部門の経験がある方が、効率化目標を達成する可能性が高くなる。民間部門の経験者は、未経験者と比べてコスト意識が強いと考えられるが、他の目標よりも予算の黒字化、人員削減などの効率化目標を優先しているものと思われる。前章の分析では、各省のライン部門の局長・課長レベルを分析対象としていたため、局長・課長は政策目標のみを担っていたが、エージェンシー長官の場合は政策実施目標と同時にコスト管理の目標を担っている。相反する2つの目標を担う場合、民間部門の職業経験を有する長官は効率化を優先するのである。効率化以外の目標では、民間部門の経験が目標達成の可能性を低下させている背景にも、効率化が優先されサービスの質的側面が後回しにされる傾向があるのではないかと考えられる。この分析結果はNPM批判の主張が当てはまっている反面、組織の効率化を第一に優先する場合は民間部門の経験が有効であることも示しており、NPMの主張を裏付ける結果でもある。

ネットワーク型の運用を想定した、当該組織と同一政策領域の政府外組織の経験については、前章とは異なり、目標を達成する可能性が高くなることが示された。これは政府外の組織でしか習得できない政策領域の知識を表す変数であるが、政策形成の職位とは異なり、政策実施の職位では、こうした知識の有効性が示されたことになる。

コントロール変数として投入した変数については、いずれも作業仮説で想定した通りの結果となっている。

3　ポジションシステムの運用類型と業績の関係

本章では、政策実施の職位における、エージェンシー長官の職歴と組織の業績の関係を計量的に分析した。本章の分析の結果、各エージェンシーで得られる当該組織の知識は、当該組織の目標を達成する可能性を低下させることが示された。NPMの理論が想定するように、組織内部の経験は必ずしも有益ではなく、業務遂行方法などの大幅な変革には障害となるものと思われる。

一方で、エージェンシーでの経験そのものは目標を達成する可能性を高めており、政策実施の専門性は重要であることが示された。また民間部門の経験は一長一短であり、効率化を重視するとか、全体的な目標達成には悪影響がある。したがって、本章の結論を現実の任用に即して議論するならば、当該組織からの内部昇進や内部出身者の持ち上がりによる長官任用は、目標を達成する可能性を低下させる。ウェーバー型の運用が部分的に否定されたと言えるが、また同時に民間部門からの任用も、全体的には目標達成の可能性を低下させており、NPM型の運用も否定される。唯一目標を達成する可能性を高めるのは、エージェンシーの経験であり、エージェンシー間の人的異動を促進し、他のエージェンシーを経験している政策執行の専門家を任用するのが、最も効果的な任用であると言える。ただし、効率化を第一の目標とするならば、民間部門経験者の任用は有効であり、NPM型の運用の有効性が示されている。

表8-4は、前章と本章の分析結果を要約したものである。表中の"＋"は業績に正の影響を、"－"は業績に負の影響を与える結果が出たことを示している。

政府内出身者を重視するウェーバー型の運用は、業績に正の影響を与える部

表8-4　計量分析結果の要約

運用類型	職業経験 （習得する知識・技能）	政策 形成	政策 実施
ウェーバー型	当該組織の経験 （政府内で習得可能な 当該政策領域の知識）	影響 なし	－
	省・エージェンシーの経験 （政策形成・実施の技能）	＋	＋
NPM型	民間部門の経験 （マネジメント等の技能）	＋	－
ネットワーク型	任用先と同一政策 領域の政府外組織の経験 （政府外で習得可能な 政策領域の知識）	影響 なし	＋

（出典）筆者作成。

分と、負の影響を与える部分が存在している。当該組織での経験は、業績に正の影響を与えることはないものの、政府特有の政策形成・実施の経験は組織の業績に正の影響を与えることが明らかになった。先行研究であるCho et al.（2013）の分析は、公務員制度の閉鎖性の程度は政府の有効性・質に対して有意な影響を与えていないとの結論を出しているが、本書の分析結果は省・エージェンシーの経験が業績に正の影響を与えることを示しており、一定程度の閉鎖性が組織の業績を高める可能性を示唆している。一方で、本書の分析結果は、当該組織の経験が組織の業績に有意でないか、あるいは負の影響を与えることを示しており、各省・エージェンシー単位での極度に閉鎖的な運用は組織の業績に負の影響を与えることも示している。

　また、民間部門の経験を重視するNPM型の運用についても、Cho et al.（2013）は公務員制度の閉鎖性の程度が有意な影響を与えていないことから、人的資源の流動性が政府の競争力に有意な影響を与えていないと結論付けている。しかし、本書の分析結果からは、政策形成の職位においては業績に正の影響を、政策実施の職位においては負の影響を与えることが示されている。

　政策実施の職位においても、効率化に関しては正の影響を与える結果が出ており、民間部門の職業経験が一定程度組織の業績に有意な効果をもたらすこと

が示されたと言える。本書の分析結果は、ウェーバー型とNPM型の運用の双方が、それぞれ限定的な範囲であるが組織の業績に正の影響を与えることを示している。Cho et al.（2013）が示すような、ウェーバー型の公務員制度の有効性の証明＝NPM型の否定という二項対立の論理展開は、実運用レベルでの分析結果を見る限りは妥当性が低い。

ネットワーク型の運用については、政策形成の職位では有意な影響が観察できず、政策実施の職位では業績に正の影響を与えていた。ウェーバー型の「当該組織の経験の有無」と同様に、政策形成と政策実施で分析結果に違いが出ているが、政策実施の分析はサンプル数が多く、有意水準が過剰に出やすい側面を考慮する必要があるだろう。

政策形成、政策実施の分析ともに、当該政策領域に関する「知識」の有無に関連する変数（当該組織、同一政策領域の政府外組織）よりは、「技能」の有無に関連する変数の方が、政策形成、政策実施双方の分析で明示的に影響が観察される結果となった。なぜ政策形成の職位では知識に関する変数の影響が出なかったかという点について、ここからは本書の分析結果の範疇を超えた推論の域になるが、簡単に考察を加えたい。

政策に関する知識は、明文化された知識であろうと暗黙知のようなものであろうと、必ずしも中途採用の常勤者として組織の中へ取り入れずとも事足りるのではなかろうか。

もともと、政策の検討段階における委員会などの場に外部から有識者や専門家を招聘することでネットワーク型の中途採用と同様の効果が得られていた場合、そこへ新たに常勤者として政府外でしか習得できない知識を有する人材を入れたとしても、政策の結果に大きな違いは生まれない可能性がある。

これはネットワーク型の運用に限らず、ウェーバー型の運用の一部変数である当該組織の経験についても同様である。任用者当人に当該政策領域の知識がなくとも、周囲には誰かしらその知識を有する政府内出身の公務員がいるはずであり、その力を借りれば事足りる可能性がある。人的資源管理論の観点から言えば、自らの経験を通じてしか習得できない「技能」と、比較的容易に習得可能な「知識」との違いが表れた分析結果ではないかと考えられる。

第9章

日本の国家公務員制度の変化と働き方改革の動向

1　日本の国家公務員制度に対する分析視角

　本章では、日本の中途採用の状況を中心に、現在の国家公務員制度を雇用システム全体の幅広い観点から分析する。

　本章の目的は次の3点である。第一の目的は、日本の国家公務員制度における中途採用について、イギリスや韓国と運用実態の比較の観点から分析することである。その上で、現在の日本の公務員制度がキャリアシステムとポジションシステムのいずれに近い実態を有しているのかを検証し、日本の国家公務員制度の位置付けを明らかにする。

　第二の目的は、2000年代の公務員制度改革を経た現在の日本の国家公務員制度が、最大動員システムの構造を維持しているのかどうかを雇用システムの観点から確認することである。日本の国家公務員制度がキャリアシステム、さらには日本型雇用慣行の特徴を有していることは、稲継（1996）により明らかにされているが、2000年代以降、国家公務員制度には様々な制度改革が施されており、単に中途採用を含む採用制度の観点だけでなく、雇用システム全体の幅広い観点から変化の程度を確認する必要があるだろう。

　第三の目的は、現在の霞が関の省庁における働き方改革の取り組み状況を分析し、働き方改革がどのように受容されているかを明らかにすることである。現在の日本のキャリアシステムの状況を議論する上で、欠かすことができない要素となりつつあるのが「働き方改革」である。昨今の民間部門における働き方改革は、脱日本型雇用とも呼べる方向へ向かっている。公務部門で言えばキャリアシステムからポジションシステムへの改革である。日本の公務員制度

は、限られた資源を最大動員する公務員制度として機能してきたが、ポジションシステムへの移行は、最大動員システムの前提条件の喪失にもつながる可能性があり、今後の重要な論点となる。

　本書と類似の問題関心で、日本の公務員制度の2000年代以後の変化を扱う先行研究として、原田（2005）は、NPM改革の一環としての能力・実績主義的な公務員制度改革が最大動員型の公務員制度に与える影響を、改革の実施前に論じている。また、原田（2018）は、スペシャリスト養成志向と給与の部内均衡という2つの観点から、リーマンショック後の人的資源管理の変化について評価している。原田（2018）の分析によれば、日本の公務員制度は、リーマンショックの前後ともに変化なく出世型の類型に該当するという。河合（2019）は、旧自治省官僚のキャリアパス分析を通じて、稲継の提示した遅い昇進システムに変化が生じているかどうかを検証している。河合の分析によれば、遅い昇進システムによるインセンティブは現在も機能しているという。

　先行研究に対する本書の独自性は、日本の公務員制度の変化を、中途採用に代表される採用の側面に加え、外部労働市場も含めた雇用システム全体の視座から捉える点にある。システム全体を論じることは、人的資源管理の各要素それぞれの分析が浅くなるという問題を抱えることになる。また、本書の主題である中途採用を含む採用制度以外の側面については、詳細な分析に限界が存在する。しかし、2000年代以後の改革や、今後の働き方改革が日本の国家公務員制度にもたらす影響を分析する上では、採用、昇進・異動、給与などの個別領域の分析だけではなく、雇用システム全体の俯瞰的視点からの分析が必要であろう。

　また、稲継（1996）が当時の民間部門における労働経済学や経営学の議論を援用したように、現在の日本型雇用を取り巻く行政学の隣接領域の議論を敷衍した上で、その分析枠組みを活用し、民間部門の動向と行政学における人事研究の再接合を図ることには一定の学術的意義があると考えられる。特に、日本型雇用システムに関する評価は、稲継（1996）が発表された当時と現在とでは、かなりの変化が生じており、行政学への再輸入が必要であると思われる。

　本章では、主に2000年代の公務員制度改革について、理念型としての日本型雇用の特徴が、採用、昇進・異動、給与、職務区分の4つの要素において、

どのような変化があったかを確認しつつ、稲継（1996）の分析時点と比較して、現在の日本の公務員制度がどのような立ち位置にあるかを明らかにする。

2　中途採用経路の増加

はじめに公務員の採用を取り巻く変化から確認していく。採用に関する変化としては、2012年の国家公務員試験の変更が最も大きな変更点として挙げられる。特に注目されるのは、従来のキャリア（I種）、ノンキャリア（II種）の試験区分が廃止され、新たに総合職試験となった点である。日本の公務員制度はもともと諸外国に比べれば非エリート層にも配慮した最大動員型のシステムであったものが、キャリア／ノンキャリアの区分さえも存在しなくなったことで、さらに非エリート層へ配慮した制度に変化したと評価できるだろう。ただし、まだ制度の変更から日が浅く、実質的な変化がどの程度生じているかについて、現段階での評価は難しい。

むしろ、制度／運用実態の双方で、日本型雇用システムに対する変化をもたらしているのは、中途採用／任期付採用の増加であろう。過去20年の間に、公務外からキャリア中途で人材を採用する経路が増加している。

元来、日本の中央政府各省の公務員制度は、キャリアシステムの典型である。各省の事務次官・局長級など、上級公務員に相当する職位に就くには、原則としてキャリア早期に各省の組織のメンバーとなりキャリアを積む必要がある。ただし近年は、政府外からの中途採用を可能にする制度の整備が進み、限られた範囲ではあるものの、中央政府各省へのキャリア中期からの加入が可能になりつつある。日本の公務員制度も、いくつかの先進諸国と同様に、キャリアシステムからポジションシステムへ移行していると捉えてもよいのであろうか。

新たに増えた中途採用の主な経路は、①人事院規則1-24に基づく採用（公務活性化のための民間人材採用の特例）、②任期付職員法、③任期付研究員法、④経験者採用、⑤官民人事交流の5つである。これらの中途採用経路が導入されたことで、外観上は日本型雇用システムからアメリカ型へと近づいたように解釈することもできる。従来の最大動員システムにはどのような影響があるだろうか。一般的には、キャリア途中からの参入が容易となると、組織内部で育成さ

れた職員の昇進可能性、組織特有の知識・技能の習得に影響を及ぼすと考えられるが、5つの制度の運用実態を確認しつつシステムへの影響を分析する。

（1） 人事院規則1-24に基づく中途採用

まず、人事院規則1-24に基づく中途採用について概要を説明する。同規則は1998年に「部内の養成では得られない高度の専門性や多様な経験を有する民間の人材を円滑に採用」する必要性から制定された。対象となるのは次の3つの場合である（人事院 2015[1]）。第一に、「実務経験等により高度の専門的な知識経験を有する民間の人材を採用する場合」である。該当する代表例としては、弁護士、公認会計士の中途採用がある。また、経済政策などに関する情報の収集・分析業務、情報システム開発業務などが挙げられる[2]。

第二に、「新規の行政需要に対応するため、実務経験等により公務に有用な資質等を有する民間の人材を採用する場合」である。例としては、金融検査業務が挙げられる。

第三に、「公務と異なる分野における多様な経験等を通じて公務に有用な資質等を有する民間の人材を採用する場合」である。例としては、南極観測隊員、通信システム管理業務、経済分析業務が挙げられる。

やや古いデータになるが、人事院（2007）によれば、制度発足以来の各採用事由別の採用人数は、第一に該当する採用が155人、第二に該当する採用が577人、第三に該当する採用が236人とされている。

表9-1は人事院（2015）による過去5年の採用数を示したものである。近年は毎年度60-90人程度の中途採用があることがわかる。累計の採用数[3]を見ると各省庁でばらつきが大きく、業務内容により中途採用の必要性が大きく異なることが見て取れる。領域により活用程度に差がある点は、韓国、イギリスの運用と同じ傾向であると言える。業務の例が示す通り、政策実施部門や、スタッフ

1） 以下、括弧内の採用事由については人事院（2015）、第1編第3部第1章第4節「1 公務の活性化のための民間人材の採用」を参照。

2） 以下、中途採用の例示内容は平成13 〜 17年度の人事院白書で挙げられているものを参考にしている。平成18年度以降は、事由別の採用例が挙げられていない。

3） 累計数であり、現時点での在職者数ではない点に注意が必要である。

表9-1 民間人材の採用（規則1-24）に基づく採用状況

（単位：人）

府省名	平成22年度	平成23年度	平成24年度	平成25年度	平成26年度	累計
人事院						3
内閣官房						177
宮内庁	6	3	2			24
公正取引委員会	9	2	4	2		68
金融庁	9	2	1	6	6	231
消費者庁				2		2
法務省	2					36
公安調査庁	3			1	3	25
外務省	12	17	7			183
財務省	8	2	1	7	5	133
国税庁		1				3
文部科学省	2					122
厚生労働省						9
農林水産省	6	2	3			31
水産庁						3
経済産業省	13	10	14			177
資源エネルギー庁		1				1
中小企業庁		1				1
国土交通省	21	15	9	12	6	101
環境省						1
原子力規制委員会				22	49	71
独立行政法人 家畜改良センター						1
独立行政法人 国立病院機構	6	14	19	40	21	170
（参考）社会保険庁						59
（参考）日本郵政公社						254
合計	97	70	60	92	90	1,886

（注）累計は制度発足時（平成10年4月1日施行）以降の累積数。

（出典）人事院（2015）『平成26年度 年次報告書』表1-6 民間人材の採用（規則1-24）に基づく採用状況。

部門の職務における専門職型の運用が中心である。

（2）　任期付職員法に基づく中途採用

次に、任期付職員法に基づく中途採用について説明する。任期付職員法は2000年に施行された一般職を対象とした制度である。任用の事由としては次の2つの場合がある（人事院2015[4]）。

第一に、「高度の専門的な知識経験又は優れた識見を有する者をその者が有する当該高度の専門的な知識経験又は優れた識見を一定の期間活用して遂行することが特に必要とされる業務に従事させる場合」である。例としては、弁護士、公認会計士の中途採用が挙げられている。

第二に、「専門的な知識経験を有する者を当該専門的な知識経験が必要とされる業務に期間を限って従事させることが公務の能率的運営を確保するために必要である場合」である。例としては、コンピュータ・セキュリティ業務、原子力保安業務が挙げられている。

制度開始直後の採用数は100人未満であったが、近年は新規採用が460～510人規模と増加傾向にあり、在職者数は1,570人となっている（2017年3月末時点）[5]（表9-2）。

事由別の例ではわかりにくいが、平成26年度の採用官職の例を見ると、総務省総合通信基盤局電波部電波政策課専門職、財務省財務総合政策研究所研究部主任研究官、厚生労働省社会・援護局障害保健福祉部障害福祉課障害福祉専門官など、多種多様である。金融庁では証券取引等監視委員会事務局証券検査官などが例として挙げられており、前述した人事院規則1-24に基づく任期の定めのない中途採用と類似した運用もあるものと思われる。政策形成を担うライン部門の課長補佐への採用例も存在するが、基本的には政策実施部門や、スタッフ部門の職務における専門職型の運用が中心であると思われる。

4）　以下、任期付職員制度の運用状況については人事院（2015）、第1編第3部第1章第4
　　節「2 任期を定めた職員の採用」を参照。
5）　平成28年度人事院白書、図1-9を参照。

（3） 任期付研究員法による採用

任期付研究員法による採用は、1997年に制定された研究員を対象とする中途採用である。国の試験研究機関などで研究業務に従事する一般職が対象であり、2016年度は32人が採用されている。研究職という特殊な職種であること、規模が非常に小さいことから詳細な説明は省略する。

（4） 経験者採用試験

続いて、2012年度より実施されている経験者採用試験について説明する。経験者採用試験は、2006年度より実施されていた人事院による経験者採用システムの試験のうち、社会人経験者向けの試験を引き継ぐ形で始まった試験である。募集の対象となるレベルは、経済産業省が課長補佐級での募集を行っている例もあるが、各省の係長級での募集がほとんどである。各省とも採用予定人数は若干名とされており、大規模な入口として想定されている制度ではないことがうかがえる。制度導入からの年数が浅く、十分な情報がないことから、本書では経験者採用試験の前身とも言える、経験者採用システムにおける、社会人経験者向けの試験について分析する。

従来の経験者採用システムにおいても、社会人経験者をⅠ種試験相当の扱いで係長級以上に中途採用しており、キャリア中期から各省の上級公務員候補であるⅠ種相当の集団に加入する入口は存在していた。ただし、最終的な採用数は非常に少ない。経験者採用システムによる試験の実施最終年度である2011年度で言えば、Ⅰ種相当での募集を行った7省全ての合計で13人の内定者が出ている。金融庁、経済産業省は募集を行いながらも内定数0であり、良い人材がいれば中途採用するものの、いなければ採用を見送っているものと思われる。

専門職が中心であったここまで3種の中途採用に対し、経験者採用は、政策の企画・立案、法令業務などに携わる職務への中途採用である。新卒一括採用限定であったジェネラリスト官僚になるための入口が、係長級にも設けられたものと言えよう。採用後は、Ⅰ種試験に合格し入省した職員と同様の扱いとなり、経験者採用により採用された職員へのインタビューによれば、採用後は複数の職位を異動しながらキャリアを積むことになる（人事院人材局企画課他 2011, 26-31）。同インタビューの事例では、新聞社・出版社での勤務を経て水産庁の

表9-2　任期付職員法に基づく府省別採用状況

(単位：人)

府省名	平成26年度における採用官職の例　※[ ]内は平成25年度以前の採用官職の例	採用者数					
		平成22年度	平成23年度	平成24年度	平成25年度	平成26年度	累計
会計検査院	事務総長官房上席企画調査官付企画調査官	1	2	2	1	4	29
人事院	職員福祉局調査システム専門官（参事官付）				4	3	14
内閣官房	内閣情報調査室内閣衛星情報センター技術部主任開発官付	17	28	20	19	15	164
内閣府	男女共同参画局調査課調査分析専門官	20	19	30	23	19	257
公正取引委員会	審査局管理企画課審査専門官	1	7	8	4	9	64
金融庁	証券取引等監視委員会事務局証券検査官	58	61	72	82	93	760
消費者庁	消費者安全課政策企画専門職	5	21	7	28	17	86
総務省	総合通信基盤局電波部電波政策課専門職	7	4	4	7	5	44
法務省	東京法務局訟務部上席訟務官（法務事務官）	3	2	17	7	16	90
公安調査庁	[公安調査専門職]	1					1
外務省	国際法局経済条約課課長補佐	8	29	21	37	37	292
財務省	財務総合政策研究所研究部主任研究官	17	18	16	35	26	227
国税庁	東京国税不服審判所国税審判官	16	18	19	19	19	108
文部科学省	高等教育局大学振興課専門職	8	11	10	13	11	112
文化庁	長官官房著作権課著作物流通推進室国際流通推進専門官			1		1	4
厚生労働省	社会・援護局障害保健福祉部障害福祉課障害福祉専門官	7	2	4	61	11	94
農林水産省	大臣官房検査部検査課検査官	1	2	1	1	4	17
林野庁	[関東森林管理局森林整備部森林放射性物質汚染対策センター事業第一係長]			5			5

府省						累計
経済産業省　経済産業政策局産業組織課課長補佐	6	5	12	14	12	103
資源エネルギー庁　電力・ガス事業部電力基盤整備課原子力発電専門職		1		4	3	17
特許庁　特許審査部審査官	93	83	77	63	138	1053
中小企業庁　［事業環境部財務課税制二係長］		1		2		5
国土交通省　航空局航空ネットワーク部航空ネットワーク企画課　空港経営改革推進室専門官	4	6	6	14	11	80
観光庁　観光産業課課長補佐						2
運輸安全委員会　事務局鉄道事故調査官	4	2	4	2	4	19
環境省　総合環境政策局環境影響評価課　環境影響審査室審査官	9	7	10	14	7	60
原子力規制委員会　原子力規制庁原子力規制部安全規制管理官（付）安全審査官（再処理・加工・使用担当）・使用済燃料…			5	57	12	74
国立環境研究所　［地球環境研究センター主管］						1
国立印刷局　［市ヶ谷センター学芸員］						4
造幣局　［総務部経営企画課専門官］		1				1
（参考）社会保険庁　［総務部サービス推進課社会保険指導室　特別社会保険指導官］			1			1
（参考）日本郵政公社　［コーポレートIT部門企画室企画役］						9
合計	286	329	352	511	478	3,797

（注）累計は制度発足時（平成12年11月27日施行）以降の累積数。

（出典）人事院（2015）『平成26年度　年次報告書』表1-7　任期付職員法に基づく府省別採用状況。

魚政部加工流通課に在職する人物と、外資系食品商社勤務を経て総合食料局食糧部計画課に在職する人物が取り上げられている。前者は広報などの担当ではなく、ライン部門の職務に就いており、前職と現職の間の関連性は低い[6]。本書の区分で言えばNPM型の運用に近い。後者は、前職と現職との間に強い関係があり、ネットワーク型の運用と言えるだろう。ただし、こちらの人物も過去には農業環境対策課に所属していたことがあるとされており、常に前職と関係のある部門に配属されているわけではないことがうかがえる。

　他国との比較の観点で見ると、本書のイギリスの職歴調査の過程において、他の職業経験を積んだ後に30代半ばから中央政府各省の中級レベルの公務員になり、その後に上級公務員の職位に任用された例が存在していた。そのようなキャリアパスの人物は、大卒直後から入省した純粋な内部育成の公務員と同様に様々な職位を経験しており、中途採用以前の職歴とは無関係な職位に就いていた。日本の経験者採用試験の採用者は、イギリスの事例でわずかに観察された、中級レベルから公務員になった職員と、同様の運用がなされているものと考えられる[7]。

(5)　官民人事交流

　官民人事交流は、2000年度から導入され、国から民間への交流派遣、民間から国への交流採用を行う制度である。本書の文脈で重要となるのは、実質的には任期付の中途採用である民間から国への交流採用である。交流派遣、交流採用ともに制度導入から年々増加傾向にあるが、民間への派遣者数に対して、近年は民間からの採用者数が大きく上回る状況にある。2016年度の場合は、年末時点の民間への派遣者数94人に対し、交流採用者の在職者数473人となっている。

---

[6]　ただし、同インタビュー内では、一般向けに公表する資料を作成する際には、前職での経験が少し役に立ったと述べられている。

[7]　ただしイギリスにおいて、このようなキャリア中期からの中途採用者が上級公務員の職位に就いている例自体が限定的であり、多くは上級公務員レベルからの中途採用者か、大卒後すぐに公務員になった政府内部出身者である点を考慮する必要がある。

（6）　イギリスにおける中途採用との比較

　ここまで、日本の中途採用の主な経路として5つの制度を説明してきた。いずれの制度にも共通しているのは、中途採用により加入することのできる職位のレベル、組織内での重要性が低いという点である。政府の中枢である政策形成のライン部門への中途採用は限定的であり、ごくわずかな経験者採用により中途採用される場合でも係長級が中心である。この点は、イギリスのようなライン部門の事務次官・局長も含む、上級公務員の中途採用とは大きく異なっている。日本の国家公務員制度は、中途採用を導入しつつも高いレベルの職位は開放せず、内部育成の職員に配慮した構造となっている。

　また、制度ごとに中途採用により充当しようとする職員の知識・技能が区分されている点も、日本の中途採用制度の特徴である。人事院規則1-24に基づく任期の定めのない中途採用と、任期付職員法に基づく中途採用、任期付研究員法による中途採用は、政策実施部門、スタッフ部門での、ネットワーク型あるいは専門職型の運用が想定されている。任用先職位に求められる政策領域の知識、あるいは当該職種の知識・技能が、任用者に対し要求されており、ポジションシステムの原理に近い制度である。

　一方、経験者採用試験（および旧経験者採用システム）、官民人事交流による中途採用では、必ずしも任用先職位の政策領域と前職との関連性が要求されているわけではなく、イギリスにおけるネットワーク型の中途採用のような採用例もあれば、そうでない例もある。特に経験者採用の場合、採用時点はネットワーク型かNPM型の運用に当てはまる場合でも、採用後はキャリア早期から公務員になった職員と同様にジョブローテーションが行われる。特定の職位への能力が期待され、その職位についてのみ成績主義が担保されるポジションシステムにおける中途採用とは、制度の構成原理が根本的に異なっている。キャリアシステムの公務員制度は、中途採用者に対して、当該職位に必要な知識・技能を厳格に要求することがないため、政策形成の職位におけるNPM型の運用も可能となるのであろう。

　日本の経験者採用試験、あるいは旧経験者採用システムの中途採用は、採用後の組織内部での育成が想定されており、特定の職務に対する評価ではなく、応募者の能力全体が最初の入り口段階で評価される。職務よりも職能を基準と

した採用である。職務内容を限定しないという日本型雇用システムの本質を維持したまま中途採用が導入されている。

　また、日本における人事院規則1-24に基づく任期の定めのない中途採用と、任期付職員法に基づく中途採用の一部は、イギリスにおけるスタッフ部門の職位への専門職型の中途採用と近い機能を有しているものと考えられる。例えば、イギリスがITの専門家を上級公務員として中途採用するのに対して、日本の場合は一般職のレベルで中途採用を行っている。両者は民間部門からITの専門家の知識・技能を期待した中途採用である点で一致しているが、中途採用者の職位のレベルが異なる点に注意する必要がある。中途採用者に組織の上級レベルの職位を与えるかどうかという点は、先行研究のモデルの通りポジションシステムとキャリアシステムを分ける1つの基準となっている。

　ただし、イギリスとの比較を行う際の根本的な問題として、日本の経験者採用をキャリア中途・外部からの採用として取り扱うことが適正かという論点もある。イギリスの場合、見習い、トレーニーのような形で民間部門を大卒後に数年間経験した後に、省庁の公務員に転じ、キャリアを積んで上級公務員まで昇進する公務員がそれなりに存在する。イギリスの基準からすると日本の経験者採用制度は、大卒後に新卒で公務員になるのとそれほど変わらないキャリアパスとして認識されるものと思われる。イギリスで中途採用、すなわち"Outsider"と呼ばれるのは、公務外で20年以上キャリアを積み、上級公務員レベルから公務に加入するような層である。

　最後に、官民人事交流の特殊性についても触れておきたい。興味深いのは民間部門からの交流採用である。政府の公表している資料を確認すると、採用前の民間企業の業種と関連性のある省庁への採用もあるが、必ずしも関連性が見いだせない例も多い。民間からの交流採用は、民間企業の従業員を公務に受け入れることによる行政運営の活性化が目的とされており、公務と異なる組織文化・感性を持つ職員が、組織に混ざることの効果が期待されていると考えられる。ポイントとなるのは、交流採用後の公務内の職務に対応した経験が求められているのではなく、より一般的な職務遂行能力のようなものが期待されている点である。職務内容への対応ではなく、一般的な能力の方に重心が置かれており、任期付の採用にもかかわらず日本型雇用の性格が強く表れた制度である。

また、民間から交流採用される職員の目線に立つと、本業と無関係の公務部門で職歴を積む意義は（人的ネットワークの形成を除けば）皆無に近い。このような本人にメリットのない異動は、諸外国のように異動が本人の判断に委ねられ、また雇用契約が特定の職務に限定したものである場合は不可能である。民間部門が日本型雇用システムであり、採用時に職務の定めのない雇用契約を結んでいるからこそ、人事部の命令1つで公務への出向が可能となるのである。官民人事交流は、官民ともに日本型雇用システムであるという特殊な条件の上に成り立っている制度である。

　日本の国家公務員制度における中途採用は、いずれもキャリアシステム、そして日本型雇用システムの基盤を維持した上で、内部育成の公務員の意欲を損ねないよう配慮された形で制度が導入されていることが明らかになった。また、経験者採用や官民人事交流に顕著であるが、「あいまいな職務」「職務の定めのない雇用契約」という日本型雇用システムの本質を維持したまま、外観上はポジションシステムのように見える中途採用を導入している。採用制度の改革においては、日本型雇用に基づく最大動員システムの機能を損ねるような変化は生じていないと評価できるだろう。

3　昇進管理の変化

　昇進・異動については、2000年代に入り、次節で取り扱う能力・実績主義の人事管理の導入や、再就職の規制など、昇進・異動パターンに影響をもたらすと考えられる制度改正が行われている。こうした関連制度の変更が、従来の昇進・異動の仕組みに影響を与えている可能性があることから、近年の運用実態を確認し、諸改革以前、稲継（1996）当時との比較を行いその影響を確認する必要がある。しかし、全省庁の人事運用の実態を明らかにすることは、単独の論文の分析では不可能であり、また、システム全体の変化の動向を探るという本書の目的を超えている。幸いなことに、本書の目的と同様の問題意識に基づく先行研究が存在することから、ここではその研究成果を参考に近年の運用実態を確認したい。

　河合（2019）は、独法改革による特殊法人の変容や再就職等規制の影響によ

り、国の官僚人事システム、特に「遅い昇進」という特徴が変容しているかを検証している（河合 2019, 22-23）。総務省の旧自治省系キャリア官僚を対象に、1979 ～ 1992 年採用組のうち、詳細なデータが入手可能な課長級以上に昇進した官僚のキャリアパスをデータ化し、昇進・異動パターンを分析している。分析の結果、1990 年代以前と比較すると、近年は昇進時期の遅れが生じているものの影響は軽微なものであり、入省年次別の指定職昇進者数も安定的に維持しているという（Ibid., 32-33）。このことから、河合は遅い昇進システムによるインセンティブは現在も機能していると結論付けている（Ibid., 38）。

　河合（2019）の分析は、総務省の旧自治省系の官僚に限られたものであるが、近年の運用実態の一例を表す重要な研究成果であろう。近年の様々な改革の影響により、昇進時期に多少の遅れが生じているにせよ、前節の中途採用制度の分析でも明らかにしたように、日本は組織の上位の職位を内部育成した職員の昇進により充当する仕組みを維持している。また、昇進・異動の人事権に関しても、組織の側に昇進・異動の権限があり、職員本人の自発的なキャリア選択は制約されている。組織の命に従いいかなる職務にも従事するという点は、濱口（2008）が日本型雇用の本質として指摘する「職務の定めのない雇用契約」そのものである。2000 年代以後の昇進・異動に関する変化は、日本型かアメリカ型かという広い観点で捉えれば非常に軽微な変化であり、日本型雇用システムの構造はそのまま維持されていると言えるだろう。

4　給与システムの変化

　中途採用と並んで重要なポイントとなるのは、2007 年の公務員制度改革である。この改革では、①再就職に関する規制改正、②職階制の廃止、③能力・実績主義の導入が行われている。これらの改革が日本型雇用システムに与えた影響について順を追って分析する。

　まず、①再就職に関する規制改正だが、天下りは長期雇用の退職後の褒賞として機能しており、規制の強化は積み上げ型褒賞の効果を弱めると考えられる。ただし、天下りやそれに伴う退職金がどの程度減少したのかについては、評価が困難な問題であり本書の限界を超えている。規制が実効性を伴っていたかは

不透明であるが、一般的に規制の強化は日本型雇用システムによる動機付け効果を弱めていると評価できるだろう。

次に、②職階制の廃止であるが、職階制はアメリカ型の職務に基づく雇用システムには必須の制度である。形骸化していたとはいえ、職階制の廃止は、従来の日本型雇用システムをさらに押し固める方向への改革となる。

そして、③能力・実績主義の人事管理は、従来の年功序列・年次管理の人事管理に対して、職員個人の能力・実績をより強く反映させる目的で導入された。これにより、職員の昇任・転任・人事評価の基準として、各官職に必要な「標準職務遂行能力」が定められることとなった。各官職とは係長、課長などの役職を指しており、それぞれの役職のランクに応じた「職務遂行能力」が定められている。

職務遂行能力の具体例[8]を見ると、一般行政職の課長の場合、倫理、構想、判断など6つの能力が挙げられている。倫理であれば、「国民全体の奉仕者として、高い倫理観を有し、課の課題に責任を持って取り組むとともに、服務規律を順守し、公正に職務を遂行することができる。」といった具合である。欧米の職務明細書のように、特定の職務に対して必要な能力が定められているのではなく、課長職全般に求められる職務遂行能力が定められている。この職務遂行能力と適性を昇任・転任の判断基準とすることが、「能力本位の任用制度」と称されている。アメリカ型の雇用システムであれば、昇任・転任先の職務内容に応じた専門性・経験の有無が任用の判断基準となるが、日本の場合はより一般的な能力が重視されている。職務ではなく職能に基づいた人事管理であり、日本型雇用システムの典型である。

一方、従来の日本型雇用システムからの変化もあり、能力の評価に際して、潜在能力・保有能力ではなく、実際に発揮した能力の評価が強調されている。潜在能力・保有能力は年功に応じた評価となりがちであり、年次の高い職員は実態よりも高い評価を受けることとなりやすい。民間部門では働きぶり・活躍の程度に対して高すぎる報酬を受け取る中高年の存在が、1990年代以降、経済不況の影響も相まって問題視されるようになり、実際に働いた成果に基づく

8）標準職務遂行能力については、内閣人事局ホームページを参照した。https://www.cas.go.jp/jp/gaiyou/jimu/jinjikyoku/files/000034284.pdf（2018年2月27日閲覧）。

評価が強調された。能力・実績主義の人事管理は、民間部門で流行した成果主義・実績主義の影響が、10年遅れで公務部門の制度改正に表れたものとも捉えられる。人事評価の年功要素が弱まり、成果・実績が重視されるようになったことで、理論上は従来よりも最大動員の圧力が高まったと考えられる。特にキャリア・プラトーが近づき昇進競争圧力が働かなくなっていた中高年層にとっては、毎年の成果・実績が重視されることで、それなりに働かざるを得ない環境に変化しつつある。

　2007年の公務員制度改革を総括すると、日本型雇用システムの根幹部分については大きな変化はなく、形式的には職階制の廃止によってシステムが強固なものとなった。ただし、雇用システムの中の各要素においては若干の変化が生じている。天下りの規制により積み上げ型褒賞の効果が減少し、職員に対する組織内での昇進競争への動機付けが若干弱まった。一方、能力・実績主義の人事管理の導入により、職員への最大動員圧力は高まっており、これまで以上に職員の精勤を促す仕組みとなっている。

　この変化を職員側の視点から見れば、積み上げ型の褒賞は減少したにもかかわらず、キャリアの全期間を通じて自らの労働力を最大動員することが求められるようになり、従来よりもネガティブな形で動員がかかるシステムに移行したとも言えるだろう。しかし、最大動員システムが機能するための構造そのものは、従来通り維持されており、2007年の改革後もシステムの効率性はおおむね維持していると評価できる。

5　職務区分のあり方

　日本の公務員制度の生産性を支える重要な要素である、あいまいな職務区分に基づく大部屋主義の執務形態については、改革の対象となることはなく、1990年代以前と同じ形で維持されている。日本型雇用特有のあいまいな職務区分、職務の定めのない雇用契約という特徴は、民間部門においても比較的大きな変化がなく維持されている。例えば、同じ日本型雇用の特徴の中でも、年功序列の問題はバブル崩壊後に民間部門でも否定的な見方が強くなり、成果主義の流行が巻き起こっている。一方、あいまいな職務区分に関しては、民間部

門における批判・改革の対象となっておらず、大部屋主義の執務形態が継続してきたことと関連していると思われる。

　ただし、国家公務員の場合は、職務区分を明確にしようにも、それを困難とする強力な制約条件が存在している。それは行政機関の職員の定員に関する法律、いわゆる総定員法である。日本型雇用システムの場合、仕事量が増大し新たな職務が発生しても、従来の職員に新たな職務を課し、給与や雇用契約の変更もないまま、一人当たりの労働時間を増やすことで対応可能である。しかし、アメリカ型は、職務内容・分担範囲と雇用契約が連動することから、職務が増加する場合は新たに人を採用するか、従来の職員の職務を増やすにしても雇用契約を見直す必要が生じる。

　総定員法による職員数の上限が存在する以上、厳格な職務区分・分担、職務内容に応じた給与・契約を行ってしまうと、組織運営には大きな支障が生じることとなる。また、公務員数の増大につながりかねない総定員法を廃止する政治的コストは、相当大きなものであることは想像に難くない。総定員法は、あいまいな職務区分という特徴を維持する方向へ、経路をロックインする作用をもたらしていると言えるだろう。

6　近年の公務員制度改革の影響

　2000年代以後の諸改革が日本型雇用に基づく最大動員型の公務員制度に与えた影響を整理しておこう。

　採用においては、中途採用の経路が拡充されたものの、日本型雇用の根幹を崩さず、経験者採用や官民人事交流のように、日本型雇用の思想の延長線上の特殊な形で制度が設計されている。外観上は開放的な公務員制度のように変化したものの、その内実は日本型雇用が維持されている。

　昇進・異動の側面では、河合（2019）の分析で明らかなように、諸改革による影響は抑えられ、遅い昇進が維持されている。人事部局主導の異動、幹部候補の新卒採用・内部育成も続いており、日本型雇用が維持されている。

　給与に関しては、職階制の廃止により、従来よりも日本型雇用の特徴が強化される方向へと制度が変化している。また、再就職規制の影響により、従来よ

りも積み上げ型褒賞のインセンティブは低下していると考えられる。一方、能力・実績主義の導入により、職員全体に対する最大動員の圧力は高まっている。積み上げ型褒賞のインセンティブが低下した半面、能力・実績主義による職員への動員圧力は高まっていると言えるだろう。

職務区分については、大きな変化は生じておらず、あいまいな職務区分に基づく、大部屋主義の執務形態が維持されている。

以上の結果から、2000年代以後の諸改革を経た後も、稲継（1996）が提示した日本型雇用の特徴に基づく最大動員型の公務員制度は、外形的には中途採用などの制度変化がありつつも、その内実は最大動員システムの形を変えることなく継続していると評価できるだろう。特に中途採用制度の導入に明示的に表れているが、ポジションシステムの公務員制度へと近づくような改革の場合にも、日本型雇用の本質部分を維持した形で改革が受容されているのが特徴的である。

7 日本型雇用と働き方改革

日本の公務員制度が現在も日本型雇用の特徴を活かした最大動員型の公務員制度を維持していることを踏まえた上で、近年の働き方改革が今後どのような影響をもたらすかを論じる。

従来、日本型雇用を取り巻く問題は、主に生産性の観点からの議論が中心であった。しかし、今般の働き方改革は、単に生産性の問題だけでなく、正規／非正規格差、長時間労働、多様なキャリアパスの選択可能性など、生産性とは異なる観点が含まれている。働き方改革が公務員制度に与える影響を論じる上で、まずは働き方改革の前提となる日本型雇用に対する問題意識、改革の方向性を確認しておく。

もとより、日本型雇用システムへの評価は時代により変遷がある。1960年代半ばまで、日本特有の雇用慣行は改革の対象とされ、経営者団体は職務給の導入などアメリカ型の雇用システムへの変革を掲げていた。政府の労働政策も欧米のような職務に基づく雇用制度を目指す方向であった（濱口 2014, 41, 45）。それが1970〜80年代になると、日本の雇用慣行を「日本型雇用システム」と

して経済合理的な観点から説明する理論が提示され（Aoki 1988）、日本型雇用システムは日本企業の躍進を支える要因として評価されるようになる。しかし、90年代のバブル崩壊後は、日本型雇用システムは組織の問題点として改革の対象となることも多く、成果主義の導入など、日本型の雇用システムは理念型からの変化が生じている。

　こうした評価変遷の要因は、長期雇用や年功賃金による労働費用の固定化であり、日本型雇用システムはその性質上、大規模な経済停滞が生じると過剰となった労働力への対処が難しくなる。加えて、企業が労働費用の固定化に対処するため正規雇用の規模を縮小し非正規雇用を増加させると、正規／非正規雇用の格差という新たな問題が生じる（八代 2017, 14）。

　特に近年、働き方改革の俎上に上っている問題の多くは、日本型雇用システムの性質に端を発している。まず、①正規／非正規雇用の格差の問題がある。日本型雇用システムは、組織に長期間在職する見込みがある正規雇用には手厚い福利厚生、組織内訓練を行う反面、労働費用の調整弁となる非正規雇用にはそういった報酬が存在しない。そのため、組織に対するメンバーシップの有無により賃金格差が生じ公平さが損なわれる。こうした格差については、政治理論における分配的正義の観点からも、その正当性に疑問符が投げかけられている（大澤 2012）。

　次に、②長時間労働の問題である。日本型雇用システムは長期雇用を前提としているため、好況期の業務量増大に対し、正規雇用を増やすと不況期の対応が困難となる。結果として、不況期を除き常に業務量に対して労働力は過少になりがちであり、正規雇用者には恒常的な残業が発生する。

　また、日本型雇用システムの場合、職員にはそれぞれの職務が与えられてはいるものの、契約上、職務内容が厳格に定められているわけではなく、状況に応じて職場の上司・同僚・部下の仕事や、突発的で担当が不明確な業務にも対応することになる。職員の多くはキャリア中期まで昇進競争に参加しており、長時間労働への不参加は昇進競争からの離脱と同義である。加えて、こうした長時間労働と組織全体での職務の分担への参画状況は、単に優秀者の選抜基準となるだけではない。職員の賃金は勤続期間に応じて上昇するため、賃金に対して働きぶりが悪い者の選抜基準ともなり、早期退職の遠因となり得る。

最後に、③単線型キャリアパスの問題である。日本型雇用システムは遅い昇進を特色としており、長期間にわたる働きぶりの評価の積み重ねで幹部候補を選抜する。日本型雇用システムの下で、許容される唯一の働き方は、あいまいな職務区分の下で自らの職務だけでなく、組織の職務を可能な限り多く処理することで、長期間の昇進競争に勝ち抜く（あるいは早期に組織を退出させられない）ために働き続けることである。本人が昇進を望むと望まざるとにかかわらず、多くの職員が昇進競争に参加し長時間労働に競って従事する状況は、生産性の観点では優秀なシステムであるかもしれないが、職員の健康問題に加え、多様な働き方やキャリアを受け入れにくいという問題がある。

　この仕組みは、出産・育児によるキャリアの中断や、家庭内の家事負担が集中しやすい女性に対し不利に働きやすい[9]。職員全員で業務を分担し協力しながら長時間労働に従事する中、育児・家事のため定時退社あるいは時短勤務する者を同列に扱い、昇進競争の中で評価することは、組織内の均衡・公平性を保つ上で厄介な問題となる。そのため、組織の側は重い負担の生じる重要な職務に対して、女性を任用することは慎重になり、結果的に女性の管理職率が非常に低いものとなる。

　また、女性が育児による退職・再就職を選ぶ場合も、長期雇用前提の日本型雇用システムでは、以前と同様の待遇が望めないことが多々ある。類似の問題は、女性に限らず、介護や病気の療養などで、一時的な休職・離職をする人々にも当てはまる。日本型雇用システムは多様な働き方を許容できるシステムではなく、近年の働き方の多様化に応じて多様なキャリアパスを許容する構造が必要とされている。

　昨今の働き方改革は、これら諸問題の背景にある日本型雇用の改革である。改革が順当に進んでいくと、民間部門は徐々に脱日本型雇用の方向に向かっていくものと考えられる。そこで、行政学の観点から重要な問題となるのが、公務部門の働き方改革の動向である。民間部門が脱日本型雇用、行政学のモデルに即して言えば、キャリアシステムからポジションシステムに近い制度外形に変遷していく場合、どのようなことが起きるであろうか。民間部門の長期雇用

9）育児や家庭内の家事を多く負担する男性に対しても当てはまる議論だが、現時点では少数派であり、ここでは説明を簡略化するため女性の問題として論じる。

慣行が失われれば、当然ながら公務部門のキャリアシステムへの圧力は高まり、ポジションシステムへと変化すべきという声がこれまで以上に強まるだろう。民間部門が働きやすい雇用慣行に変化したにもかかわらず、公務部門だけが最大動員「される」システムのままであると、人材確保に支障をきたす可能性もある。

　稲継（1996）では、日本型雇用の特徴を有する日本の公務員制度が高い効率性を発揮していることが示されたが、脱日本型雇用の方向へと改革が進んだ場合、働き方と生産性がトレードオフの関係となる可能性は高い。働き方改革により日本型雇用に立脚した最大動員システムの効率性が損なわれるのか、あるいは維持されるのかという点は、今後の公務員制度研究の重要な論点となる。

8　働き方改革の方向性[10]

　まず、①正規／非正規雇用の格差の問題に対しては、同一労働同一賃金原則の実現に向けて、待遇差が問題となる例、問題とならない例を示したガイドライン案が提示されている。ガイドライン案の内容は、職能給や年功的要素にも配慮した基準となっており、完全な同一労働同一賃金とはいまだ遠い状況にあるが、徐々に職務給の雇用システムへと移行していく契機となるであろう。

　次に、②長時間労働の問題については、時間外労働の上限規制が予定されている。従来の制度では、労使が合意すれば青天井で時間外労働を行うことが可能であったが、労使合意の上でも上回ることのできない上限が設けられる。また、前日の退勤から翌日の出勤までの勤務間のインターバルについて、一定時間の休息を確保するよう努力義務が課される見込みである。日本の長時間労働の背景には、日本型雇用特有の職務のあいまいさに起因する部分も大きい。今回の働き方改革では取り上げられていないが、長時間労働対策として職務内容の厳格化の必要性も指摘されており（鶴 2010: 23）、長時間労働対策の本格化により、今後議論の俎上に上ってくることが考えられる。

　③単線型キャリアパスの問題については、ライフステージに合った仕事の仕

10）ここで取り上げる内容は、2018年2月時点のものである。以下、政府の方針については首相官邸の働き方改革実行計画を参照した。

方が選択できるよう、転職者が不利にならない柔軟な労働市場や企業慣行の確立、労働者が自らに合った働き方を選択しキャリアを設計可能とすることが掲げられている。具体的には、リカレント教育、病気の治療・子育て・介護と仕事の両立、転職・再就職など多様な採用機会の拡大に取り組むとされている。従来の、新卒入社・長時間労働による昇進競争・終身雇用という単線型キャリアだけが有利な環境から、多様なキャリアが選択しやすい環境への改革が目指されている。

働き方改革の方向性は、現行の日本型雇用システムを、アメリカ型、あるいはジョブ型と呼ばれる雇用システムの方向へと近づける内容である。特に、①②③いずれの改革を進める上でも、日本型雇用システムの本質である「職務の定めのない雇用契約」を改め、職務内容をある程度明確にする必要がある。

①同一労働同一賃金を実現する上では、具体的な職務明細書を用意するかは別にして、賃金と職務内容の関係について論理的な説明が求められるようになり、職員の職務内容を従来よりも明確にするべきであろう。②長時間労働、③単線型キャリアパスの問題に関しても、現在のあいまいな職務区分では全職員の職務範囲が無限大となり、職責を組織のメンバーで共有している状況にある。職務区分を一定程度明確化し、職務内容・労働時間を限定した働き方[11]が選択できることが望ましい。育児・介護などで、労働時間・勤務場所の融通が利かない人も多様な働き方を選択できる。

今後、働き方改革がどの程度まで実効性のある形で実現するかは不透明であるが、民間部門は日本型雇用システムから徐々に移行しつつあり、将来的には日本型雇用システムの本質とされる「職務の定めのない雇用契約」という特徴も変化していくのではないかと考えられる。

9　霞が関における働き方改革

近年の公務員制度に関する諸改革は、外観上様々な試みがなされているよう

---

11) 職務内容、勤務地、労働時間が無限定である現行の正社員に対し、それらの一部を限定した、ジョブ型正社員（濱口 2014）、限定正社員（鶴 2016）といった雇用形態の必要性も指摘されている。

にも捉えられるが、その基盤には日本型雇用システムの働き方が根幹の大前提として存在しており、枝葉の部分に手が加えられてきた。1990年代後半以降の諸改革を経ても、国家公務員の最大動員システムは機能し続けている状況にある。その基盤には日本型雇用システムの働き方が根幹の大前提として存在しており、雇用システムの観点から見ても、2000年代以後の改革は、日本の国家公務員制度の性格に大きな変化をもたらしたとは言えないだろう。先行研究の原田（2018）、河合（2019）の結論とも符合する結果である。

　それを踏まえた上で、今般の働き方改革が、霞が関の国家公務員レベルにおいて、どのように取り組まれているかを分析する。霞が関の働き方改革については、国家公務員制度担当大臣の下に開催された「霞が関の働き方改革を加速するための懇談会」の提言を受けて、政府の重点取組方針が掲げられている。重点取組方針としては、①リモートアクセスとペーパーレス、②マネジメント改革、③仕事をやめる仕組み、④国会関係業務の改善、⑤「働き方改革」をさらに加速させるための仕掛けの5項目がある（内閣人事局 2016）。

　具体的な取り組みとしては、管理職評価へのワークライフバランス項目の追加、効率化を目的とした会議廃止・ペーパーレス化・ウェブ会議、フリーアドレスなどのオフィス改革、テレワーク推進、超過勤務管理の強化、業務配分の見直し・機動的人員配置による業務負荷集中の回避、休暇の取得促進、国会対応の見直しなどが挙げられている（内閣人事局 2017）。

　全体の傾向としては、長時間労働の改善のための業務実施方法の改革に重点が置かれている。働き方改革が「働き方（仕事の進め方）」の改革、単位時間当たりの事務処理能力を向上させる改革として受容されていることがうかがえる。もちろん、これらの改革は公務の効率化のためには大変評価すべきものであり、望ましい変化である。ただ、働き方改革は一人一人の環境に応じた多様な雇用のあり方に対応するための改革であることがその本質であり、極端な言い方をすれば日本型雇用システム、メンバーシップ型の雇用のあり方そのものの改革である。単に効率性向上のための改革ではない。むしろ改革の結果、効率性が犠牲になる可能性すらある。

　また、取り組み事項の中の「機動的人員配置による業務負荷集中の回避」は注目に値する。柔軟な人員配置による生産性の向上は、職務の定めがない日本

型雇用システムの特色を活かしたものである。余裕のある職員を負担の大きな業務の応援に充てることで、組織全体の業務負担の平準化がなされており、最大動員システムの特徴が存分に発揮されている。日本型雇用システムを脱却する働き方改革の一環でありながら、日本型雇用システムを基盤とした取り組みであるといえる。本取り組みの成果は短期的視点から見れば大変評価すべきものである。ただし、長期的視点から見た場合、このような形で執務形態の日本型雇用システムへの最適化が強化され、最大動員による生産性が極限まで高められると、システムからの脱却がさらに困難となることは間違いない。

　日本型雇用システムの延長線上の改革という特徴が、より顕著に表れている事例としては、総務省行政管理局によるオフィス改革が挙げられる[12]。書類のペーパーレス化、オフィスのフリーアドレス化、業務フローの改善などにより、業務の効率化を果たした成功事例である。この事例では、ペーパーレス化により業務関連資料をクラウド上に保管することで、場所を選ばず働くことができるようになり、オフィスのフリーアドレス化、テレワークの推進が実現している。また、従来の日本のオフィスによく見られる組織単位での島型のデスク配置がなくなり、状況に応じて職員が集まり柔軟にチームを編成することが可能となったという。その結果として、職員間のコミュニケーションの活性化や、国会答弁の作成プロセスなどの業務効率が改善され、超過勤務時間も縮減している。

　本事例はフリーアドレスの実現により、職場のフロアー全体を大部屋化しており、究極の大部屋主義とも言える環境を構築している。国会答弁の作成プロセスでは、各フロアーに分かれた職員がフロアーの一角に集まり、手の空いた職員が応援に加わるなどして、業務の大幅な効率化が達成されている。大部屋主義の特色を最大限活用した執務形態であると言えよう。また、ペーパーレス化に伴い、テレワークが容易となり在宅勤務の活性化も実現している。これにより家事・育児の負担が生じることの多い女性職員も、テレワークを活用し、他の職員と同様の働きぶりを発揮することが可能となった。マミートラックと呼ばれるように、家事・育児の負担により昇進競争から離脱せざるを得なかっ

12）本事例については、総務省ホームページを参照した。http://www.soumu.go.jp/main_sosiki/gyoukan/kanri/office_kaikaku/index.html（2018年2月26日閲覧）.

た女性も、近しい条件で競争に参加することができるようになったのである。

　以上のように、本事例は、日本型雇用システムの特色が色濃く表れた取り組みである。大部屋主義化による業務の効率化は、日本型雇用システムの「あいまいな職務区分」をベースとした最大動員システムの進化型である。また、テレワークにより、従来は全力を発揮することができなかった女性職員を、家事・育児の終了後の夜間時間帯に動員することも理論上は可能となる。テレワークの普及は女性管理職率の向上にも良い効果をもたらす。

　しかし、見方を変えればテレワークの活性化は、従来マミートラックという形で単線型のキャリアパスから外れることを内心喜んでいた職員をも、無理やりに全員参加の昇進競争という単線型キャリアパスに乗せ直してしまった側面もある。限られた労働力で組織全体の職務を分担するという日本型雇用システムの根幹がそのまま残っている環境下では、テレワークという選択肢が増えたにもかかわらず時短勤務のようなキャリアを選択することは、従来よりも難しくなるだろう。

　働き方改革は、「キャリアパス」の多様性を許容する雇用システムを目指す改革であり、「物理的な勤務場所」の多様性だけを目指しているのではない。本来は、単にテレワークのみを導入するのではなく、労働時間を限定した働き方、異動・昇進のない働き方なども選択可能な環境を導入するなど、日本型雇用システムの構造自体の改革とセットで実施しなければ、働き方改革が目指す多様な働き方（キャリアパス）は実現しないだろう。

　また、こうしたオフィス改革の事例が全省庁へ普及し、改善された業務効率が恒常的な状態として定着した場合、日本型雇用システムの変革はより困難になる。最大動員システムを捨て去ることのコストが大きくなり、制度のロックイン効果はより強まっていく。オフィス改革の事例は働き方改革の取り組みの一環として位置付けられるものの、働き方改革との共通点は「効率性向上」という一点のみであり、本質的には異なる方向を向いたものである。

10　働き方改革と最大動員システムの行く末

　霞が関での働き方改革は、今のところ長時間労働の是正とそのための効率化

という点に重点が置かれている。日本型雇用システムの基盤については改革の手が加えられることなく、従来の最大動員システムの特徴を活かす形で働き方改革が試みられている。現段階では、働き方改革は最大動員システムの基盤を崩すほどの影響をもたらしておらず、むしろ、従来の最大動員システムの経路依存性を高めていると評価できる。

　元来、働き方改革が志向する方向は、最大動員システムの重要な構成要素である「あいまいな職務区分」とは逆で、個々人の職務範囲を限定していくものである。しかしながら、現段階での公務部門の働き方改革は、従来の日本型雇用システムの延長線上、日本型雇用システムの進化型を目指すような改革が試みられている。当面の間は稲継（1996）が理論化した最大動員型の公務員制度は存続し、その効率性を発揮し続けるだろう。

　本書はあくまでも2018年時点での取組状況に基づいたものであり、分析には限界が存在する。内閣人事局の取り組みも公務員自身のアイデアによる部分が大きい。公務員に対して、自らの雇用システムそのものを変えるほどの改革を期待すること自体が酷である。むしろ、限られた資源の中で効率性を高めるための涙ぐましい努力が繰り広げられていると評価すべきであろうであろう。今後、中長期的に民間部門の雇用システムの変化が生じた後、霞が関の雇用システムの変更が政治家にとって優先順位の高いアジェンダとなれば、政治主導の形で最大動員システムにも変化が生じる可能性はある。

　しかし、効率化に重点を置いた現在の「働き方改革」にも限界が存在することは確かである。最大動員システムの延長線上に効率性を向上させていったとしても、動員できる労働力には上限が存在する。全ての労働力を限界まで最大動員している状況で、それを超えた業務量が生じた場合は、長時間の残業で対応するほかない。

　ポジションシステムの場合、組織は職務の集まりであり、雇用は職務と結びついているため、行政内に新たな需要が生じ職務が増えた場合は、その職務を担う人材を新規に採用することになる。一方、日本型雇用の場合、組織は人の集まりであり、限られたメンバーで新たな職務を分担し、それで無理ならば新卒採用と非正規雇用を増やすこととなる。

　しかし、公務部門の場合は所与の条件である総定員が存在し、同種の対応は

不可能である。加えて、今後は働き方改革の影響により、残業時間の上限規制や、インターバル休息規制が導入された場合、最大動員システムが動員可能な労働力はさらに減少するだろう。現段階では業務の効率化で対応できるかもしれないが、動員できる資源が減少していくと「乾いた雑巾を絞る」状況となる可能性は捨てきれない。

　一方、学問的観点から見れば、現在のような効率性向上の取り組みの増加は、格好の研究題材でもある。総務省行政管理局の取り組みでは、大部屋主義の効果が、期せずして残業時間という定量的な指標によって測定されている。従来は、日本型雇用システムの効率性を評価するには、公務員数と政府の規模という代替指標によってマクロな視点から確認せざるを得なかった。オフィス改革のように、日本型雇用システムの特徴を活かした実例・データが蓄積されれば、ミクロな視点からの評価も可能となる。

　働き方改革が対象とする各種の労働・雇用問題に対して、公務部門が最大動員システムを発展させる形で対処するか、あるいは、最大動員システムを変革し効率性を犠牲にする形で対処するかはわからないが、いずれにせよ最大動員システムがもたらす効率性向上の「効果の大きさ」を評価することは将来的に重要な意義を持つ。そして同時に、ポジションシステムの問題点、効率性への影響の大きさを評価することも、この領域における重要な今後の研究課題となるだろう。

終　章

明らかになった中途採用の実像

1　本書の分析結果

　本書が取り扱った主題であるポジションシステムの公務員制度に関する先行研究には、大きく整理して2つの課題が存在した。第一の課題はポジションシステムのモデルに関する理論面での課題であり、第二の課題はこうした理論モデルに基づいた実証研究の分析手法上の課題である。

　第一の理論面での課題とは、先行研究におけるポジションシステムに関する実証分析の不足である。行政学の先行研究において公務員制度の理念型は、日本であれば西尾勝の提示した開放型モデルと閉鎖型モデル、近年の国際比較研究であればポジションシステム、キャリアシステムと呼ばれる二項対立的な図式のモデルによって説明されてきた。しかし、元来ポジションシステムの公務員制度は、Self（1977）や川手（2012）が指摘するように、制度外形上は開放的でありながらも、閉鎖的な運用の可能性を持つ制度である。先行研究のモデルは多様な運用実態を捨象しており、運用の実態はブラックボックスとなっている。そのことが原因で、ポジションシステムによる公務員の中途採用が組織の業績にどのような影響を与えるかについても、十分な理論化が進められてこなかった。

　第二の分析手法上の課題とは、計量分析に際しての公務員制度モデルの変数の操作化の問題である。公務員制度に関する近年の実証研究では、公務員制度を指標化する際に、QoGに代表される、ウェーバーの伝統的官僚制の特徴を測定することによる、公務員制度指標の操作化が用いられている。公務員制度のモデルを二項対立的に捉え、一方の極にウェーバーの伝統的官僚制の特徴を

有するモデル（閉鎖型、キャリアシステムなど）を置き、もう一方の極にそれ以外の公務員制度モデルを置く手法である。この種の手法による操作化は、公務員制度のモデルが二項対立的であることが前提であり、ウェーバー型の特徴を持たないことが、すなわちポジションシステムの特徴であることを意味していなければならない。

しかし、現実には、ポジションシステムの公務員制度の運用実態は必ずしも画一的ではない。組織や職務によって運用のパターンは異なっており、韓国のようにウェーバー型とほとんど変わらない運用すら可能である。そのようなポジションシステムに対して、公務員制度の外形や、国単位での大まかな指標化を行うことは、分析の信頼性を大きく損ねる操作化であると言える。ポジションシステムの運用実態を反映した操作化を行った上での計量分析が求められる。

以上のような先行研究の課題に対応するため、まず本書は第2章において、労働経済学・経営学における知識・技能概念を援用し、ポジションシステムの公務員制度が、いかなる場合に政府外から中途採用を行うのかについて、理論の精緻化を試みた。なぜ特殊な仕事の多い政府部門に、ポジションシステムの国々が政府外からの中途採用を行うのかについて、本書は知識・技能の観点から4つの運用パターンを提示した。ウェーバー型、NPM型、ネットワーク型、専門職型のこれら4つの運用パターンをポジションシステムの下位類型として提示し、ポジションシステムの多様な運用実態を把握するための分析視角とした。

その上で、第3章、第4章では韓国とイギリスの事例分析を行った。第2章で提示したポジションシステムの下位類型を活用し、韓国とイギリスの事例からポジションシステムの運用実態を分析した。韓国は開放型職位のほとんどに政府内出身者を任用するウェーバー型の運用であり、キャリアシステムの国々とほとんど変わらない運用実態であることが示された。またイギリスは、政策形成、政策実施、スタッフ部門の職位ごとに、中途採用者の職歴に大きな違いがあることが明らかになった。同じポジションシステムの公務員制度でも、国、組織、職務内容によって運用パターンは異なるのである。

続く第5章、第6章では、韓国とイギリスの双方の事例で多く観察された、ネットワーク型の中途採用の事例分析を実施した。第5章、第6章の分析を通

じて、本書が独自の類型として第2章で提示したネットワーク型の運用が、理論上だけでなく現実の運用として存在することを確認した。第3章から第6章までの分析は、先行研究における第一の課題である、これまで研究の蓄積で不足していたポジションシステムの運用実態、理論面の不足に対してのものであるとすれば、第7章と第8章の分析は第二の課題である計量分析の分析手法上の課題に対応したものである。

　第7章と第8章では、先行研究の計量分析において不十分であった、ポジションシステムの運用実態を加味した、公務員の職歴と組織の業績に関する計量分析を実施した。先行研究は公務員制度を操作化する際にウェーバー型の官僚制の特徴を用いていたため、単にウェーバーの官僚制がもたらす組織の業績への影響分析にとどまっていた。本書では、第2章で提示したポジションシステムの下位類型と、知識・技能概念を用いることで、ポジションシステムの運用パターンごとの業績との関係を明らかにした。NPM型は目標の内容により業績への正負の影響が異なることが示された。また、ウェーバー型、ネットワーク型は、いずれも部分的に業績への正の影響が確認された。

　第9章では、ここまでの学術的知見を活用し、2000年代以降の日本の公務員制度改革が、日本型雇用にもたらした影響を評価した上で、現在の日本の公務員制度の位置付けと、働き方改革の動向を分析した。日本では、中途採用先の職位を比較的組織の低いレベルに抑え、一部の中途採用を日本型雇用になじむ形に修正した上で導入していることが明らかになった。能力実績主義の人事管理においても、日本型雇用の原理原則を崩さず、職務内容ではなく能力を評価の対象としている。2000年代の公務員制度改革では、外観上ポジションシステム志向の制度が導入されたものの、日本型雇用に基づく最大動員システムは健在であることが確認された。また、昨今の働き方改革においても、最大動員システムの「あいまいな職務」という特徴を活かす形で生産性の向上が志向されており、働き方改革に逆行し、日本型雇用システムを強化する取り組みも存在していることが明らかになった。

2 韓国・イギリスと日本の比較

　本書では韓国、イギリスの事例分析に加え、現在の日本の中途採用の運用実態について分析を行った。3国の制度運用において共通するのは次の2点である。

　第一に、ライン部門の政策形成の職位については、いずれの国も政府内部出身者を重視している点である。最もポジションシステムの理念型に近いと考えられるイギリスでさえ、ライン部門の政策形成の職位は8割程度を政府内部出身者で充当している。韓国は、開放型職位に指定した政策形成の職位のほぼ全てを政府内部出身者で充当している。日本は、そもそも上級公務員に相当する政策形成の職位を開放していないため、同一の基準では比較できないが、経験者採用システムにより採用した職員をジョブローテーションさせており、政策領域の知識よりも、政策形成の技能を重視していることは明らかである。政府の中枢である政策形成の職位では、ポジションシステムの公務員制度を採用する国も、程度の差こそあれ政策形成の技能が重要視されていると言えよう。

　第二に、主に政策実施の職位や、高度な専門性が要求されるスタッフ部門の職位で中途採用者が活用されている点である。イギリス、韓国、日本を問わず共通する傾向である。これは第一の共通点の裏返しでもあるが、政府特有の政策形成の職位とは異なり、政策実施やスタッフ部門の職位には、政府外の知識・技能が活用できる職位が相対的に多く存在する。そして、こうした職位は政府の中枢である政策形成の職位と比べると、やや重要性の低い周辺部とも言える職務を担う部門である。イギリスはスタッフ部門の職位の多くを中途採用者によって充当している。規模の差はあるが、韓国も政策実施やスタッフ部門の職位で中途採用者を活用している。上級公務員レベルではないものの、日本も政策実施、スタッフ部門を中心とした中途採用は非常に大規模なものとなっている。

　3国の比較から明らかなことは、いずれの国も政府の中枢である政策形成の職位、政府特有の技能が要求される職位においては、政府内部での育成を重視している反面、その他の職位では中途採用の柔軟な活用がなされているのである。イギリスのように、ポジションシステムの国であっても、政策形成の職位

には、キャリアシステムの国々と同様の内部育成の公務員が多く存在している。またその逆に、日本のような強固なキャリアシステムを有する国であっても、キャリアシステムの枠外で採用されている任期付職員が、任用される職位のレベルは低いものの、イギリスにおける専門職型の運用と同様の機能を果たし、政府外の知識・技能をもたらしていると考えられる。ポジションシステムとキャリアシステムのモデルは、制度外形や構成原理の違いを説明する上で有効であるが、運用の実態を説明する上では有効性が低下するモデルである。

　ただし3国は、政府外へと開放している職位のレベル、あるいは政策形成の職位を開放する程度において大きな差がある。政策形成の職位においては、イギリスが最も開放的であり、ネットワーク型の運用による中途採用を一定程度行っている。また、実際に政府外出身者が任用されるかは別として、イギリス、韓国は上級公務員レベルの職位を外部に開放しており、この点についてはキャリアシステムの日本との大きな違いがあるだろう。

　韓国と日本のどちらが開放的であるとするかは難しい側面もある。詳細は補論Ⅴ：OECDによる公務員制度モデルの指標化で議論しているが、OECDによる調査・指標化では、開放型職位制度を有する韓国の方が開放的な公務員制度であるとされている。しかし、日本の経験者採用システムによる中途採用は、毎年数十人を採用した上で、そのまま組織内にとどめていることを踏まえれば、キャリアシステムの日本の方が、ポジションシステムの開放型職位制度を有する韓国よりも、開放的であるとも言える。その反面、韓国は政策形成以外の職位では上級公務員レベルの職位に中途採用を行っており、日本より開放的であるとも捉えられる。開放している職位のレベルに着目すれば韓国の方が開放的であり、開放している職位の重要性や実際に民間部門の経験者を採用し組織にとどめている規模に着目すれば、日本の方が開放的であると言える。

　本節では韓国、イギリスとの比較の観点から、日本の公務員制度の位置付けを考察してきた。職員の知識・技能の観点から見れば、ポジションシステムの韓国、イギリスの公務員制度も、キャリアシステムの日本の公務員制度と同様に、政策形成の職位では政府内部で育成される技能を重視している。また、その他の政策実施、スタッフ部門の職位では、日本もイギリス同様に任期付職員を中心とした形で、専門職型の中途採用を行っている。

しかし、日本の公務員制度はイギリスや韓国と比較した場合に、中途採用を行う職位が組織の中級レベル以下に限られており、閉鎖的なキャリアシステムの特徴を有している。開放している職位のレベルという点では、やはりポジションシステムとキャリアシステムの間には明確な差が存在しているのである。確固たるキャリアシステムの存在する日本において、中途採用者はアウトサイダーの存在であることには注意しなければならないだろう。

日本の公務員制度は、外観上ポジションシステム志向の中途採用が導入されているが、経験者採用・官民人事交流の例に見られるように、中途採用をキャリアシステムになじむ形に修正しており、現在もキャリアシステムの公務員制度を維持している。

3　ポジションシステムの理論的精緻化

本書の独自性、学術的貢献を要約すると以下の4点である。

第一に、ポジションシステムとその運用パターンについて、労働経済学・経営学における知識・技能概念を援用し、新たな下位類型を提示した点である。これまでポジションシステムとして、制度外形の観点から一括りにされてきた公務員制度を、知識・技能の観点から4つの下位類型に整理し、今後の実証分析における分析視角、計量分析に際しての新たな操作化の方法を提示した。

第二に、ポジションシステムの運用実態について、その多様性を明らかにした点である。これまでの研究において、ブラックボックスとなっていたポジションシステムの運用実態を、独自の職歴調査に基づき分析し、国、組織、職務ごとの多様性を示した。特に先行研究において、NPMとの関連で説明されることの多いポジションシステムが、現実にはネットワーク型のように政策領域の関連性を重視した中途採用も多い傾向を明らかにした。

第三に、職員の職歴調査と組織の業績測定を用いた、ポジションシステムの運用実態を反映した計量分析を行った点である。ポジションシステムと組織の業績に関するこれまでの先行研究が、アンケート調査や、国レベルの分析にとどまっていたのに対し、本書は実際の中途採用の運用実態を反映した分析を実施した。分析の結果から、運用類型ごとの業績への影響が明らかとなった。

終　章　明らかになった中途採用の実像　　229

　第四に、日本、韓国、イギリスの3国の比較から、いずれの国でも知識・技能の観点からは共通の運用傾向があることを明らかにした点である。制度の構成原理に基づくポジションシステム、キャリアシステムの類型の違いによらず、政策形成の職位では、政府内でのみ習得可能な政策形成の技能が重視されていること、政策実施の職位やスタッフ部門では中途採用が多く活用されていることが示された。

　ただし、キャリアシステムの国である日本は、組織の上級レベルの職位を外部に開放しておらず、開放する職位レベルの制度外形上の違いという点において、ポジションシステムとキャリアシステムの差は明確に存在している。

4　本書の分析の限界と課題

　本書が分析対象として取り上げたのは、韓国とイギリス、そして日本である。本書の国際比較に関する議論をこの3国以外にどの程度一般化できるかどうかという問題が残る。本書はポジションシステム、中途採用の運用実態を、職員の職歴調査から分析するアプローチをとったが、このアプローチは1国の運用実態の分析に、非常に時間がかかるという問題を抱えている。必然的に分析対象の国は少数とならざるを得ず、分析結果の一般化にも限界がある。

　また、国同士の比較分析で言えば、日本の事例では組織の中級レベルでの中途採用を分析対象としたが、イギリスにおいて同様の中途採用がどの程度存在しているかは未知数である。上級公務員のレベルであればまだしも、中級以下のレベルとなると、各省に人事権が分権化されておりマクロなデータも入手できないことに加え、中級レベルの職員は職員録にも職歴情報がなく、運用実態に関する詳細なデータを、本書と同様の手法で集めることは非常に困難である。

　第7章と第8章の計量分析についても、結果の一般化には限界が存在する。本書の分析はあくまでもイギリスを対象としたものであり、イギリスの各省・エージェンシー以外への一般化に限界を抱えている。まず、公務員の知識・技能に対してどのようなものを要求するかという点は、一定程度各国に共通していると思われるが、国ごとの差も存在するだろう。例えば、閉鎖的な組織文化が強く、政府の特殊性が高い国であるほど、政府に特殊的な技能の重要性が高

まるだろう。そうした環境下においても、イギリスと同様の分析結果が当てはまるかどうかは本書の分析からは未知数である。

　また、計量分析において重要であることが明らかになった各種の技能についても、本書では技能の観点からの事例分析を実施していないため、具体的にどのような影響を発揮しているのか不透明な部分がある。政策形成の技能や民間部門のマネジメント技能がどのように発揮されたかどうかを、外部から比較・観察できるのかどうかという方法論上の限界も存在するであろう。

　そして、計量分析の分析手法に関しては、複合的なキャリアを有するイギリスの公務員に対して、職業経験3年を基準とする方法が適切であるかどうかという問題がある。同じ職業経験であっても、キャリア早期に民間部門を経験した場合と、キャリア早期に公務員を経験した場合とでは、もたらされる結果が異なる可能性もある。こうした職業経験の順番も含めて、どのようにして公務員の知識・技能を代替する指標である職業経験を測定すべきかについては議論の余地があるところである。

5　公務員の中途採用に関する政策的示唆

　本書による運用実態の分析からも明らかなように、ポジションシステムと呼ばれる公務員制度は、運用次第でどのような公務員制度にも化ける性質を持っている。ポジションシステムにおける中途採用は、各組織のその時々の戦略、各職位に求められる能力によって、柔軟に運用することが求められる。コストを削減することが重要なのであれば、民間部門からの中途採用者が望ましいが、行政サービスの品質や政治環境への対応力が求められる場合は、行政組織の経験がある人物を採用するのが望ましい。

　ポジションシステムの公務員制度が、NPM改革の流れとともに普及したこともあり、一般的に公務員の中途採用と言えば、民間部門からの採用を想起することが多いと思われる。しかしながら、既に中途採用を活発に運用している国々の実態からも明らかなように、NPM型の制度運用はポジションシステムの一面にすぎない。組織内外への公募を通じた中途採用において、どんな人物が採用されるかという問題は、当該職位に求められる職務内容、応募者の職

歴・経験次第なのである。

　こうしたポジションシステムにおける中途採用の性質は、公務員だけに見られる特殊なものではない。民間労働市場における中途採用を念頭に置いて考えてみれば、公募対象の職位と、似たような職種の経験を有する人物の方が採用時に有利となるのは、我々の一般常識と照らし合わせても違和感のない帰結である。大学教員の公募においても、公募を実施するからといって、必ずしも外部から採用することが最初から決まっているとは限らず、学内からの採用となるか、学外からの採用となるかは、その時々の状況次第であろう。

　しかし、これがこと公務員の公募となると、「中途採用＝民間活力の導入」「中途採用＝外部からの行政改革」といった、安直なイメージにつながりやすいのが実情である。こうしたポジションシステムに対する誤解は、今後、民間労働市場の流動性の向上、ポジションシステム化が進んでいけば、ある程度改善していく可能性もある。

　むしろ、ポジションシステムの導入により危惧すべきは、政治的な運用により、メリットシステムの原則が損なわれることである。本書の主題からは外れるため、本論の中では最小限の言及にとどめているが、ポジションシステムの公務員制度は、職務要件の設定の仕方如何によっては、政治的な応答性を高める目的で使うことも可能な制度である。専門能力に関する職務要件が非常にあいまいであったり、職務要件がごく一般的な内容であったりすると、応募者を評価する際の基準があいまいとなり、評価者や人事権者の選好次第で、どの応募者を任用することも可能な状況が生じ得る。結果として、中途採用を隠れ蓑として、政治的な意図を反映した中途採用や、実務能力のない人物が中途採用される危険性もある。

　行政組織の上級公務員には一定の政治的応答性が求められる側面もあるとはいえ、メリットシステムに基づき任用すべき職位の公務員を、事実上の政治任用のような格好で運用するのは、適切な運用方法とは言えないだろう。日本型の雇用慣行においては、職員個人レベルでの職務分担は明確に規定されず、各組織単位で定められてきた。しかし、中途採用という手法はポジションシステム特有の厳格な職務区分を前提とした仕組みである。その中において、日本型の雇用慣行で見られるようなあいまいな職務要件を用いることのないよう注意

が必要である。

　また、行政組織の内部で育成された公務員の専門性を明確に位置付けるという観点からも、職務要件を明文化・明確化することは重要である。一般的に、行政組織の事務職員は、様々な部門を頻繁に異動するジェネラリストとして、素人、アマチュアと称されることもある。しかし、本書が用いた知識・技能の観点から言えば、いわゆるジェネラリストの事務職員は、決して行政実務の素人ではなく、政策形成に関わる業務のプロフェッショナルであると言える。ジェネラリストの事務職員を専門能力のない素人として扱ってしまうと、政策形成の技能を重視し、公募の末に公務員経験者だけを採用した場合に、採用理由の正当な説明が困難となるであろう。

　職務要件と照らし合わせた際に、なぜ公務員経験者が、その他の応募者より優れているかを説明するためには、従来、ジェネラリストと呼ばれアマチュア扱いされてきた、政策形成などの専門知識・技能を、明示的な専門分野として定義する必要がある。イギリスは "Professional Skills for Government" と呼ばれる、公務員の能力開発を目的とした枠組みの中で、政策形成や政策実施に関わる専門性を位置付けることを試みており[1]、ポジションシステムの大がかりな導入や、国・自治体間の異動など、行政組織間の流動性を高めようとする場合、日本でもこのような取り組みが必要となるであろう。

　ただし、職務要件や職務区分の明確化は、ポジションシステムの導入という観点からは、必要性の高い取り組みであるが、これにより従来の日本型雇用慣行の長所が喪失する危険性にも注意する必要がある。従来、日本の行政組織では、個人単位の職務区分があいまいなことで、職員同士の間でフレキシブルな対応が可能となっていたが、職務要件を明確化することで、こうした互助関係が失われる可能性もある。

　現在、政府は「働き方改革」として、社会全体を徐々にポジションシステムの人的資源管理へと近づける政策に積極的に取り組んでいる。仮にこうした労働政策が現在の方向性のまま進展し、数十年後に民間企業の人的資源管理制度が、ポジションシステムに近いものへと変化していった場合、行政組織のキャ

　1）イギリスの Professional Skills for Government については、藤田（2015）が詳しい。

リアシステムに対する市民からの批判は、現在よりもさらに厳しいものとなるであろう。しかし、そのような状況下においても、やみくもに中途採用者を活用するのではなく、組織の戦略や、各職位に求められる状況に応じて、内部で育成された公務員を活用するのか、中途採用者を活用するのかを判断することが、これからの行政組織には求められると考えられる。

補　論

公務員制度のモデルに関する先行研究の議論

1　西尾の開放型・閉鎖型任用制

　西尾勝は、その著書である『行政学』において、ヨーロッパ諸国および日本、そしてアメリカを議論の念頭に置いた上で、任用制度を基軸として公務員制度を開放型任用制（open career system）と閉鎖型任用制（closed career system）の2つに整理している[1]。西尾によれば、「ヨーロッパ諸国および日本などに形成されてきた官吏制または公務員制は終身雇用制を基本にした閉鎖型任用制（closed career system）と呼ぶべきものであるのに対して、1920年代にアメリカで確立された公務員制は、科学的人事行政論なるものに基づく、職階制を基礎にした開放型任用制（open career system）と呼ぶべきもの」であり、「この両者は、ともに資格任用制を基本原理としていながらも、資格・能力のとらえ方を異にしている。そしてそれ故に、その先の制度の構成原理を全く異にしていた」という（西尾 2001, 137）。

　開放型任用制は「初めに職務ありき」との考え方に立ち、組織を職務・職責の体系として捉えている。各職位（position）には、それぞれの職務・職責の遂行に必要な資格・能力を有する人材が任用される。科学的・合理的な人事管理を行うためには、まず組織の全ての職務・職責を分類する必要があり、職階制は組織の業務を遂行するのに必要な全ての職務・職責の分類体系であるという。公務員の任用は欠員が生じる都度行われ、終身雇用を前提にしておらず中途採

　1）西尾の類型論は開放型任用制を open career system と表記しており、Self の類型論を参考にしている可能性がある。ただし、職階制の目的など、Self の議論とはいくつかの部分では見解が大きく異なる。

用も稀ではない。各職位に要求される資格・能力要件は職級ごとに明細に定められており、その職位の職務・職責をこなす即戦力であることが求められる。そのため任用後の研修も、当面の職務・職責をこなすのに必要な知識・技能の補習を目的にしたものであるという。こうした制度は職員の専門分化を促進する傾向を持ち、採用後の配置換え・昇任も原則としてその職級の属する職位の範囲内で行われる（Ibid., 137-138）。このような開放型任用制は、「官民間・政府間・各省間に類似の業務が存在することを前提にし、またそれらの業務相互間の労働力の移動を容易にしようとする人事制度である」という（Ibid., 139）。

　西尾は開放型任用制と対になる、もう1つのモデルとして、ヨーロッパ諸国・日本に代表される閉鎖型任用制を提示している。閉鎖型任用制は「終身雇用制を基本にしているため、職員の新規採用はほぼ入口採用に限定され〔中略〕中途採用は例外である」（Ibid., 139）。予め作られた職務の体系に人を充てる「初めに職務ありき」の開放型任用制に対し、閉鎖型任用制は「「初めに職員ありき」の考え方である。新規採用職員に要求される資格・能力は学歴と職種に対応した専門知識という一般的で潜在的な能力であり、職員はジェネラリストとしていかなる職位に配属を命じられてもその職務・職責に適応することを期待されている。〔中略〕閉鎖型任用制は、組織ごとの終身雇用と年功序列制を基本にしており、組織の壁を越えた労働力移動、ことに官民間の移動をあまり想定していない」（Ibid., 139）という（表補-1）。

　Selfのモデルと類似点が多いものの、西尾モデルをあえて取り上げる理由は1つである。西尾の提示した開放型／閉鎖型任用制こそが、日本の行政学において公務員の人的資源管理システムを説明する際の定説として認識され、多くの研究・教科書で引用されているからにほかならない。開放型／閉鎖型任用制の区分は公務員試験の問題として出題されることもあり、事実上の標準（デファクト・スタンダード）として広く普及している[2]。

　また、西尾のモデルはいくつかの点でSelfとの違いがある。特に大きな違いは、西尾は開放型任用制の類型化において「官民間に類似の業務が存在する」という前提を置いている点である。開放型モデルが、その運用においては内部

───────────
　2) ただし、近年は曽我（2013）のように青木（2003）の比較制度分析の視点から、組織形態を説明する教科書も刊行されている。

補　論　公務員制度のモデルに関する先行研究の議論　　237

表 補-1　開放型／閉鎖型任用制の特徴

	開放型任用制	閉鎖型任用制
基礎となる制度	科学的人事行政論に基づく職階制	終身雇用制
組織編制理論	初めに職務ありき（組織を職務・職責の体系として捉える）	初めに職員ありき
職員に求められる能力	その職位に割り当てられている範囲の職務・職責を遂行するのに必要にして十分な資格・能力	ジェネラリストとしていかなる職務・職責にも適応する能力
職員の任用	欠員が生じるたびに行い中途採用も稀ではない	採用は入口に限定

（出典）西尾勝（2001）『行政学［新版］』有斐閣、137-139ページに基づき筆者作成。

出身者を有利にする可能性を示唆している Self とは異なる見解である。政府の
職務の中でも、人事、財務、IT、購買などのスタッフ部門に関しては、官民
間に類似の業務が存在するという西尾の仮定はおおよそ当てはまる。一方、公
務の大部分を占める政策形成・実施に関する業務は公務部門の特殊性が強い職
務である。

　西尾は「官民間に類似の業務」とは何かを明確に示しておらず、どのような
職種を念頭に置いているかはわからない。しかし、スタッフ部門など一部の職
種にのみ当てはまる前提条件を組織全体に拡大してモデルを構築することで、
西尾モデルにおける開放型任用制の類型は、あたかも公務組織全体の労働力が
容易に官民間で移動可能かのような議論が展開されている。西尾の開放型任用
制の類型には、なぜ政府特有の業務に関してあえて民間部門からの中途採用が
必要なのか、あるいは政府特有の仕事しかしてこなかった（民間部門で必要な専
門性を持たない）労働力がなぜ民間部門で採用されるのかという疑問に対して
明確な説明をしていない。日本の行政学においてはスタンダードとして普及し
ている西尾の開放型／閉鎖型モデルは、組織の構成原理を示す規範的・理論上
のモデルとしては有効であるが、現実の社会実態を説明するモデルとして扱う
のには注意が必要であろう。

2 Silbermanの専門・組織志向の官僚制

Silbermanは、官僚制を人的資源管理の構造の違いから2つに分類している。1つは「組織志向（organizational orientation）」の合理化である。Silbermanによれば、組織志向の官僚制は採用に際して厳しい制限[3]があり、キャリア早期に組織へ参加（commitment）[4]することに高い価値があるという。しかし、キャリア早期に職員を組織に参加させるには、その他のキャリアを諦めさせるインセンティブが必要である。組織志向の官僚制では、職員の将来のキャリアの予測可能性を高めるか、将来のキャリアの不確実性を減らすことで、その他のキャリアを諦めるインセンティブを与えている。そのため高い職位に就くにはキャリア早期の参加が必要であり、低いランクからの昇進や、その他の組織からの中途採用は予測可能性を低下させるため稀である。昇進はたいていシニオリティ[5]に基づいており、予測可能性を維持するため異動は省内に限られ専門化する。Silbermanは、このような組織志向の合理化を果たした国の例として、日本、フランス、ドイツ、イタリア、スペイン、ソ連を挙げている（Silberman 1993, 10-12）。組織志向の合理化は、Selfのクローズドキャリアシステム、西尾の閉鎖型任用制に相当するモデルであると言える。

そしてSilbermanは、組織志向の合理化に対するもう1つの体系を、「専門志向（professional orientation）」の合理化と表現している。専門志向の合理化の特

---

3) 採用の制限となる具体例として、大学の特定課程での訓練を受けていること、上級公務員の育成を目的とした特別な学校を修了すること、任用前に何らかの見習い訓練を経ることが挙げられている（Silberman 1993, 10）。

4) Silbermanは参加を意味する語としてcommitmentを用いており、単に入省するということではなく、組織への深い関わり、責任、帰属意識を持つというようなニュアンスがあると考えられる。

5) Silbermanの言うシニオリティ（seniority）の解釈は、どの国の労働市場を想定するかにより判断が分かれるところである。アメリカ特有の先任権か、あるいは日本のような入省年次、年齢・年功（年齢＋功績）を想定しているのか、前後の文脈では明確に示されていない。同書の翻訳書では日本特有の「年功」の訳語が用いられているが、同書の該当箇所は特定の国を想定しない一般論として議論を進めていることから、単に先任順、組織の参加順程度の意味で理解するのが適切と考えられる。

表 補-2 専門志向／組織志向の合理化の特徴

	専門志向	組織志向
高い職位への任用条件	専門訓練	キャリア早期の組織参加
昇進基準	シニオリティの影響は少ない	シニオリティに基づく
キャリアの予測可能性	低い	高い
キャリアパス	体系化の程度が低く組織間の垂直・水平的流動性を奨励・許容	異動は省内に限られ専門化
職員へのインセンティブ	民間部門と同じ給与、組織加入の柔軟性、仕事の裁量・自律性	予測可能性の高いキャリア

（出典）Silberman, Bernard S. 1993. *Cages of Reason: the rise of the rational state in France, Japan, the United States, and Great Britain.* Chicago: University of Chicago Press, 10-14. に基づき筆者作成。

徴は、高い職位への任用にあたって、キャリア早期の組織参加ではなく、専門的訓練（professional training）を主な基準とすることである。そのため、若いうちに職業選択の幅を狭める代償としてのインセンティブ（キャリアの予測可能性の高さ）は必要ない。専門志向の合理化では、給与など、民間部門と同様[6]のインセンティブを利用している。Silbermanはその他のインセンティブの例として、キャリア途中からでも組織に加入できる柔軟性、任務の柔軟性、仕事の裁量と自律性の大きさを挙げている。そのため、キャリアの構造の体系性、予測可能性は低くなり、昇進におけるシニオリティの影響もより少ない。このような専門志向の官僚制は、程度の差はあれ組織外部の規準に左右されるため、組織志向の官僚制よりも出入りのしやすい（permeable）組織になる。早期の組織参加よりも専門訓練を重視することで、官民双方の官僚制の役割は互換性の高いものとなり、組織間の垂直・水平的流動性を奨励あるいは許容する帰結を生むという。Silbermanはこのような専門志向の合理化を果たした国の例として、アメリカ、イギリス、カナダ、スイスを挙げている（Ibid., 12-14）。専門志向の合理化は、Selfのオープンキャリアシステム、西尾の開放型任用制に相当するモデルであると言える（表 補-2）。

6）「民間部門と同様」という表現は、どこの国の民間部門を念頭に置くかにより意味するところが大きく異なってくる。ここでSilbermanが想定しているのは、日本のような流動性の低い労働市場環境の民間部門ではない。アメリカ、イギリスのような流動性の高い労働市場における民間部門であることに注意が必要である。

Silbermanの問題関心は、各国の官僚制がウェーバーの想定した1つの理念型に収斂せず、多様な官僚制が生まれた点にあった。Silbermanは多様な官僚制を上述した2つのモデルに整理した上で、フランス、日本、アメリカ、イギリスの4カ国を歴史的アプローチから分析し、異なる2つの合理化が進んだ要因を論じている。同書は歴史的研究であり、Silbermanが組織志向、専門志向それぞれの例として挙げている国々は、各国に官僚制が誕生した当時の制度配置を念頭に置いている点に注意が必要である。しかしながら、Silbermanが提示した2つのモデルは、現代の公務員制度に対する分析視角としても利用に耐えうるものである。

3 Auer et al.（1996）の研究背景

Auerらは、同書における国際比較の研究目的として、加盟国の公務員制度の多様な側面（採用・昇進・給与など）と公務員関連法規に関して比較による説明を提供すること、公務員制度改革の現在のトレンドを観察すること（Ibid., 8）、加盟国の公務員制度の共通点を発見すること（Ibid., 133）、公務員制度の主要な領域（採用、キャリア開発、管理職の選抜、訓練など）における加盟国の差を指摘し公務員の自由な移動の主な障害を発見すること（Ibid., 142）を掲げている。

この中でも、最後の目的である「公務員の自由な移動の主な障害の発見」は、Auerらが議論の前提として、各国の公務員職を民間部門や外国籍の労働者に対しても開放し、公共部門の人の移動の流動性を高めることが当然であるという考えの基に研究を遂行していることが表れている。表1-3の評価を見てもわかる通り、1996年時点では、制度外形レベルの観察でも、強固なキャリアシステムの制度配置をとる国々の方が過半数であるが、Auerらは同書の分析結果から各国のポジションシステム化の進展を主張している。オープン／クローズドキャリアシステムそれぞれの長所・短所双方を指摘した上で、両システムに公平な視点から論じていたSelfの議論に比べると、Auerらの研究はややポジションシステム志向のバイアスがかかっている。

Auerらが研究目的として掲げたいくつかの目的のうち、特に「公務員の自

由な移動の主な障害の発見」という目的は、当時のEC条約第48条との関連で掲げられたものである。Auerらは同書の冒頭部、結論部で何度もこの第48条に言及しており、複数ある研究目的の中でも重要なものであることがうかがえる（Ibid., 4-6, 136, 141-142）。Auerらが注目したEC条約第48条は、公務員はその対象から外されていたものの、加盟国における民間部門労働者の移動の自由を保障する内容である。

　元来、1957年のローマ条約で制定された第48条は、既に雇用された労働者の自由移動を保障するものであり、職を持たない者も含んだ全ての人の自由移動を保障するものではなかった（本田 1997, 82）。それが80年代に入ると、EC域内の労働市場の統合が掲げられるようになり、1985年にEC委員会が公表した域内市場白書では「1992年までに物・人・資本・サービスの自由移動に対するあらゆる障害を取り除き、これらが自由に域内を移動できるような単一欧州市場を形成することを目標とし〔中略〕目標を実現するため、自由移動に対する様々な障害が「物理的障壁」「技術的障壁」「財政的障壁」に分類されて特定され、除去するためにとられるべき諸措置とその対策のための日程」（Ibid., 95）が示されている。

　Auerらが研究目的として掲げている「公務員の自由な移動の主な障害を発見すること（to find out the main obstacles to free movement of civil servants）」という視点は、この域内市場白書の内容と非常に似通っている。Auerらが公共部門の人の移動の自由化の必要性、ポジションシステム化の必要性を前提とした上で議論を展開しているのは、民間部門における労働市場の流動化を念頭に置いているためであろう。Auerらはキャリアシステムの国々における、特定の教育や国籍を採用条件にする方式を、人の自由移動を阻害するという「規範的な観点」から問題視しているのである。

　こうした規範的な関心は、同時にAuerらの研究が各国の「制度外形」の開放／閉鎖に強く関心を寄せる一方で、「運用実態」の開放／閉鎖への関心が薄い一因でもある。Auerらにとっては、各国の制度運用の実態が開放／閉鎖のいずれであるのかよりも、各国の公務員制度が人の自由移動を、制度上阻害しているかどうか、外部の応募者にも公平性が保たれているかの方に関心があるのである。この点は、日本や韓国のように公務員制度の開放／閉鎖を、民間活

力の導入や行政組織の改革といった、行政の効率性や能率の観点から捉えている国々の研究関心とは全く異なる視点である。

　Auerらにとっての公務員制度の開放／閉鎖問題は、人の自由な移動が阻害されているかどうかの問題であり、政府外の応募者や他国籍の応募者にも平等な機会と可能性が開かれてさえいれば、運用実態として制度が閉鎖されていようと問題ないのである。Auerらのように規範的な研究関心に偏った研究は、労働市場の流動性や制度の開放を強く訴えかける一方で、運用面での課題や運用実態に無関心である。これは同書の共著者の1人であり、Demmke and Moilanen（2010）の著者でもあるChristoph Demmkeの研究にも共通する課題である。

4　OECDの公務員制度モデルの概要と変遷

　OECDは開放的な任用を行う公務員制度の類型を、ポジションベースシステムと呼んでいる。ポジションベースシステムは、外部からの採用、内部昇進・異動により、当該職位に最も適切な候補者を選ぶシステムである。このシステムは、組織への開放的なアクセスを認めており、中途加入も比較的よく起きる（OECD 2004b, 4）。各職位において、開放的で競争的な手続きによる採用が行われるため、公平性が担保される反面、採用手続きの透明性の欠如、採用の際にバイアスが生じる可能性がある。職員間の地位の違いを越えた、集団的価値観を作りやすいシステムであるが、採用段階における公務に共通の価値観が弱い。昇進は個人の業績評価に基づいているという点で公平であるが、時として手続きの透明性に欠け、情実による昇進が生じる可能性もある。省横断的な採用は難しい（Ibid., 6）。

　もう一方のキャリアベースシステムでは、公務員はたいていキャリアのとても早い時期に雇われ、多かれ少なかれその職業人生を通じて公務にとどまることが期待されている。組織への加入は、大半が学位審査と公務員試験による。キャリアベースシステムは公務員が特別な下位集団（フランスのコールなど）に加入し、集団的な価値観の形成を促進する。しかし、ヒエラルキーや下位集団を越えた関係が弱い点、個人の業績や説明責任を強調することが難しい点など

の欠点がある（Ibid., 4）。昇進は、特定の職位というよりも、個人に関連付けられた階級（grades）制度に基づいている。階級は公務員としての勤続期間に応じて獲得され、階級と職位が乖離することによる不公平な扱いが生じる可能性は限定的である。ただし、個人の業績評価が弱いシステムであるため、内部の公務員が異なる職位に任用される際の透明性に欠けている。この種類のシステムは、キャリア途中から公務員になる可能性が制限されており、キャリア開発が強く強調されるという特徴がある（Ibid., 6）。

　管見の限りでは、OECDがこのような類型を用いたのはOECD（1996）が初出である。初出の時点では類型の呼称がポスト（post）システム／キャリア（career）システムとなっているが、次のOECD（1997）ではジョブベース（job-based）システム／キャリアベース（career-based）システムと呼ばれており、初期の段階では呼称が定まっておらず、明確な定義も出されていない。類型の呼称がポジションベース／キャリアベースとなるのはOECD（2004a）からで、それ以降はこの呼称が現在まで用いられている。類型の名称からいずれかの段階でAuerらの研究を参考にした可能性が考えられるが、初期の文献内でAuerらの研究を明示したものはなく、両者の関連性は明確ではない。また、当初の類型論では次に述べるように任用制度の開閉に基づいて類型を区分していたが、時期が後になるにつれ人的資源管理権限の委譲の程度、中央の人的資源管理機関の機能という2つの変数を定義に加えている報告書もあり、学術的なモデルとして捉えるには概念が漠然としていることに注意が必要である。

5　OECDによる公務員制度モデルの指標化

　OECDは2002年に加盟国の人的資源管理制度に関するアンケート調査を実施している。調査項目には、職位・階級の分類、空位充当の手続き、職位の開放の程度に関する詳細な質問が含まれている。特に職位の開放の程度については、「完全な開放」、「部分的な開放」、「未開放」の3択式の質問に加えて、外部に向けて開放している職位数を問う項目、開放した職位に対して外部から中途採用を行った実績を問う項目があり、具体的な運用実態に関する調査が実施されている（OECD 2002, 17-25）。

表 補-3 政府職位の開放性

政策		国
原則として全レベルの職位が公開競争	上・中級レベルの職位を含む	オーストリア、ベルギー、デンマーク、フィンランド、ハンガリー、ニュージーランド、スロベキア、スイス
	政府が任用するトップレベルの職位は除く	オーストラリア、カナダ、イタリア、ノルウェー、スウェーデン
上級・中級レベルが部分的に公開競争		韓国、ルクセンブルク、イギリス
公開競争の職位はない	上・中級レベルともにない	日本、スペイン
	中級レベルにいくつか例外がある	フランス、アイルランド

（出典）OECD. 2004b. *Trends in Human Resources Management Policies in OECD Countries: An Analysis of the Results of the OECD Survey on Strategic Human Resources Management*, 5, table 2.

　表 補-3はこの2002年に実施されたアンケート調査（OECD 2002）の回答に基づいて、OECDが各国の開放性の程度を整理したものである。一口に任用制度の開放と言っても、国によりばらつきがあることが見て取れる。なお、表補-3の分類は、アンケート調査のいずれの項目の回答を基に分類したのかが明示されていない。この調査については、各国の回答内容が公表されていないため、分類の根拠となった回答内容をたどることも不可能である。表の項目名を見る限り、任用手続きのルールなど、任用制度の外形に基づいた分類であると思われる。

　実証的な調査に基づくOECD（2004b）の国際比較は貴重なデータであるが、いくつかの問題点がある。第一に、表 補-3のような制度外形に基づく分類は、必ずしも運用実態としての開放性の高低（中途採用数の多寡）を反映していない点である。例えば、中途採用がほとんどない韓国と、上級公務員の3割程度を中途採用するイギリスが、表 補-3では同じカテゴリに分類されている。また、運用実態としてはイギリスよりも開放性が低い[7]ベルギーが、表 補-3ではイ

　7）OECDの調査時点より5年後の2007年の報告書に掲載された数字になるが、ベルギーは上級公務員の1割を中途採用している（OECD 2007a, 63）。

補　論　公務員制度のモデルに関する先行研究の議論　　245

図 補-1　中央政府における人的資源管理システムの開放性に関する合成指標

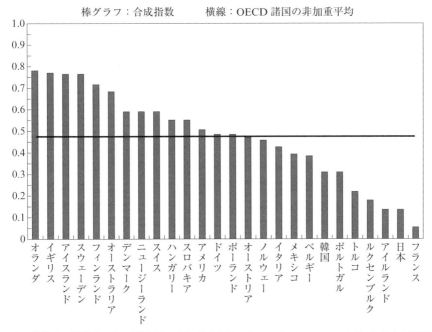

注：指数は0（閉鎖的）と1（開放的）の間の値をとる。クロンバックの α：0.573（SPSSによる計算）。0.6に近いまたは0.6を超えたクロンバックの α は、変数セットの内部に高度の相関関係を示す。データの欠損または不完全：カナダ、チェコ、ギリシャ、及びスペイン。
　　Survey on Strategic Human Resouces Management in Government, OECD, 2006（質問37, 38, 39, 81）、及びOECD公共ガバナンス・地域開発部（Directorate for Public Governance and Territorial Development: GOV）の推計（欠損値は平均値で代替推計）。
（出典）OECD. 2008. *The State of the Public Service*, 90, figure A.4. グラフ部分はOECD（2008）を用いている。図タイトル、注、出典の訳は同書の邦語訳であるOECD（2009）を参照した。

ギリスよりも上位の最も開放的なカテゴリに分類されている。

　第二に、各国の分類基準の不明確さである。ベルギーの公務員制度は中途採用を一部のレベルに限定しており[8]、「上級・中級レベルが部分的に公開競争」カテゴリへの分類が妥当と考えられるが、本調査では「原則として全レベルの職位が公開競争」に区分されている。前述したように各国の回答は一部しか公開されていないため、こうした区分がなされた理由は確認することができず、制度外形に基づいた分類として見ても、調査の正確性に疑問が残るデータ

となっている。

　OECDは2006年にも人的資源管理についてのアンケート調査を実施しており（OECD 2006）、その結果を報告書としてまとめている（OECD 2008）。図　補-1は2006年の調査結果に基づきOECDが作成した合成指標を用いた、中央政府の人的資源管理システムに関する開放性の国際比較である。Y軸の数字が開放性を表しており、1に近いほど開放的、0に近いほど閉鎖的であることを示している。

　図　補-1の合成指標には、OECD（2006）の調査項目のうち、4つの質問に対する回答結果が用いられている。第一の質問は、「公務員になる方法」に関するもので、「競争試験を通じて公務員集団に加入する：0点」「特定の職位への直接応募と面接（最低限の学位条件あり）：0.666点」「職位により異なる：0.333点」という点数が選択肢ごとに割り振られている。さらに、非常勤職員のルールが異なる場合は1点、常勤と非常勤が同じ場合は0点が割り振られている。

　第二の質問は、「採用選考における成績主義」に関するもので、競争的な筆記試験を用いていない国々に対し、どのような方法で成績主義に基づいた採用を確保しているか確認している。回答は「全ての空位を公表」「採用は委員会（panel）が決定」「採用会社（recruitment firms）を利用」「人的資源管理担当省と当該省が共同して採用可能な候補のショートリストを用意」「その他」の5つが用意されており、該当する項目1つにつき0.200点が与えられる。

　第三の質問は、「職位の配分」に関するもので、「全ての職位が内外に公開されている：1点」「ほとんどの職位が内外に公開されている：0.666点」「いくつかの職位が内外に公開されている：0.333点」「外部に公開されている職位がない：0点」となっている。

　第四の質問は、「政治任用を除く上級公務員の採用」に関するもので、「キャリア早期に競争試験で選抜され管理される：0点」「内部昇進：0点」「全ての

　8）上級公務員であれば、最上位レベルのN, N1は開放されているものの、その下のN2, N3は内部からの応募者に限定されている。その下のAレベルの公務員も、Aレベルのうち最下層のA1、A2は労働市場に開放されているものの、上位のA3, A4は内部で候補者がいない場合のみ外部に開放、A5（上級公務員とは逆でA5がAレベル内の最上級）は完全に内部に限定されている（OECD 2007b, 3-4）。

上級管理職を外部に開放：1点」「十分な割合の管理職を外部に開放：0.500
点」となっている（OECD 2008, 90-91）。合成指標を構成する変数の選択はクロン
バックα係数を基に行われている（Ibid., 81）。

　OECDの合成指標には多くの問題点が存在している[9]。まず、採用選考にお
ける成績主義の質問において、競争試験を用いていない国々のみを質問の対象
にしている点である。配点を見る限り、筆者には閉鎖的な国ほど試験方式を用
いているという前提があると思われる。しかし、筆記試験を実施していない国
にのみ開放性の点数が加点される構造の調査方式では、空位補充の際に公募を
行い面接と筆記試験の双方を課す制度の国々が、閉鎖的な国々と同じ0点とな
る。

　根本的な問題として、なぜ筆記試験を用いていないと開放的であると言える
のか、論理関係の積極的な説明がなされていない。非常勤職員のルールが異な
る場合に1点が与えられているのも同様である。日本のように最も閉鎖的な国
も非常勤職員のルールは異なっており、制度の開放性との論理的関連性が薄い
指標を合成することで指標の精度が低下している。

　ほかにも、OECD（2008）の邦訳版であるOECD（2009）で追加された解説部
において、同書の監訳者である平井文三は、開放性に関する合成指標を含む同
書の指標全般の問題点を指摘している。第一に、合成指標の基礎指標のデータ
が公開されていない点である。第二に、合成指標の基礎指標の選択がクロン
バックのα値のみで判断されており、合成する意義の低い指標が混在している
点である（OECD 2009, 165-166）。

　また、合成指標の技術的な問題に加えて、基礎指標の個別データが公開され
ていないため、OECD（2008）は公務員制度の開放性を測定し国際比較した貴
重なデータでありながら、二次利用を含めた有用性を欠いたものとなっている。
OECDはその後も公務員の人的資源管理に関する調査を実施し、Government
at a Glanceシリーズなどを出しているが、公務員制度の開放性に関する調査は
OECD（2008）を最後に途絶えているのが現状である。

───────────────

　9）次の記述は、OECD（2008）の邦訳版OECD（2009）で追加された解説部のうち、筆
　　者が執筆を担当し、平井文三氏が監修した箇所の一部（132-134ページ）を加筆・修正
　　したものである。

公務員制度の開放・閉鎖に関する国際比較データとして、OECDは過去2回の調査を実施している。しかしそのいずれも、調査手法上の問題が見られ、公表された分析結果は信頼性の低いものである。加えて、各国の回答データが未公表とされており、OECDがこのような分析結果を提示した根拠を検証することはできない。

初出一覧

　本書は、下記の既発表論文、学会報告を大幅に加筆修正した上で、未発表の研究成果を書き加えたものである。各章の内容はおおよそ各論文・学会報告と対応関係を成しているが、論文の構成上、大幅に内容を組み替えていることを断っておく。

　なお本書のうち、第4章で扱ったイギリスを対象とする第二次職歴調査、およびその職歴調査データを用いた第7章、第8章の計量分析は、科学研究費補助金（特別研究員奨励費 課題番号12J56592）の研究成果である。

序章、第1章
　書き下ろし。

第2章
　小田勇樹（2012）「公務員の公募任用による業績への影響―先行研究の整理と専門性の観点からの仮説―」『法学政治学論究』92号、229-259ページ。

第3章
　小田勇樹（2010）「公務員の人事管理における公募任用の有効性―韓国の開放型職位制度の運用実態―」『法学政治学論究』87号、67-98ページ。

第4章
　Oda, Yuuki（2011）"Civil Service System under Conditions of Low Labor Mobility: Case Study of Britain and Korea." *Journal of Political Science and Sociology* 15, 99-120.
　小田勇樹（2014）「開放型の公務員制度における公募任用」日本政治学会、ポスターセッション「政治学のフロンティア」、早稲田大学、2014年10月12日。

第5章、第6章
　小田勇樹（2014）「イギリス上級公務員における中途採用者の運用実態―事例研究を通じた開放型モデルの再検討―」日本行政学会、ポスターセッション「行政研究のフロンティア」、東海大学、2014年5月25日。

第7章
　小田勇樹（2013）「イギリス上級公務員における人事政策の変化と組織の業績―外部組織での職業経験と業績に関する実証分析―」日本公共政策学会、若手報告セッションⅦ「官僚制」、コラッセ福島、2013年6月2日。

第 8 章
　小田勇樹（2017）「公務員の中途採用とイノベーション―知識・技能と組織の業績―」日本行政学会「組織イノベーションと人事管理」、関西大学、2017年5月27日。

第 9 章
　小田勇樹（2019）「国家公務員制度の現在地と働き方改革―最大動員システムの持続可能性―」『法学研究』92巻第5号、41-72ページ。

終章
　書き下ろし。

補論 1 ～ 4
　書き下ろし。

補論 5
　小田勇樹・深尾健太（2009）「解説（著者担当部分）」、OECD（編集）、平井文三（監訳）、『公務員制度改革の国際比較―公共雇用マネジメントの潮流―』明石書店、117-169ページ。

参考文献一覧

〈外国語文献〉

Aoki, Masahiko. 1988. *Information, Incentives, and Bargaining in the Japanese Economy*. New York: Cambridge University Press. 邦訳：青木昌彦（1992）永易浩一訳『日本経済の制度分析：情報・インセンティブ・交渉ゲーム』筑摩書房。

Auer, Astrid, Christoph Demmke and Robert Polet. 1996. *Civil Services in the Europe of Fifteen: Current Situation and Prospects*. Maastricht: European Institute of Public Administration.

Cabinet Office. 2011. *Senior Civil Service: Annexes*. http://www.civilservice.gov.uk/wp-content/uploads/2011/09/SCS-2010-annexes_tcm6-38525.pdf（accessed October 17, 2015）.

Cho, Wonhyuk, Tobin Im, Gregory A. Porumbescu, Hyunkuk Lee and Jungho Park. 2013. "A Cross-Country Study of Relationship between Weberian Bureaucracy and Government Performance." *International Review of Public Administration*, Vol. 18, Issue 3: 115-137.

Choi, Seok Chung. 2006. *An Empirical Study on the Effectiveness of the Korea's Open Position System*. PhD Diss., Chung-ang University.（韓国語原題：최석충『우리나라 개방형직위제도의 효과성에 관한 실증적 연구』중앙대학교 박사논문.）

Christensen, Tom and Per Laegreid. 2011. "Beyond NPM? Some Development Features." in Tom Christensen and Per Laegreid eds., *Ashgate Research Companion to New Public Management*, chapter 27, 391-403, Aldershot: Ashgate.

Dahlberg, Stefan, Carl Dahlstrom, Petrus Sundin and Jan Teorell. 2013. *The Quality of Government Expert Survey 2008-2011: A Report*. http://qog.pol.gu.se/digitalAssets/1445/1445514_qog-expert-survey-2008-2011.-updated-27.03.2013.pdf（accessed November 11, 2015）.

Dahlstrom, Carl, Victor Lapuente and Jan Teorell. 2010. *Dimensions of Bureaucracy: A Cross-National Dataset on the Structure and Behavior of Public Administration*. QoG Working Paper Series 2010: 13. http://qog.pol.gu.se/digitalAssets/1350/1350159_2010_13_dahlstrom_lapuente_teorell.pdf（accessed November 11, 2015）.

――. 2012. "The Mert of Meritocratization: Politics, Bureaucracy, and the Institutional Deterrents of Corruption." *Political Research Quarterly*, Vol. 65, Issue 3: 656-668.

Demmke, Christoph and Timo Moilanen. 2010. *Civil Services in the EU of 27: Reform Outcomes and the Future of the Civil Service*. Frankfurt am Main: Peter Lang.

Department for Communities and Local Government. 2006. *Annual Report 2006*.

――. 2007a. *Annual Report 2007*.

――. 2007b. *Homes for the future: more affordable, more sustainable*.

――. 2008. *Annual Report 2008*.

―――. 2009. *Annual Report 2009*.

―――. 2011. *Annual Report and Accounts 2010-11*.

―――. 2012. *Annual Report and Accounts 2011-12*.

―――. 2013. *Annual Report and Accounts 2012-13*.

Department for Transport, Local Government and the Regions. 2002. *DTLR Annual Report 2002*.

Department of Trade and Industry. 2002. *The Government's Expenditure Plans 2002-03 to 2003-04*. https://web.archive.org/web/20040822000119/ http://www.dtlr.gov.uk/annual02/index.htm（accessed December 17, 2015). ホームページは既に閲覧できないが Internet Archiveを経由して閲覧可能。

―――. 2003a. *Consolidated Resource Accounts 2001-02*.

―――. 2003b. *Consolidated Resource Accounts 2002-03*.

―――. 2003c. *Departmental Report 2003*.

―――. 2003d. *Innovation Report Competing in the Global Economy: the Innovation Challenge*.

―――. 2004. *Department of Trade and Industry Departmental Report 2004*.

―――. 2005. *Department of Trade and Industry Departmental Report 2005*.

―――. 2006. *Department of Trade and Industry Departmental Report 2006*.

―――. 2007. *Department of Trade and Industry Annual Report and Accounts 2006-07*.

Dod's Parliamentary Communications. 2003. *Dod's Civil Service Companion 2004*. London: Dod's Parliamentary Communications.

―――. 2005. *Dod's Civil Service Companion 2006*. London: Dod's Parliamentary Communications.

―――. 2006. *Dod's Civil Service Companion 2007*. London: Dod's Parliamentary Communications.

―――. 2007. *Dod's Civil Service Companion 2008*. London: Dod's Parliamentary Communications.

―――. 2008. *Dod's Civil Service Companion 2008-2009*. London: Dod's Parliamentary Communications.

―――. 2009. *Dod's Civil Service Companion 2009-2010*. London: Dod's Parliamentary Communications.

―――. 2010. *Dod's Civil Service Companion 2010-2011*. London: Dod's Parliamentary Communications.

Drechsler, Wolfgang. 2005. "The Re-Emergence of "Weberian" Public Administration after the Fall of New Public Management: The Central and Eastern European Perspective." *Halduskultuur-Administrative Culture*, Vol. 6, 94-108.

Dunleavy, Patrick, Helen Margetts, Simon Bastow and Jane Tinkler. 2005. "New Public Management Is Dead-Long Live Digital-Era Governance." *Journal of Public Administration Research and Theory*, Vol. 16, Issue 3: 467-494.

Evans, Peter and James E. Rauch. 1999. "Bureaucracy and Growth: A Cross-National Analysis of the Effects of "Weberian" State Structures on Economic Growth." *American Sociological Review*, Vol. 64, No. 5: 748-765.

Goldfinch, Shaun and Joe Wallis. 2010. "Two Myths of Convergence in Public Management Reform." *Public Administration*, Vol. 88, Issue 4: 1099-1115.

HM Treasury. 2006. *Science and innovation investment framework 2004-2014: Annual Report 2006.*

———. 2010. *Spending Reivew 2010.*

Hood, Christopher. 1991. "A Public Management for All Seasons?" *Public Administration*, Vol. 69, Issue 1: 3-19.

House of Commons Public Administration Select Committee. 2010. *Outsiders and Insiders: External Appointments to the Senior Civil Service.* Seventh Report of Session 2009-10. http://www.publications.parliament.uk/pa/cm200910/cmselect/cmpubadm/241/241.pdf (accessed November 24, 2015).

Keohane, Nigel and Nida Broughton. 2013. *The Politics of Housing.* http://www.smf.co.uk/publications/the-politics-of-housing/ (accessed December 17, 2015).

Lazear, Edward Paul. 1979. "Why is there mandatory retirement?" *Journal of Political Economy*, Vol. 87, No. 6: 1261-1284.

Namkoong, Keun. 2002. "Effects of a Reform towards an Open Government in Korea: an Appraisal of the Open Position System." The Seoul International Conferrence on Public Sector Human Resource Management. May, 2002, 153-178. (韓國語原題：남궁근「열린정부를 향한 개혁의 성과：개방형 직위제도 집행과정 및 결과평가」.)

National Audit Office, 2013. *Building capability in the Senior Civil Service to meet today's challenges.* http://www.nao.org.uk/wp-content/uploads/2013/06/10167-001-Full-Report. pdf (accessed November 24, 2015).

OECD. 1995. *Governance in Transition: Public Management Reforms in OECD Countries.* Paris: OECD.

———. 1996. "Civil Service Legislation Contents Checklist." *SIGMA Papers*, No.5 (February 1996). http://dx.doi.org/10.1787/5kml6g9vtkxw-en (accessed March 16, 2015).

———. 1997. "Promoting Performance and Professionalism in the Public Service." *SIGMA Papers*, No. 21 (January 1997). http://dx.doi.org/10.1787/5kml615rm5mv-en (accessed March 16, 2015).

———. 2002. *OECD Survey on Strategic Human Resource Management.* http://www.oecd.org/officialdocuments/publicdisplaydocumentpdf/?cote=PUMA/HRM%282002%293/FINAL&docLanguage=En (accessed March 18, 2015).

———. 2004a. Policy Brief: Public Sector Modernisation: Modernising Public Employment. (July 2004). https://web.archive.org/web/20120318124653/http://www.oecd.org/dataoecd/11/6/33660031.pdf (accessed March 18, 2015).

———. 2004b. *Trends in Human Resources Management Policies in OECD Countries: An Analysis of the Results of the OECD Survey on Strategic Human Resources Management.* http://www.oecd.org/officialdocuments/publicdisplaydocumentpdf/?doclanguage=en&cote=gov/pgc/hrm (2004) 3 (accessed March 18, 2015).

———. 2005. *Performance-related Pay Policies for Government Employees.* Paris: OECD Publishing. 邦訳：OECD (2005) 平井文三監訳『世界の公務員の成果主義給与』明

石書店。

──. 2006. OECD Survey on Strategic Human Resources Management in Government. http://www.oecd.org/officialdocuments/publicdisplaydocumentpdf/?cote=GOV/PGC/PEM/（2006）1&docLanguage=En（accessed March 24, 2015）.

──. 2007a. Performance-based Arrangements for Senior Civil Servants OECD and other Country Experiences. http://www.dgaep.gov.pt/media/0602010000/paperperformanceba sedseniorcivilservants.pdf（accessed March 25, 2015）.

──. 2007b. Proceedings of the OECD-Sponsored Peer-to-Peer Visit of Jordanian and Lebanese HR Experts to Belgium and Lessons Learnt. http://www.oecd.org/mena/governance/37904124.pdf（accessed March 21, 2015）.

──. 2008. *The State of the Public Service.* Paris: OECD Publishing. 邦訳：OECD（2009）平井文三監訳『公務員制度改革の国際比較─公共雇用マネジメントの潮流─』明石書店。

Office of the Deputy Prime Minister. 2003a. *Annual Report 2003.* http://webarchive. nationalarchives.gov.uk/20060324193017/ http://odpm.gov.uk/index.asp?id=1123143（accessed December 17, 2015）。ホームページは既に閲覧できないがInternet Archiveを経由して閲覧可能。

──. 2003b. *Autumn Performance Report 2003.*

──. 2003c. *Sustainable communities: building for the future.*

──. 2004a. *Annual Report 2004.*

──. 2004b. *Resource Accounts 2003-04.*

──. 2005. *Annual Report 2005.*

Osborne, Stephen P.（Ed）. 2010. *The New Public Governance?: Emerging Perspectives on the Theory and Practice of Public Governance.* London: Routledge.

Oyama, Kosuke. 2015. "Which Effects Trust in the Civil Service, NPM or Post-NPM? Outcomes and Process from Comparative Perspective."『法学研究』88巻9号、131-154ページ。

Park, Chun Oh, Keun Namkoong, Hee Gong Park, Seong Ho Oh and Sang Mook Kim. 2002. "An Empirical Study of the Open Position System in Korea." Korean Public Administration Review, No. 36（3）, 99-129.（韓国語原題：박천오、남궁근、박희봉、오성호、김상묵「개방형 직위제도의 운영 실태에 관한 실증적 조사、평가」『한국행정학보』.)

Pollitt, Christopher. 2001. "Convergence: The Useful Myth?" *Public Administration*, Vol. 49, Issue 4: 933-947.

──. 2015. "Towards a New World: Some Inconvenient Truths for Anglosphere Public Administration." *International Review of Administrative Sciences*, Vol. 81, Issue 1: 3-17.

Pollitt, Christopher and Geert Bouckaert. 2011. *Public Management Reform A Comparative Analysis: New Public Management, Governance, and the Neo-Weberian State.* 3rd ed. Oxford: Oxford University Press.

Richards, Sue. 1987. The Financial Management Initiative. In *Reshaping Central Government*, eds. Gretton, John and Anthony Harrison, 22-41. New Brunswick:

Transaction Books.

Self, Peter. 1977. *Administrative Theories and Politics*. 2nd ed. London: George Allen & Unwin. 邦訳：ピーター・セルフ（1981）片岡寛光監訳『行政官の役割―比較行政学的アプローチ―』成文堂。

Silberman, Bernard S. 1993. *Cages of Reason: the rise of the rational state in France, Japan, the United States, and Great Britain*. Chicago: University of Chicago Press. 邦訳：B. S. シルバーマン（1999）武藤博己・新川達郎・小池治・西尾隆・辻隆夫訳『比較官僚制成立史―フランス、日本、アメリカ、イギリスにおける政治と官僚制―』三嶺書房。

Teorell, Jan. Carl Dahlström and Stefan Dahlberg. 2011. The QoG Expert Survey Dataset. University of Gothenburg: The Quality of Government Institute. http://www.qog.pol. gu.se（accessed November 11, 2015）.

Van de Walle, Steven, Bram Stejin and Sebastian Jike, 2015. "Extrinsic Motivation, PSM and Labour Market Characteristics: A Multilevel Model of Public Sector Employment Preference in 26 Countries." *International Review of Administrative Sciences*, Vol. 84, No. 4.

Wilcox, Steve and John Perry（eds.）. 2014. *UK Housing Review 2014*. http://www.york. ac.uk/res/ukhr/ukhr14/index.htm（accessed January 20, 2016）.

〈日本語文献〉

青木昌彦（2003）瀧澤弘和・谷口和弘訳『比較制度分析に向けて［新装版］』NTT出版。

安春植（1993）「韓国における人事・労務管理の発展（1）―主に『社史』からみた実態―」『大原社会問題研究所雑誌』416号、41-50ページ。

李元雨（1999）「韓国事情―韓国の人事・労務について―」『オフィス・オートメーション 予稿集（春）』38-43ページ。

一瀬敏弘（2014）「地方採用警察官の昇進構造―人事データと警察官僚の聞き取り調査による実証分析―」『公共政策研究』14号、109-124ページ。

稲継裕昭（1996）『日本の官僚人事システム』東洋経済新報社。

──（2001）「英国ブレア政権下での新たな政策評価制度―包括的歳出レビュー（CSR）・公共サービス合意（PSAs）―」『季刊行政管理研究』93号、29-51ページ。

稲継裕昭・尾西雅博・猪狩幸子・合田秀樹・澤田晃一（2008）「イギリスの公務員制度」村松岐夫編『公務員制度改革―米・英・独・仏の動向を踏まえて―』学陽書房、97-150ページ。

ウェーバー，マックス（1987）阿閉吉男・脇圭平訳『官僚制』恒星社厚生閣。

海老原嗣生（2013）『日本で働くのは本当に損なのか―日本型キャリアVS欧米型キャリア―』PHP研究所。

大澤津（2012）「日本における正規・非正規雇用者格差の道徳性について―分配的正義の観点からの一考察―」『法学研究』85巻9号、29-54ページ。

大森彌（2006）『官のシステム』東京大学出版会。

小田勇樹（2010）「公務員の人事管理における公募任用の有効性―韓国の開放型職位制度の運用実態―」『法学政治学論究』87号、67-98ページ。

河合晃一（2019）「官僚人事システムの変化と実態」大谷基道・河合晃一編『現代日本の公務員人事―政治・行政改革は人事システムをどう変えたか―』第一法規、17-39ページ。

川手摂（2012）『戦後琉球の公務員制度史―米軍統治下における「日本化」の諸相―』東京大学出版会。

木寺元（2012）『地方分権改革の政治学―制度・アイディア・官僚制―』有斐閣。

君村昌（1988）「サッチャー政権下におけるイギリス公務員制度の変容と課題」『同志社法学』39巻5-6号、29-85ページ。

行政安全部（2009）『開放型職位および公募職位運用マニュアル―開放型・公募職位制度実務担当者用―』（韓国語原題：개방형직위 및 공모직위 운영 매뉴얼 -개방형, 공모직위제도 실무담당자용-）。

河野勝（2009）「政策・政治システムと「専門知」」久米郁男編『専門知と政治』早稲田大学出版部、1-30ページ。

小玉徹（1999）「イギリス住宅政策の変容と社会的排除」『海外社会保障研究』152号、46-58ページ。

人事院（2007）『平成18年度 年次報告書』人事院。

――（2015）『平成26年度 年次報告書』人事院。

人事院人材局企画課・佐藤一絵・小宮元晃（2011）「平成24年度から国家公務員採用試験が変わります！ 採用試験の新たな潮流―経験者採用試験による採用者へのインタビュー―」『人事院月報』738号、26-31ページ。

申龍徹（2003）『韓国行政・自治入門』公人社。

総務省人事恩給局（2011）『政府の人的資源管理等に関する研究報告書―イギリスを中心として―』総務省人事恩給局。

曽我謙吾（2013）『行政学』有斐閣アルマ。

田中誠一（1997）『韓国官僚制の研究―政治発展との関連において―』大阪経済法科大学出版部。

田中秀明（2008）「国家公務員制度改革基本法の意義と課題―年功序列から業績主義へ―」『季刊政策・経営研究』2008年4号、3-33ページ。

――（2009）「専門性か応答性か―公務員制度改革の座標軸（上）―」『季刊行政管理研究』126号、3-36ページ。

田丸大（2000）『法案作成と省庁官僚制』信山社。

鶴光太郎（2010）「労働時間改革：鳥瞰図としての視点」鶴光太郎・樋口美雄・水町雄一郎編『労働時間改革―日本の働き方をいかに変えるか―』日本評論社、1-24ページ。

――（2016）『人材覚醒経済』日本経済新聞出版社。

内閣人事局（2016）『霞が関の働き方改革を加速するための重点取組方針』内閣官房。https://www.cas.go.jp/jp/gaiyou/jimu/jinjikyoku/jinji_hatarakikata/pdf/housin_honbun.pdf（2018年2月26日閲覧）。

――（2017）『国家公務員の女性活躍とワークライフバランス推進のための取組 指針、取組計画及び霞が関の働き方改革を加速するための重点取組方針のフォローアップ（各府省等の個票）』内閣官房。https://www.cas.go.jp/jp/gaiyou/jimu/jinjikyoku/files/

w3_followupkohyou.pdf（2018年2月26日閲覧）。

南島和久（2009）「イギリスにおける政策評価のチェックシステム―PSAシステムに対するチェックシステムを中心として―」総務省『諸外国における政策評価のチェックシステムに関する研究報告書』55-74ページ。

西尾勝（2001）『行政学［新版］』有斐閣。

バーナム，ジューン、パイパー，ロバート（2010）稲継裕昭監訳、浅尾久美子訳『イギリスの行政改革「現代化」する公務』ミネルヴァ書房。

朴京烈（1992）「韓国企業の人事労務管理制度の問題とその改善に向けて―POSCO［浦項綜合製鉄］の事例分析を通じて―」『大阪大學經濟學』41巻4号、49-59ページ。

濱口桂一郎（2008）『新しい労働社会―雇用システムの再構築へ―』岩波書店。

――(2014)『日本の雇用と中高年』筑摩書房。

林嶺那（2014）「人事異動における構造とその論理―東京都における管理職人事（1993～2004年）を題材に―」『年報行政研究』49号、138-159ページ。

原田久（2005）『NPM時代の組織と人事』信山社。

――(2018)「第7章　研究者による各国比較からみえたもの―人的資源管理の変容―」村松岐夫編著『公務員人事改革―最新　米・英・独・仏の動向を踏まえて―』学陽書房、304-313ページ。

久本憲夫（1999）「技能の特質と継承」『日本労働研究雑誌』468号、2-10ページ。

平野光俊（2006）『日本型人事管理―進化型の発生プロセスと機能性―』中央経済社。

黄秀慶（2006）「韓国の賃金構造」友岡有希訳『大原社会問題研究所雑誌』第571号、1-15ページ。

藤田由紀子（2008）『公務員制度と専門性―技術系行政官の日英比較―』専修大学出版局。

――(2015)「政策的助言・政策形成の専門性はどこまで定式化できるか？―英国公務員制度改革におけるポリシー・プロフェッションの創設（行政の専門性と人材育成）―」『年報行政研究』50号、2-23ページ。

ベッカー，ゲーリー・S（1976）佐野陽子訳『人的資本―教育を中心とした理論的・経験的分析―』東洋経済新報社。

堀田祐三子（2003）『イギリス住宅政策と非営利組織』日本経済評論社。

本田雅子（1997）「ヨーロッパ統合における人の域内自由移動」『經濟學研究』47巻3号、79-109ページ。

前浦穂高（2002）「地方公務員の昇進管理―A県の事例を中心に―」『日本労働研究雑誌』509号、42-51ページ。

松本雄一（2003）『組織と技能―技能伝承の組織論―』白桃書房。

峯野芳郎（2000）「地方公共団体における職員の昇進管理について―ある政令指定都市を例に―」『組織科学』34巻2号、80-91ページ。

村松岐夫（1994）『日本の行政―活動型官僚制の変貌―』中央公論社。

――(2008)「第1章　公務員制度の比較研究の目的」村松岐夫編著『公務員制度改革―米・英・独・仏の動向を踏まえて―』学陽書房。

――編(2018)『公務員人事改革―最新　米・英・独・仏の動向を踏まえて―』学陽書房。

笠京子（2010）「イギリスの官僚制改革」『明治大学社会科学研究所紀要』48巻2号、
　　103-116ページ。
ルイス，デイヴィッド・E（2009）稲継裕昭監訳、浅尾久美子訳『大統領任命の政治学
　　―政治任用の実態と行政への影響―』ミネルヴァ書房。
八代充史（2017）『日本型雇用制度はどこへ向かうのか―金融・自動車業界の資本国籍
　　を越えた人材獲得競争―』中央経済社。
山本清（1997）『政府部門の業績主義人事管理』多賀出版。
若林悠（2019）『日本気象行政史の研究―天気予報における官僚制と社会―』東京大学
　　出版会。

あとがき

　本書は、筆者が2016年2月に慶應義塾大学大学院法学研究科に提出した博士論文「公務員の知識・技能と組織の業績：ポジションシステムにおける中途採用の運用実態」（同年6月学位取得）に、加筆・修正を行ったものである。

　まず御礼を申し上げなければならないのは、筆者を研究者の道へと導いて下さった学部時代からの師である大山耕輔先生である。社会の役に立つ論文が書きたいという、学術研究というものをろくに理解していない無謀な志望動機で大学院へと戻ってきた筆者に対し、寛大な心で長きにわたりご指導を頂いた。大山先生にはどれほど感謝してもしきれない。

　大山先生から頂いたご指導の思い出は数多く、その全てに触れることはできないが、特に本書を形作る上で大きな影響を受けた助言がある。博士2年目の終わり頃、先生から「なぜ慶應に来たのか、慶應で行政学を学ぶ意味を考えたことがあるか」と問われたことがあった。研究者を目指すのであれば、師匠の大山先生の下で学ぶことが当然だと思っていた筆者にとって、当時は御下問の意味するところがよく理解できず、「なぜそのようなことを聞くのですか」と聞き返した記憶がある。先生の言わんとするところがようやく自分なりに理解できたと思えるようになったのは、博士論文の提出も間近になった頃のことであった。本書が公務員の人的資源管理システムを分析する上で、労働経済学、経営学、人的資源管理論など、主に民間企業の研究を主戦場として発展してきた理論を援用しているのは、大山先生から頂いた助言に対する筆者なりの答えのつもりである。

　博士論文の執筆にあたっては、副査の小林良彰先生、片山善博先生にも数多くの助言を頂いた。小林良彰先生には、学会・シンポジウムでの報告の都度、丁寧なコメントを頂き大変感謝している。筆者が計量分析に取り組むように

なったのは、小林先生からのご助言がきっかけである。また、GCOEの統計セミナーにもお声掛け頂き、そこで学んだstataの技能は本書の計量分析に取り組む際の土台となった。重ねて御礼申し上げたい。片山善博先生には、因果推論や理論的仮説の妥当性を検討する上で、実務家としての経験に基づいたヒントを何度も頂戴した。公務員の実務経験がなく、現地現物の肌感覚がない筆者にとって、片山先生のご意見は大変貴重なものであった。研究報告のたび、どのようなコメントが頂けるか楽しみにしていた。本書の内容が、多少なりとも実務家の方々の実感にも沿うものになっているとすれば、それは片山先生のご助言によるところが大きい。

　母校慶應義塾の諸先生方には多くの面でご支援を頂いた。河野武司先生には、博士課程単位取得に際しての合同論文指導の副査に加え、様々な場面でご助言を頂いた。単位取得退学して間もない頃、筆者がキャンパスをふらふらと歩いていた折、処遇を案じお声掛け頂いたことは大変嬉しかった。お心遣いに感謝している。増山幹高先生には、修士の頃にいくつもの講義で研究の初歩を教えて頂いた。社会人上がりの拙い院生であった筆者が研究対象を上級公務員に絞ることができたのは、増山先生の助言があってのものである。李崙碩先生には、博士論文提出直後に、今後の研究の方向性についてご指導を頂いた。行政学・労働経済学の双方に通じる李先生から伺う韓国の情勢は、筆者にとって大変ありがたいものであった。松浦淳介先生には、書籍出版に関するご助言はもちろん、苦しい時期に様々な面で相談に乗って頂いた。厳しいポスドク生活最後の年に松浦先生とお会いすることができたのは大変な幸運であった。

　博士課程在籍時、グローバルCOE市民社会ガバナンス教育研究センターに参加できたのは、筆者にとって貴重な経験であった。特に、鎌原勇太先生には研究面だけでなく、現在に至るまで公私ともに大変なご支援を頂いている。筆者の博士論文の構成は、釜山出張帰りの電車内で鎌原先生から熱くご教示頂いた、「いかにして博士論文の構成を作るか」という話が原型である。鎌原先生のご助言なくして博士論文の完成はあり得なかっただろう。大澤津先生、岡田陽介先生、長富一暁先生、鷲田任邦先生には、研究内容への助言や計量分析の手法など、多くのご助言を頂いた。GCOEでの諸先輩方との交流は、その後も筆者にとって貴重な財産となっている。

あとがき　261

　平井文三先生には、筆者が修士課程の頃から長きにわたりご指導を頂いた。筆者の公務員制度に対する理解は、平井先生の影響によるところが大きい。いろいろな仕事のご紹介も頂くなど、数多くの学恩に感謝している。平井先生と大山先生のお誘いで参加することができた、政府の人的資源管理等に関する検討会では、川手摂先生、菅原和行先生、藤田由紀子先生、前浦穂高先生、笠京子先生のほか、城戸亮氏、小泉美果氏をはじめ旧人事恩給局の皆様にも大変お世話になった。数多くの引用からも明らかであるが、特に川手先生のご研究から本書は大きな影響を受けている。

　筆者が公務員の人的資源管理に心惹かれたのは、大学卒業後に2年間勤務した豊田自動織機での経験が遠因である。生産管理部日程グループでの経験だけでなく、製造部物流課清水組、トヨタL&F中部株式会社での実習は社会人としての土台を形作る貴重な経験となった。特に日本型雇用システムの中で働いた経験は、自らの研究に陰に陽に今も色濃い影響が残っている。当時の筆者は仕事が生きがい・趣味と化していた。今にして思えば信じられないことであるが、日曜日の夕方になると、早く出勤したい、仕事がしたいという期待感で気持ちが高まっていた。日本型雇用による効果であることは間違いないが、それ以上に働きやすい職場環境を整えてくれていた上司や諸先輩方、同僚の方々のおかげでもあったと思う。紙幅の関係で全員の名前を挙げることはできないが、生産管理部や製造部、販売店、仕入先の皆様には今も感謝している。

　それゆえ、退職を申し出るときは断腸の思いであった。直属の上司であった鶴見GLと高橋WLには、家族同然のように面倒を見て頂き今でも感謝の念は尽きない。大学院への転身を相談すれば、全力で引き止めて下さることは容易に想像できたため、誰にも事前相談をせず退職を申し出たのだが、腹を割ってご相談すべきであったと10年以上経った今でも後悔している。加藤主査からは、大学院入学後に励ましのエアメールを頂戴した。時折読み返しては自らの励みとしてきた。頂戴したメッセージは、初心を忘れぬよう製造部の府本さんから頂いたフォークリフトの模型とともに今は研究室に飾っている。先輩の池田さん、松田さんには寮生活の頃から、公私ともども大変お世話になった。物流課の清水KLには、社会人として働く上での心構えを背中で教えて頂いた。豊田自動織機の諸先輩方から頂いた様々なご助言は今も自分への教訓としている。

最終的に、研究職への憧れが勝り、苦悩の末に退職することとなったが、もう少し豊田自動織機の仲間と働き続けたかったという思いはなお強い。いまだに年数回ほど、生産ラインが止まり工場を徘徊して部品を探す夢を見ることがある。今となっては良い思い出である。

　大学院入学以後、現在に至るまで多大な負担を掛け続け、長きにわたり貧困生活に付き合わせてしまった妻には一番感謝している。筆者の社会人2年目に、退職の意思を承知の上で結婚して以来、時には派遣社員として家計を支え、時には専業主婦として育児に従事しながら、長きにわたり筆者の研究生活を支え続けてくれた。最後まで退職を躊躇していた筆者の背中を強く押してくれたのは妻である。息子の出産直後は夫婦揃って無職で子育てに従事し、ほぼ無収入という時期が何年か続いた。困窮を極める生活が続く中で、明るく楽観的な妻にはいつも助けられた。生活苦で迷惑をかけるのにも限界があり、ここ一年は研究職を辞めてしまおうかと内心悩むことが何度もあった。1人であれば過酷さに耐え兼ねて、博士号取得後に社会復帰し再就職していたと思う。これからは人間らしい水準の生活ができるとよいのだが、残りの人生をかけて恩を返していきたい。

　近年は以前よりも一緒に過ごす時間が減り、息子には申し訳なく思っている。とはいえ、2歳頃までのように、父母揃って家で子育てをして、皆が一日中一緒にいた状況の方が特殊であるということと、それが原因で生活が苦しかったことに、そろそろ気が付くのではという気もしている。豊田自動織機を退職して間もない頃、筆者は日本型雇用の信奉者であった。しかし、息子の子育てを通じて、多様な働き方の選択肢があるポジションシステムもよいのではないかと考えを改めた。子育ての影響で研究に一時的な中断は生じたが、視野を広げてくれた息子には感謝している。

　最後になったが、筆者が本書の出版に至るまでの過程で、日本学生支援機構、グローバルCOE、日本学術振興会、環境省環境研究総合推進費など、様々な形で公的資金による教育環境、研究支援、雇用機会を頂いた。行政組織の能率向上を学生に講義する自分自身が、税金に拠って生活を成り立たせてきたことに対し、今もある種の後ろめたさを感じている。工場などの過酷な環境で労働に従事する人々や、数カ月先の雇用の保障すらなく不安定な環境で働く人々に

とって、少額であっても税金の負担感は並大抵のものではない。かつて共に働いた仲間も含む大勢の市民の方々が負担して下さった税金のおかげで、今の自分は屋内で椅子に座って研究をさせてもらえているのだということを常に肝に銘じている。大山先生をはじめ、慶應義塾の先生方からは、研究とは学術的貢献だけでなく、社会の発展に寄与することを目標に取り組むものだと教わってきた。ただ、学問研究と実社会への貢献を両立することは、博士論文の中で最も困難な部分でもあった。研究の世界に飛び込んだ当初は、政策的示唆のある論文を書くことを目標にしていたが、気が付けば学問の世界へと傾斜していき、本書がどれほど実社会への貢献を果たすことができているかというと、反省点しかない。たとえごくわずかでも、本書の研究成果が何らかの社会貢献を果たすことができれば、筆者にとっては望外の幸せであるが、その評価は読者の皆様に委ねたい。

2019年6月

小田　勇樹

索　引

ア行

あいまいな職務区分　34, 210-212, 214, 216, 219-220
青木昌彦　236
アメリカ型雇用　1-2
稲継裕昭　2, 5, 30, 34, 40, 92-93, 118, 195-197, 207, 212, 215, 220
ウェーバー，マックス（Weber, Max）　19, 21, 28, 33, 38, 42, 163-164, 167, 223, 240
ウェーバー型　22, 35-39, 58-60, 76-78, 86-89, 100-101, 106-107, 109-110, 162-165, 167, 178-180, 186, 190-193, 224-225
NPM型　25, 28, 36, 59-60, 75-76, 78, 84, 86-88, 100-101, 106-107, 167, 178-180, 186, 191-193, 224-225, 230
オープンシステム　10-12, 16, 18, 239-240
大部屋主義　34, 210-212, 218-219, 221
遅い昇進　34, 196, 208, 211, 214

カ行

外部労働市場　11, 30-31, 33, 61, 63-64, 196
開放型職位制度　61-64, 66-69, 76, 78, 80, 82, 84-86, 91, 227
開放型任用制　1-3, 13, 35, 235-237, 239
川手摂　3, 35-36, 41, 86, 166-167, 223
官民人事交流　197, 204-207, 211, 228
企業特殊的技能（企業特殊総合技能）　30-31
キャリアシステム　2-6, 14-18, 20-24, 34-35, 37-41, 43, 53, 57, 85-87, 109-110, 163, 165, 168, 195, 197, 205-207, 214-215, 223, 227-229, 240-241
Quality of Government（QoG）　86, 161-162, 165
クローズドシステム　10-12, 238, 240

現場知　47-49, 51, 53
公務員制度改革　16, 18-19, 22, 24, 28, 38, 90, 159, 163, 167, 195-196, 208, 210-211, 225

サ行

最大動員システム　195-197, 207, 210, 212, 215, 217-221, 225
執務知識　47, 49, 51, 53
Silberman, Bernard S.　13-14, 16, 163-165, 238-240
職能給　30-31, 215
職能資格制度　30-32
職務給　30-31, 34, 68, 212, 215
職務遂行能力　9, 31, 34, 50, 206, 209
職務等級制度　30-31
ジョブ型　1, 33, 216
専門職型　59-60, 75, 77, 100-101, 106, 200, 205-206, 224, 227, 229
専門知　39, 45, 47-51, 65-66, 142, 163, 232, 236

タ行

長期雇用（慣行）　1, 3-4, 18, 30-33, 37-39, 208, 213-214
積み上げ型褒賞　30, 34, 208, 210, 212
Demmke, Christoph　15, 17, 19-24, 31, 35, 86, 164, 167-168, 242

ナ行

内部労働市場　33, 63-64, 157
西尾勝　2, 11, 13-14, 21, 159, 223, 235-239
日本型雇用　1-2, 4-5, 7, 9, 29-30, 33-34, 195-197, 206, 221, 225, 232

New Public Governance（NPG）　27, 59
New Public Management（NPM）　4, 9, 26
Neo-Weberian States（NWS）　26, 86
ネットワーク型　42, 58-60, 73, 75-78, 84,
　86-88, 100-101, 106-107, 110-111, 113-114,
　127-128, 131, 158-159, 179-180, 191-193,
　224-225, 227-228
年功賃金　32, 123
能力・実績主義　196, 207-210, 212

ハ行

働き方改革　5, 7, 9, 195-197, 201, 203, 205,
　207, 209, 211-221, 225, 232
Public Service Agreements（PSAs）　101, 117-
　118, 169
濱口桂一郎　33, 208, 212, 216
非ウェーバー型　87

閉鎖型任用制　2, 4, 13, 235-238
Bouckaert, Geert　26-28, 59, 86, 162
ベッカー, ゲーリー（Becker, Gary）　30, 52
ポジションシステム　2-7, 15-18, 22, 25, 28-
　29, 35-46, 51-53, 55, 57-63, 77, 85-90, 109-
　111, 158-159, 163-164, 166-169, 187-188, 191,
　195-197, 205-207, 214-215, 220-221, 223-232,
　240-241, 259, 262
ポストNPM（Post-NPM）　25-29
ポスト官僚制（Post-Bureaucracy）　19-23,
　35
Pollitt, Christopher　25-28, 37, 59, 86, 162

マ行

村松岐夫　9, 34, 92
メンバーシップ型　1, 33, 217

小田 勇樹（おだ　ゆうき）

1983年生まれ。2006年、慶應義塾大学法学部政治学科卒業後、㈱豊田自動織機入社。L&Fカンパニー生産管理部日程グループ配属。生産ラインにて部品の納入管理を担当。2008年、同社を退職し慶應義塾大学大学院法学研究科入学。2013年、同研究科後期博士課程単位取得退学。博士（法学）。日本学術振興会特別研究員（DC2）、慶應義塾大学大学院法学研究科助教（有期・研究奨励）、同研究科研究員を経て、現在、大阪成蹊大学マネジメント学部講師。専門は行政学、政治学、公共政策。近著として、「国家公務員制度の現在地と働き方改革―最大動員システムの持続可能性―」『法学研究』第92巻5号（2019年）など。

国家公務員の中途採用
―― 日英韓の人的資源管理システム

2019年10月22日　初版第1刷発行

著　者―――小田勇樹
発行者―――依田俊之
発行所―――慶應義塾大学出版会株式会社
　　　　　　〒108-8346　東京都港区三田2-19-30
　　　　　　TEL　〔編集部〕03-3451-0931
　　　　　　　　　〔営業部〕03-3451-3584〈ご注文〉
　　　　　　　　　〔　〃　〕03-3451-6926
　　　　　　FAX　〔営業部〕03-3451-3122
　　　　　　振替　00190-8-155497
　　　　　　http://www.keio-up.co.jp/
装　丁―――耳塚有里
印刷・製本――株式会社加藤文明社
カバー印刷――株式会社太平印刷社

©2019　Yuki Oda
Printed in Japan　ISBN 978-4-7664-2632-8